白丝带丛书 08
White Ribbon Series
主编 方刚 Chief Editor Fang Gang

让欺凌归"零"
——终止校园欺凌工具包

**Action Toolkit
of Ending Bullying in Schools**

方刚 主编

中国社会科学出版社

图书在版编目（CIP）数据

让欺凌归"零"：终止校园欺凌工具包/方刚主编. —北京：中国社会科学出版社，2018.11（2021.11重印）
（白丝带丛书/方刚主编）
ISBN 978-7-5203-3400-6

Ⅰ.①让… Ⅱ.①方… Ⅲ.①校园－暴力行为－预防－中小学－课外读物 Ⅳ.①G634.203

中国版本图书馆CIP数据核字（2018）第252041号

出 版 人	赵剑英	
责任编辑	郭晓娟	
责任校对	周晓东	
责任印制	王 超	
出　　版	中国社会科学出版社	
社　　址	北京鼓楼西大街甲158号	
邮　　编	100720	
网　　址	http://www.csspw.cn	
发 行 部	010－84083685	
门 市 部	010－84029450	
经　　销	新华书店及其他书店	
印　　刷	北京明恒达印务有限公司	
装　　订	廊坊市广阳区广增增订厂	
版　　次	2018年11月第1版	
印　　次	2021年11月第2次印刷	
开　　本	710×1000　1/16	
印　　张	23.75	
字　　数	388千字	
定　　价	78.00元	

凡购买中国社会科学出版社图书，如有质量问题请与本社营销中心联系调换
电话：010－84083683
版权所有　侵权必究

主　编　方　刚

副主编（按章节排序）
罗　扬　杨　梨　杨阿娜　韩海萍　温学琦

主编助理　张琴琴　葛叶奕

作者（姓氏笔画排序）
马九福　方　刚　田冬雪　宁凌昀　刘亚静　朱周英　权莉春　连大帅
杨阿娜　杨　梨　张琴琴　李精华　罗　杨　卓衍涛　赵　钧　段清慧
赵　蕊　胡　磊　梁先波　温学琦　董　洁　韩海萍

其他贡献者
付　徐　陈亚亚　张一曼　杨明磊　张佳瑞　张笑颜　吴喜红　李献友
胡玉萍　郭祥益　曹建萍　葛春燕

"白丝带丛书"总序
促进性别平等，男性不再缺席

促进性别平等，是21世纪重要的国际议题。

在推进性别平等的过程中，国际社会越来越重视男性参与的力量。

1994年，"男性参与"的概念在开罗国际人口与发展大会《行动纲领》中首次被提出；在1995年的北京世界妇女大会上得到进一步强化，《北京宣言》第25条明确呼吁："鼓励男子充分参加所有致力于平等的行动。"

2004年，联合国妇女地位委员会第48届会议呼吁政府、联合国组织、公民社会从不同层面及不同领域，包括教育、健康服务、培训、媒体及工作场所，推广行动以提升男人和男孩为推进社会性别平等做出贡献。

2005年8月31日通过的《北京+10宣言》第25条也写道："关注男性的社会性别属性，承认其在男女平等关系中的地位和作用，承认其态度、能力对实现性别平等至关重要，鼓励并支持他们充分平等参与推进性别平等的各项活动。"

2009年第53届会议上，联合国妇女地位委员会进一步呼吁男女平等地分担责任，尤其是照护者的责任，以实现普遍可及的社会性别平等。

同年，联合国秘书长潘基文建立了"联合起来制止针对妇女暴力运动男性领导人网络",凸显了对男性参与社会性别平等运动的重视。我于2012年受潘基文秘书长之邀成为"男性领导人网络"成员,也是中国目前唯一的该网络成员。

男性参与促进性别平等运动中,"白丝带"运动是重要的力量。

"白丝带"运动最早起源于加拿大,1989年12月6日,加拿大蒙特利尔一所大学的14名女生被一名年轻男子枪杀,凶手认为妇女权益运动毁了他的前途。受此悲剧的触动,以迈克·科夫曼博士为代表的一群加拿大男性于1991年发起"白丝带"运动。此运动以表示哀悼的"白丝带"为标志。

"白丝带"邀请男性宣誓绝不对女性实施暴力,同时绝不为这种暴力行为开脱,也不对其保持沉默。"白丝带"提倡以友善的态度和行为对待妇女,在必要的时候,以安全的方式制止对女性的暴力。

目前,先后有80多个国家和地区以不同形式开展了"白丝带"运动,从而成为最大的男性反对对妇女暴力的运动。

在中国,从2001年起便有男性发起了"白丝带"运动的倡导工作,但这些工作略显零散和缺少持续性。2013年,在联合国人口基金驻华代表处的支持下,我发起并建立了"中国白丝带志愿者网络"。从此,中国"白丝带"运动的新纪元开始了。

在我的理想中,"白丝带"运动不仅是男性终止针对妇女暴力的运动,更应该扩展为男性参与全面促进社会性别多元平等的运动。

自"白丝带"志愿者网络建立以来,开展了一系列可持续的、系统的工作,包括:男性参与促进社会性别平等,特别是反对针对妇女暴力的宣传倡导;性别暴力受暴者的心理辅导、施暴者行为改变的辅导,包括热线咨询、团体辅导、网络咨询、当面咨询多种形式;男性气质与反暴力的学术研究;"白丝带"志愿者网络的发展和志愿者培训;以及国内外的学术和社会运动经验的交流。电影演员冯远征及其妻子梁丹妮受邀担任网络形象代言人。

在促进性别平等的运动中,男性长期失声、缺席。这不仅有碍于促进对女性及其他性别弱势族群的维权,同样也阻碍着男性的自我成长。男性要想成为性别平等的一分子,就从成为"白丝带"志愿者开始吧!

我们的理想是：让"白丝带"志愿者网络的工作，成为中国男性参与性别平等运动的样板，同时也成为国际男性参与运动中最重要的一支力量。为此，我们还要不断努力。

方　刚

联合国秘书长"联合起来制止针对妇女暴力运动"男性领导人网络成员
中国"白丝带"志愿者网络召集人
北京林业大学性与性别研究所所长

目 录

前　言 001

导读：深入认识校园欺凌 005

第一编　教师培训方案

面对校园欺凌，教师可以这样做 043

和平缔造者活动方案 054

同伴支持计划活动方案 057

第二编　所有学生适用工具

认识校园欺凌 063

误解终结者 068

校园性与性别欺凌，你看清了吗 074

扎心了，键盘

　　——珍惜发言权，按键不伤人 081

反对校园欺凌 087

不做校园欺凌受害者 091

不做校园欺凌旁观者 097

修护受伤的心 102

每个人都是独一无二的 105

每个人都很了不起 110

相信你自己 113

爱集体中的每个人 117

学会交朋友 120

做情绪的主人 124

学会说"不" 128

预防校园欺凌，从我做起 132

蜕变 140

宿舍里的噩梦 154

蝴蝶效应 161

《所罗门的伪证》 175

《学校霸王》 179

《超人高校》 182

《贱女孩》 185

《本Ｘ》 188

《韩公主》 192

《告白》 195

第三编　被欺凌者适用工具

引导被欺凌者正确归因 201

摆脱愤怒，平息情绪 208

学习榜样，自我成长 214

学习交朋友的技巧 223
坚定地反驳欺凌者 231
树立自信，有效应对 236
应对网络欺凌 244
遇见更好的自己 250

第四编　欺凌者适用工具

改变不合理的认知行为习惯 269
检视不合理信念 280
激发和增强同理心 285
审视暴力行为带来的伤害 290
"绿橄榄护卫队" 294
针对团伙欺凌的辅导 307
协同式问题解决法 312

第五编　家长适用工具

不做制造暴力的家长 321
如何帮助受欺凌的孩子 329
如何改变欺凌他人的孩子 341
教育孩子不做旁观者 350
家长成长工作坊 357

参考文献 367

前　言

近年，校园欺凌现象受到社会各界的重视。

2017年11月，教育部等十一个部门联合印发了《加强中小学生欺凌综合治理方案》，为建立健全防治校园欺凌的长效机制、有效预防欺凌行为，做出了重要贡献。

中国"白丝带"志愿者网络致力于终止一切形式的性别暴力，在2017年研发并出版了《积极行动：校园终止性别暴力工具包》。在编写这本工具包的过程中，我们注意到了校园欺凌现象的严重性和普遍性，同时也意识到校园性别暴力与校园欺凌相互交叉存在的现象。可以说，预防、制止校园性别暴力，有助于减少校园欺凌；而反对校园欺凌的努力，同样将减少性别暴力的发生。

在这一背景下，我们开始编写这本专门用来处置校园欺凌现象的新的工具包。

以工具包的形式出版的处置校园欺凌的图书，这还是第一本。我们希望为中小学校的教育工作者提供一本非常方便使用的工具书。近年出版的十多部关于校园欺凌的专著，成了我们的重要参考。

在《加强中小学生欺凌综合治理方案》中，明确了积极有效预防学生欺凌的措施，即以下四点：

一是学校加强教育。各中小学校通过每学期开学时集中开展教育、在道德与法治等课程中专门设置教学模块等方式，定期对中小学生进行校园欺凌防治专题教育。

二是开展家长培训。通过组织学校或社区定期开展专题培训课等方式，加强家长培训，引导广大家长增强法治意识，落实监护责任，帮助家长了解防治学生欺凌的知识。

三是强化学校管理。加快推进校园视频监控系统、紧急报警装置等建设，建立健全防治学生欺凌工作各项规章制度，学校根据实际情况成立学生欺凌治理委员会。

四是定期开展排查。通过委托专业第三方机构或组织学校开展等方式，定期开展针对全体学生的防治学生欺凌专项调查，及时查找可能发生欺凌事件的苗头迹象或已经发生、正在发生的欺凌事件。

这本工具包的内容，涉及前面三项工作，可以视为对《加强中小学生欺凌综合治理方案》的具体落实。

本书的导读部分非常重要，全面、深入地介绍了校园欺凌的定义、类型、成因、伤害、当事人，以及学校应该采取的措施。本书的使用者应该先仔细阅读导读部分，只有在对这些内容深入了解的基础上，才能够更好地使用后面各部分的工具。

本书的工具设计分为五编，分别是针对教师的培训工作、所有学生适用的工具、受欺凌者适用的工具、欺凌者适用的工具、针对家长进行教育时适用的工具。而具体到不同的编中，又根据实际需要，分为"教案设计""讲座设计""活动设计""个体辅导设计""团体辅导设计""团体心理辅导方案设计""行为训练设计""电影教学""工作坊设计"等不同形式。

这些工具的设计，均基于为教师，包括心理咨询师提供最方便的教学和辅导工具，使他们即使在原本对校园欺凌缺少丰富的处置经验的情况下，也可以顺利地开展教学和心理辅导工作。

这些工具主要是针对中学生和学生家长的，其中多数工具同样适用于小学高年级和大学。

我们没有将具体的工具标明适合哪个年级，因为我们相信比年级差异更重要的是学生的具体差异。工具包最重要的优势之一，便是给教育者充分的选择权，可以结合自己的校情、班情、学情进行选择。

在制止校园欺凌的工作中，我们认为事先的预防和教育是最重要的。我们无法介入所有，甚至绝大多数欺凌个案，所以事先的教育便很关键。针对所有学生进行教育的第二编，是帮助学生即使在从来没有遇到校园欺凌的情况下，也能够学会如何应对校园欺凌。

针对受欺凌者的第三编，致力于对他们的创伤进行疗愈。针对欺凌者的第四编，致力于改造他们的行为。必须承认，改变欺凌者的行为是长期、耗时的，而且并不能保证一定成功，但我们必须一直为之努力，因为这是责任之所在。

孩子的问题，便是家长的问题。校园欺凌现象中的各方当事人的行为表现，极可能是由他们原生家庭中的影响造成的。第五编，我们致力于帮助家长成长，学会平时如何对待孩子，如何处理欺凌事件。相信这对所有孩子的家长都是非常有益的部分。

有些章节的使用是可以变通的。比如，针对被欺凌者设计的如何在网络上保护隐私，对普通的学生也都是适用的。比如，团辅方案，使用者可以根据情况选择其中某几次，或某一次使用，甚至可以在个体辅导中借鉴。能够更好地促进参与者成长的应用，是最好的应用。

笔者从2013年编写《电影性教育读本》起，便对电影教学非常热衷，陆续编写出版了《电影中的性别暴力》一书，以及《积极行动：校园终止性别暴力工具包》中的电影教学部分。本书，自然也缺少不了电影教学。只不过，本书对每部电影的教学建议都写得非常简略，只列出了供学生讨论的题目，并没有详细列出讨论的答案。这也是给教师足够的自主权，教师只要认真阅读本书的导读部分，对校园欺凌有足够的了解，便可以出色完成教学。电影《所罗门的伪证》，适合家长、教师、学生观看、讨论，但主要适合学生，所以也就放在适合所有学生使用的第一编中了。

有人说，校园欺凌可以交给学生自行解决，这是他们成长的一部分。这种观点是不负责的。虽然将欺凌视为成长的一部分是不对的，但是，将解决欺凌作为成长的一部分是可以的。在教师教学的过程中，也要注重给学生增能、赋权，使他们真正成为解决欺凌问题的主角。

从2017年起，笔者主持"性教育讲师（增能赋权型）"的培训与考证工作。从一开始，便将校园性别暴力、欺凌的处置能力，纳入培训和考核中。在笔者的心目中，性教育不是简单的性生理教育，教师必须具备反对性别暴力和校园欺凌的能力。

最后想说的是，笔者自己读初中时便是校园欺凌的受害者。那段不堪回首的时光，在当时对笔者伤害很大，成长到现在，已经看不出当年伤害的影子了。笔者也想通过这本书，帮助像自己一样受到欺凌的孩子们，让他们也可以健康成长。

感谢积极参与本书编写的所有作者，特别是五位副主编，他们都是中学一线的教师，分别主持了四编的编写工作，他们是：罗扬（第一编、第二编）、杨梨（第三编）、杨阿娜（第四编）、韩海萍和温学琦（第五编）。特别感谢杨阿娜老师，在新疆哈密地区从教，教学之外还承担非常繁重的社会工作，最后阶段一直是带病工作，晚上又带病写作，令我非常自责。在全书构思阶段，中国台湾学者杨明磊、郭祥益，均提供宝贵意见，在此一并致谢。

还要感谢编辑郭晓娟，她既是"白丝带"丛书的编辑，更是优秀的"白丝带"志愿者。感谢中国社会科学出版社出版了"白丝带丛书"，虽然这本书可能是我们最后一次合作，但是经由他们的工作，"白丝带"反对性别暴力的理念和工作得到了极大的扩展。感恩！

方刚

2018 年 3 月 27 日

导读：深入认识校园欺凌

一 定义

深入了解校园欺凌，需要从区分一组相关的概念着手。

（一）校园暴力

校园暴力是普遍存在的，认为"校园中没有暴力"的想法是幼稚的。

校园暴力，指发生在学校内的暴力行为，包括身体及言语攻击、性骚扰、欺负、财产破坏（包括偷窃）和体罚几类，包括学生间、师生间，也包括发生在学生家长、学校职工和学生之间的暴力。

中国台湾"教育部"《加强防治校园暴力措施》中将校园暴力界定为学生之间、师生之间的暴行以及对学校的破坏行为。暴力行为不仅止于肢体行为所造成的伤害，也包括了其他如语言伤害、被迫做自己不喜欢的事、被故意陷害造成生理和心理的伤害等。

学生之间无恶意的打闹行为，可能因为过失造成他人身体上的伤害，这些应该与校园暴力行为及伤害区分开来。但是，对于普通打闹行为，学校和家长也应当采取合理措施予以应对。

有学者提出，常见校园暴力类型主要是：打架或打群架、校园欺负、勒索钱财、性侵犯和教师体罚。

另外，教师同样可能成为校园暴力的受害者。校园暴力教师被害者的三种类型：第一种为严苛型的教师被害比例最高；第二种为歧视型的教师；第三种为过度放纵学生或是过度体罚学生等其他型教师。①

（二）性别暴力

1992年联合国"消除对妇女歧视委员会"通过了关于《消除对妇女一切形式歧视公约》的第19号一般性建议，明确了"基于性别的暴力"是指"因为女人是女人而对之施加暴力，或女人受害比例特别大。它包括施加身体的、心理的或性的伤害或痛苦、威胁施加这类行动、压制和其他剥夺自由行动……"建议还指出："性骚扰是在工作场所发生的对妇女的一种歧视形式"。

1993年12月20日联合国大会第四十八届会议第85次全体会议通过了《消除对妇女的暴力行为宣言》，首次明确提出了"针对妇女的暴力"（Violence Against Women）的概念："对妇女造成或可能造成身心方面或性方面的伤害或痛苦的任何基于性别的暴力行为，包括威胁进行这类行为、强迫或任意剥夺自由，而不论其发生在公共生活，还是私人生活中"。宣言还详细列举了一些"针对妇女的暴力"的形式，包括：（a）在家庭内发生的身心方面和性方面的暴力行为；（b）在社会上发生的身心方面和性方面的暴力行为，包括强奸、性凌虐，在工作场所、教育机构和其他场所的性骚扰和恫吓，贩卖妇女和强迫卖淫；（c）国家所做或纵容发生的身心方面和性方面的暴力行为，无论其在何处发生。

国际社会基本是在同一个意义上使用"性别暴力"和"针对妇女暴力"这两个概念。在笔者看来，性别暴力的概念也需要加以扩展，反对性别暴力应该同时关注家庭暴力、性暴力中的男性受暴者，以及同志伴侣暴力的受暴者；性倾向暴力（针对同性恋者）、性别气质暴力（针对不够阳刚的男人和不够温柔的女人）、美貌暴力（要求女性美丽的性别文化）、性别选择暴力（针对跨性别与生理间性人），也均属于"基于性别的暴力"。

（三）校园性别暴力

校园性别暴力是性别暴力的表现形式之一。发生在校园空间内的性别暴力，

---

① 宋雁慧：《中学校园暴力及其防治研究》，北京师范大学出版社2013年版，第6—24页。

无疑属于性别暴力,发生在校园周边的,甚至虽然远离校园,但只要与校园中角色关系和生活有关的暴力,均可以视为校园暴力。比如,社会闲散人员在校园外骚扰或抢劫女生的行为,或一位男生向女同学求爱不成,便到她家中施暴,都应归为校园性别暴力。

校园暴力呈现为多种多样的行为,包括而不仅限于[1]:欺凌,包括言语和肢体上的骚扰;性骚扰,也称为挑逗或者性暗示;以获取优秀成绩或者支付学费作为交换而发生的性行为;非自愿性接触或者性侵犯;教师对学生的诱奸和骚扰;以及在校园环境中对男性主导地位与侵害的容忍或鼓励。

在笔者看来,教学中的性别歧视与偏见同样属于性别暴力,而且是一种被忽视的、名正言顺施行的暴力。

从校园性别暴力施暴者与受暴者的身份角度,笔者将校园性别暴力分为如下几种情况:

• 师生之间的性别暴力,包括教师对学生施暴,也包括学生对教师施暴,后者长期被忽视。

• 普通学生之间,既包括同一性别的学生之间施暴,也包括对不同性别同学的施暴,其中既有男对女,也有女对男。特别不能忽视的是,针对跨性别学生的暴力。

• 学生情侣之间的性别暴力。

• 校外人员进入校园,对学生或教师施暴。[2]

(四)校园欺凌

校园欺凌是校园暴力的一种。

2017年11月,教育部等十一部门印发的《加强中小学生欺凌综合治理方案》明确了学生欺凌的界定:中小学生欺凌是发生在校园(包括中小学校和中等职业学校)内外、学生之间,一方(个体或群体)单次或多次蓄意或恶意通

---

[1] UNICEF West and Central Africa Regional Office, *Abus, exploitation et violence sexuals a l'encontre des enfants a l'ecole en Afrique de l'Ouest et du Centre*, 2006, p. 3.
[2] 方刚:《积极行动:校园终止性别暴力工具包》,中国社会科学出版社2017年版,第18—19页。

过肢体、语言及网络等手段实施欺负、侮辱，造成另一方（个体或群体）身体伤害、财产损失或精神损害等的事件。

从定义中可以看到，欺凌事件不只发生在校内，也可能发生在校外；欺凌的加害方可能是个人，也可能是群体；欺凌可能是重复性的，也包括单次的；欺凌具有伤害性。

校园欺凌有三个要素：一是恃强凌弱，双方在力量上存在差异；二是有重复性，就是反复实施；三是造成伤害后果。

也有学者提出，是否构成欺凌可以考虑以下四个要素：

- 校园欺凌指的是学生之间发生的行为；
- 行为人主观上存在故意，即蓄意或恶意欺负其他学生，意在给对方造成伤害后果；
- 行为人通过肢体、语言及网络等手段实施欺负或侮辱行为；
- 行为人对被欺凌者造成伤害后果。①

下面这张图，有助于我们理解校园暴力、性别暴力、校园性别暴力、校园欺凌之间的关系。

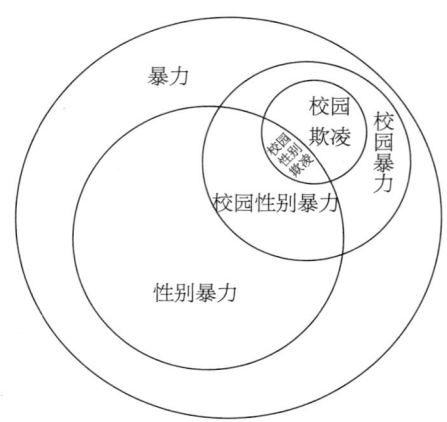

图：暴力与欺凌关系

---

① 佟丽华主编：《反校园欺凌手册》，北京少年儿童出版社2017年版，第4页。

美国一位研究者提到了欺凌的四种因素：

• 力量的不对等：一群孩子团结在一起也可以创造这种力量。

• 旨在伤害：欺凌意味着造成情感或身体的痛苦，是以伤害为目的的行动，并以引起或目睹他人的痛苦为乐。这不是意外或过失，不是任何口误、开玩笑，欺凌就是为了排斥、为了嘲弄、为了欺凌。

• 进一步侵害的威胁：欺凌常始于言语层面（辱骂、种族诋毁、贬义的性词汇、对身体能力或心智能力做出有损人格的评论），进而发展到关系层面（回避、制造谣言、流言蜚语和孤立排斥），并且最终，如若学校的文化环境允许，在确定没有人会进行制止或干预的情况下，欺凌者会将欺凌升级为肆意的身体层面的欺凌，如打耳光、踢打、绊倒、闭锁（将被欺凌者锁入笼中）、戏弄，要求被欺凌者做出侮辱性的或不可能完成的身体行为，剥夺被欺凌者必需的身体生存条件。

• 制造恐惧：欺凌是一种惯用恐吓来维持主导地位的系统暴力。将恐惧深深植入被欺凌孩子的内心，不仅仅是达到欺凌的一种手段，而且是其本身即为欺凌的最终目的。一旦制造出恐惧，欺凌者就可以不用担心任何的报复或指责。因为被欺凌的孩子完全无力反抗，甚至没有勇气去告知任何人欺凌的发生。欺凌者同时算准了旁观者的行为，认为他们即使不加入欺凌也不会插手干预。于是，暴力的循环生生不息。①

（五）区分欺凌与玩笑（调侃）

区分欺凌和玩笑主要是看欺凌的一方是否存在主观故意以及行为是否对另一方造成伤害。

欺凌是嘲弄，玩笑或调侃不是嘲弄。

玩笑与调侃是喜剧，而欺凌是悲剧的前奏。

玩笑或调侃发生在你与你的朋友之间——和你在乎的人在一起，它指的是与某人一起欢笑。欺凌或嘲弄则是去欺凌你轻视的人，它是对某人进行嘲笑。

---

① ［美］芭芭拉·柯卢梭：《如何应对校园欺凌》，肖飒译，华东师范大学出版社2017年版，第30—31页。

再深入认识一下玩笑或调侃的特点：
- 调侃者和被调侃者可以轻易地互换角色。
- 不以伤害为目的。
- 维护所有参与者的尊严。
- 以快乐、巧妙并且温和的方式搞笑。
- 动机单纯。
- 当被调侃者感到不安或拒绝继续调侃时，会及时停止。

如果一个孩子不经意地说了什么，给他的朋友造成了伤害，他会从朋友受到的伤害中意识到自己的错误并进行补偿，两个孩子就好似同时上了一节人际关系和沟通技巧的课。如果他们取笑了对方的缺点或错误，会紧随其后帮助对方一起收场。善意的玩笑体现了朋友之间的亲密程度。

当玩笑或调侃出现攻击的时候，它就是欺凌了。对种族、人种、信仰、性取向、性征、身体特征，或是心智能力、体重和过敏物的攻击，都不是玩笑。

再深入认识一下欺凌或嘲弄的特点：
- 基于不平等的力量关系，并且是单方面实施的：欺凌者嘲弄，被欺凌者被嘲弄。
- 旨在伤害。
- 将羞辱性的、残酷的、伤害自尊的、一厢情愿的不良评价伪装成无聊的笑话。
- 是指一方针对另一方的嘲笑，而不是与对方一起欢笑。
- 目的在于削弱对方的自我价值感。
- 包含了对进一步嘲弄的恐惧，或者可能是身体欺凌的前奏。
- 邪恶的动机。
- 在被嘲弄的孩子感到痛苦或表示拒绝时，对他的嘲弄不但不停止，反而愈演愈烈。

欺凌者对其欺凌对象的嘲弄是一种不具有任何游戏性的攻击。选择不会进行反击的孩子作为欺凌对象，根本不存在单纯的"你情我愿"。欺凌者可能会大笑，旁观者也可能会和他们一起大笑，而被嘲弄的孩子则悲惨无比。嘲弄者的行为并不是为了交个新朋友，也不是为了开个友好的玩笑或是为谁解困——嘲弄完全是为了轻视和贬损，并从见证对方的痛苦中获得极大的愉悦。同理、同情和慈悲之心都无处可寻。

有时，欺凌者在想要降低事情的严重程度时就会被称其为"恶作剧"，但它仍然不是玩笑，而是欺凌。①

（六）区分欺凌与冲突、暴力

不是所有青少年的伤害行为都是欺凌。

欺凌与暴力的区别主要体现在程度上。根据国际卫生组织的定义，暴力是指蓄意运用躯体的力量或权力对自身、他人、群体或社会进行威胁或伤害，造成或极有可能造成损伤、死亡、精神伤害、发育障碍或权利的剥夺。根据该定义，暴力往往采取武力或威胁等比较恶劣的行为方式，而欺凌可能通过暴力方式实施，也可能通过起绰号、嘲笑等比较轻微的行为方式实施。换句话说，暴力更强调的是行为的烈度，而欺凌更侧重于强调行为的状态。

区分欺凌与冲突主要是看双方力量是否均等，一方是否恃强凌弱。欺凌的双方通常存在力量的不均等性，一方基于自己的优势地位恃强凌弱；而冲突双方的力量一般会势均力敌，并不存在一方主导控制局面的情况。

冲突，正常的行为，如兄弟姐妹一对一的打斗，或与同伴间的竞争都不是欺凌。冲突是正常的，是可以解决的，痛苦是可以被安抚的。未能解决的冲突可能升级为武力对抗，它依然不是欺凌。

将欺凌和冲突混淆的事件屡见不鲜。在这种误解下，便会提出利用调停者来解决欺凌的方法，这样做是在要求被欺凌的学生和欺凌者共同达成某种"协议"。在冲突中，双方为了解决冲突，就必须要有所妥协或有所放弃。而在欺凌事件中，欺凌者已经身居有权有势的地位，无情地剥夺着被欺凌者的尊严、幸福感和价值感，我们还想让被欺凌者再放弃些什么呢？

所以，一旦欺凌被当作冲突，其处理方式则仅限于双方为解决所谓的冲突而达成了某种交换条件。这是错误的做法。②

---

① ［美］芭芭拉·柯卢梭：《如何应对校园欺凌》，肖飒译，华东师范大学出版社2017年版，第57—66页。
② 同上书，第71—75页。

二　欺凌的表现形式

欺凌行为有不同的种类，比如，直接欺凌（身体欺凌、言语欺凌）；间接欺凌（社交欺凌、网络欺凌）。此外，还有两种特别形式的欺凌，均涉及上述四种类型，即性欺凌和"同意"的欺凌。

（一）身体欺凌

身体欺凌指通过不受欢迎的方式进行推搡、踢打、做手势或其他侵犯他人身体的行为，或对他人的财物进行损毁和掠夺，对受害者进行重复性的物理攻击；拳打脚踢、掌掴拍打、推撞绊倒、拉扯头发；使用管制刀具、棍棒等攻击受害者；损害受害者的个人财产、教科书、衣裳等，恐吓、威迫受害者做他或她不想要做的事，威胁受害者跟随命令；等等。

一个常见的欺凌形式升级的模式是：从言语欺凌到关系欺凌再到身体欺凌。那些对同伴实施身体欺凌的年轻人在所有欺凌者当中是最令人不安的，他们极有可能将身体欺凌进一步升级，演变成暴力的刑事犯罪。

（二）言语欺凌

言语欺凌指通过侮辱、戏弄、诅咒、威胁或以其他方式表达对他人的不友好言论，叫受害者侮辱性绰号；指责受害者无用、侮辱其人格等；传播关于受害者的消极谣言和闲话；中伤、讥讽、贬抑评论受害者的体貌、体重、性取向、宗教、种族、收入水平、国籍、家人或其他；画侮辱性图画；网上有关体型的恶毒评论；有暴力威胁的匿名便条、不真实指控；等等。

"八卦"也是欺凌的一种形式。它常以一种耸人听闻的夸张方式传播着被"八卦"孩子的问题、犯的错和交往行为："你难道不知道他都做了些什么吗？"

言语欺凌确实不会伤害到受害者的身体，但它会在很长一段时期内伤害到其心理情感。

语言是强有力的工具，可以击垮一个孩子的精神。被欺凌者会被去人性化，一旦一个孩子被去人性化，就意味着人们可以随意地攻击他，而旁观者不会产生任何正常人应有的怜悯之心。

（三）社交欺凌

社交欺凌又称关系欺凌，是通过排斥、剔除和孤立行为来破坏某人在社会群体中的地位和关系。比如分派系结党，孤立、杯葛或排挤受害者。

社交欺凌可以用来疏远或拒绝同伴，或故意破坏友谊。它包括一些微妙的体态，如咄咄逼人的目光、骨碌碌转的眼珠、叹气、皱眉、冷笑、窃笑和敌对的肢体语言。刻意将一个孩子排除在过夜晚会、生日宴会和操场游戏之外也属于关系欺凌。

中学时期是社交欺凌发生的高峰期。青春期是一个探寻"我是谁"的年龄，孩子们都在努力试图融入他们的同龄群体当中去，此时如果被排斥，带给他们的伤害可想而知。

社交欺凌是最难以从外显行为来觉察的欺凌形式，它通过忽略、孤立、排除或回避，系统地降低了被欺凌孩子的自我意识。社交欺凌所产生的伤害更深，因为它阻止了人们之间的自由交往，使受害者产生被孤立、沮丧和尴尬的情绪。

（四）网络欺凌

网络欺凌是指通过手机短信、电子邮件、微信、博客论坛等媒介散播谣言中伤他人等攻击行为。随着网络的普及，网络欺凌的形式越来越常见，而且比较隐蔽。网络欺凌常表现为现实进程的延续，或者是其中的组成部分。

网络欺凌又可以称为技术辅助欺凌，在互联网上进行恐吓、威胁、跟踪、嘲弄、羞辱、讥讽或谣言散布。绝大多数进行网络欺凌的人也在学校实施过欺凌行为。

例如，美国马萨诸塞州有一个年轻的欺凌者把一个16岁男孩的名字和家庭住址发布在网上，并声称男孩正在努力寻找男性的性伙伴。随后，这位肇事者笑着在男孩家的街对面，观看络绎不绝的男性造访男孩的家。

网络欺凌和在学校遭受的欺凌一样糟糕，在某些情况下甚至更糟糕。网络上的欺凌者有时是匿名的，但伤害的信的内容是公开的，所以网络欺凌在许多方面对经历者来说似乎更加糟糕。高中生受网络欺凌的比例高于初中生，受网络欺凌，更可能感受到：伤害的重复性；求助的无力感；心理伤害的严重性。

网络欺凌是不受欢迎的言论。通过网络欺凌，谣言的传播是公开和永久的，也是致命的，常常通过不易被看到或被注意到的方式给被欺凌者带来巨大的伤害。事后再多的道歉也至多是删除网络中的谣言，却无法删除根植于人们心中的"不良印象"。

1. 网络欺凌的形式

藏在屏幕背后进行欺凌有许多潜在的"好处"。欺凌的几种因素包括：力量的不对等、旨在伤害、进一步侵害的威胁、制造恐惧、由于电子科技的介入而被无限放大。既不用露脸，又不用署名的电子传输方式，为欺凌者在任何时间、任何地点都可以去折磨被欺凌者提供了方便。而且由于是匿名，所以欺凌者几乎不用担心任何的不良后果，即使有，其后果也是微乎其微。

网络欺凌者运用这些科技工具，通过以下方式折磨他们的欺凌目标：

• 恶意留言板：使用在线留言板发布针对被欺凌者的恶意言论，鼓励欺凌。

• 恶意代码：向被欺凌者的电脑发送恶意代码，或者盗取被欺凌者的隐私，抑或对其进行监视。

• 造谣：以破坏被欺凌者的信誉或友谊为目的，散布被欺凌者的流言蜚语或不真实消息。

• 电子炸弹：发送有关被欺凌者的侮辱性、敌意的、残酷的或粗俗的电子信息。

• 冒充：假冒被欺凌者行事，以使被欺凌者陷入麻烦，伤害他们的名誉，或损害他们的友谊。

• 投票：在投票中提问或回答有关被欺凌者的伤害性的卑劣问题。

通过手机进行的网络欺凌，如：

• 辱骂、侮辱或威胁性语音短信。

• 辱骂、侮辱或威胁性文本短信。

• 拨通电话却不作声。

• 盗窃身份（冒充）：通过网站，使用被欺凌者的名字和电话号码给同学或成人发送文本信息，以使被欺凌者陷入麻烦，散布被欺凌者的谣言，或者引诱他人对毫无戒备的被欺凌者进行报复。

• 向被欺凌者的电话进行大量呼叫或发送短信，以造成其大额的电话账单。

• 照片欺凌：使用手机或平板电脑，拍摄或录制被欺凌者有伤风雅的或侮辱性的照片和视频，并将这些照片和视频发送给欺凌者和（或）被欺凌者通讯录中所有的人，同时，通过文件共享服务，将照片永久性地放置网络之上，以供任何人观看或下载。

2. 网络游戏欺凌

当网络游戏被利用来进行欺凌时，我们称为网络游戏欺凌：

游戏本身设计的特色会影响到孩子在玩家群体中遭受或参与欺凌的概率。具有聊天和私信窗口功能的游戏增加了欺凌发生的概率，他们会在其中讥讽和威胁他们的欺凌对象。一组玩家可以聚在一起共同计划，对他们认为游戏能力很弱或者很强的玩家进行攻击，最终达到将其赶出游戏的目的。

凡是暴力的游戏，就会对欺凌者、被欺凌者和无辜的旁观者造成极大的影响。这些游戏不但把暴力行为常态化，使之成为每日例行的活动，而且将其他的玩家设计为敌人、猎物或靶子。最终，这些游戏甚至会帮助玩家在暴力活动与欢愉、奖赏之间建立起神经通路，使玩家们面对暴力时不再感受到恐惧、悲哀或同情。

有些游戏趋向于培养危险、猜忌、异化和忧郁的感觉。有一款游戏的场景是一所模拟学校，现实中的学校欺凌者和老师在游戏中变成了被欺凌者的身份。如果年轻玩家们在玩游戏时习以为常地残忍对待屏幕上的对手，而且还为此感到激动和兴奋，而不是悲哀、同情或惊恐，那么，当他目睹现实中的同伴遭受欺凌或伤害时，便难以挺身而出对被伤害者伸出援手，而是更容易去参与到这种伤害他人的"娱乐"之中。

（五）性欺凌

性欺凌的范围包括性言论、性姿态、不恰当的触摸，以及对身体的过分关注，乃至性侵犯。性别歧视和性观念有可能引起欺凌，但性欺凌很少有因为性引发的，更多的是像所有欺凌行为一样 —— 因为轻蔑。

性欺凌可能通过欺凌类型表现出来，如身体欺凌、言语欺凌、社交欺凌、网络欺凌。

1. 身体性欺凌

包括但不限于带有性色彩的触摸、抓、捏、拉扯文胸，或是掀起裙子，故意带有性色彩的蹭和性暴力。

2. 言语性欺凌

人们倾向于用贬损性的语言来羞辱男孩，说他们"不像男孩"，或者用厌恶同性恋的词语去形容他们，用在女孩身上的词语则大多数偏重于物化她们的身体、性歧视和黄色笑话，或有关系性能力和性冷淡方面的贬损性语言。

言语性欺凌需要与调情进行区分。

调情

• 允许并邀请两人的角色轻松互换。

• 不以伤害为目的 —— 而是一种欲望的表达。

• 维护双方的基本尊严。

• 目的在于献媚和称赞。

• 对共同玩乐的邀请，有时候是彼此的陪伴。

• 寻求性关注。

• 旨在使对方感到被需要、有吸引力和有能力控制局面。

• 在对方感到心烦、拒绝被调情，或者不感兴趣时，及时终止。

言语性欺凌

• 基于不平等的力量关系且是单方面的：欺凌者实施欺凌，欺凌对象遭到侮辱且人格丧失。

• 旨在伤害和利用。

• 是一种侵犯，并且目的在于维持自己的欺凌地位。

• 旨在降低对方身份和贬损对方人格。

• 旨在显示控制和支配地位。

• 一直在侵犯对方的底线。

• 旨在让对方感到被否定、难看、有辱人格、无助或不适。

• 在对方感到苦恼或拒绝接受性评论时，欺凌不但不停止，反而会愈演愈烈。

值得注意的是，调情带有游戏性，性欺凌则不然。调情永远不会以伤害为目的，它是对两个人进一步了解彼此的邀请。就像其他的要求一样，它可以被接受，也可以被拒绝——而无论最终是被接受还是被拒绝，调情者都会尊重对方的选择。

性欺凌没有邀请成分，只有攻击。被攻击的一方会感到窘迫、屈辱和羞愧，而且常常很无助。欺凌者并不是热衷于与另一个人健康地调情，他的攻击纯粹是为了伤害。如果被欺凌者有所反抗，则会被贴上"贱人"的标签——焦躁易怒，而且开不起玩笑。

3. 关系性欺凌

孩子们使用关系性欺凌来系统地剥夺被欺凌孩子的自我价值感，如在卫生间的墙上或更衣室里散布性谣言和性绰号，由于某个孩子的性取向或性征而回避与他（或她）接触，打量身体、盯着看乳房、抛媚眼，或做出猥亵的手势，以羞辱和贬低为目的展示或传播色情素材，穿戴印有与性侵犯相关的语言图片的衣着或饰物，或在墙壁上色情涂鸦。

4. 网络性欺凌

女生收到裸体男性的图片或性爱视频，被要求告知个人隐私，比如文胸的尺寸，以及被要求进行网络性交、讲黄色段子。

有的欺凌者在现实中强暴或羞辱被欺凌者，即实施身体性欺凌，同时拍摄视频放到网络上，这便是网络性欺凌了。

性欺凌对受害者的侮辱性由于存在于网络之中而成倍增加，其伤害程度也被无限扩大。①

（六）"同意的"欺凌

有一种特殊的欺凌，仿佛是被欺凌者"同意的"。

比如，欺凌常常被当作是新成员入会仪式，但是它却包含了欺凌的所有因素：

• 力量的不对等（包括被欺凌者数量上寡不敌众或在社会地位方面比欺凌者低下）；

---

① ［美］芭芭拉·柯卢梭：《如何应对校园欺凌》，肖飒译，华东师范大学出版社2017年版，第42—46页。

• 旨在伤害（被迫喝下某种饮品，或被迫做运动直至昏厥；被迫吃下恶心的东西，被迫进行文身、打耳洞或刮毛；被打或被迫打人；被迫以取悦侮辱者为目的穿戴侮辱性着装）；

• 进一步侵害的威胁（无论是阐明的还是暗示性的："必须这样做，否则……"是被侮辱者从侮辱者处得到的告诫）；

• 恐惧（不知道接下来会发生什么以及不知道侮辱何时才会停止，是制造恐惧的秘诀。"我担心他们会对我做出别的事情。"）。

归属感对每个人来说都至关重要。为使自己被某个群体接纳，年轻人常常会对自己和他人做出难以启齿的事情。

在涉及屈辱和欺凌的相关法律时，这种所谓的"受害者同意"早已不能作为刑事辩护的依据，而在司法过程中奏效。当一个学生面对一个或一群比他强大的同伴，而这些人随时有可能对他做出更具伤害性的事情时，这种压力很难使这个学生不去"同意"接受侮辱。法律上认为这种同意不能算作实际同意。

由于担心被排斥或者进一步被侮辱，抑或是担心被从某些俱乐部或群组除名，人们往往在面对欺凌时逆来顺受。我们所要关注的问题不该是"她/他是否同意被欺凌"，而应该是"她/他所被要求做的行为是不是侮辱性的、诋毁性的、辱骂性的和贬低人格的"。第二个可以用来鉴定是否为欺凌性活动的问题是"是谁在其中感到愉快？又是以谁的牺牲为代价的？"如果作恶者的欢乐是建立在被欺凌者所遭受的屈辱和痛苦上的，这就是一个明确的标志，证明他们所进行的活动并非一般的玩闹或恶作剧，而是欺凌。

队友或俱乐部成员之间的庆典活动可以是激动人心并具有创造性的，它们不必以残酷和虐待为主题。我们的欢笑应该以彼此愉悦共享为宗旨，而不是以同伴的痛苦为代价。①

三　欺凌事件的当事人

有研究者主张，给被欺凌事件的参与者贴标签易使他们的角色定型，妨碍

---

① ［美］芭芭拉·柯卢梭：《如何应对校园欺凌》，肖飒译，华东师范大学出版社2017年版，第34—40页。

他人从自己的负面角色中转变出来。他们一般使用这样的词汇：实施欺凌的人、被欺凌过的人、目睹了欺凌过程的人。为这些人提供其他可供选择的角色，是他们关注的重点。

但本书仍然使用欺凌者、被欺凌者和旁观者等措辞，这并不是意图用一个永久性的标签来定义一个孩子的人格特征，而是为了识别一个孩子在那个时刻所扮演的短暂性角色。这样有助于对行文的理解。

准确地说，欺凌事件的当事人包括：欺凌者、被欺凌者、协助者、附和者、旁观者、捍卫者（见证者、反抗者、守卫者）。在笔者看来，协助者、附和者也应该归为欺凌者。而附和者、捍卫者，在欺凌发生的不同时间点可能是旁观者。旁观者可能变成附和者，也有可能变成捍卫者。也就是说，即使在同一个欺凌事件中，一些当事人的身份也是会转换的。

下面便逐一详细介绍。

（一）欺凌者及其协助者

欺凌者可能是一个人，也可能是多个互为朋友的孩子构成的，甚至可能形成帮派。

即使是多人实施的欺凌，也会有一个带头的人，还有协助者和附和者，协助者直接参与欺凌行动，附和者支持欺凌者的行为，在旁嬉笑或呐喊助威。协助者及附和者，有些则借此保护自己，免受欺凌。

欺凌者也可能是被欺凌者，研究显示在欺凌行为所涉及的儿童中，有一半既是欺凌的受害者，也是欺凌的实施者。他通过欺凌其他的孩子来从自己的无助和自我厌恶中寻求一些解脱，他会带着满满的敌意去攻击那些伤害过他的人，以及那些比他弱小的孩子。

1. 特征

欺凌者与身材大小、性别无关。

有些研究指出，男生通常倾向于采取直接的身体攻击或者语言攻击、辱骂、索取保护费的行为，女生欺凌者的欺凌行为通常具有**群体性和隐蔽性**的特点，在很多情况下会采取社交欺凌的方式，如孤立、团队排斥或者隔绝、限制其融入、长期恶意不让其参加某些活动等。女生的这些欺凌行为可能更不容易被老师及时发现。

有些欺凌者是被宠坏但充满自信的孩子，他们通常我行我素，随时用暴力实现自己的想法。大多数有当领导者欲望，充满自信却不受人欢迎，因为他们对待别人的方式是不公平的。

还有些偶尔才有暴力行为的孩子，可能是因为他们正面对生活的骤变，比如，弟妹的诞生、亲人的过世、遭到朋友的拒绝、本身即为暴力的受害者、受到家人或老师的侵犯等。

关于欺凌者，有四点可以确定的是：

- 他们是被教育成欺凌者的；
- 他们实施欺凌是因为他们有欺凌他人的能力；
- 他们是自主选择去欺凌的，欺凌者们用他们的力量去操纵、控制、主导和羞辱那些对他的地位有所威胁的人，以及那些被他们视为低一等的人；
- 他们自主选择欺凌对象。

2. 常见背景

- 在学校或社区有严重的纪律问题；
- 有吸烟、酗酒或其他物质依赖；
- 被同伴边缘化或几乎没有知心朋友；
- 曾经逃学，或者被学校停学、开除；对动物残忍；
- 缺乏或没有来自父母或关系亲密的成年人的支持和监管；
- 来自崇尚暴力的家庭，曾经在家中目睹过或遭受过虐待或忽视；那些童年时代生活在自由和自主氛围中的人，他们没有羞辱他人的要求；
- 嫉妒其他人学业或者运动上的成功，或者是自己兄弟姐妹、家中刚诞生的弟妹；
- 压力及挫折感，比如对于学校的课程或考试感到压力大；
- 和朋友争吵——他们或许会将怒气发泄在第三者身上；
- 没有进取心，经常感觉无聊；
- 不良的社交技巧，欺凌者往往缺少解决问题的技巧；
- 曾经被同伴或年长孩子欺负；
- 倾向于把自己的困难和问题归咎于他人；

- 很多存在学习问题；
- 分裂型人格。

3. 行为、个性特点
- 控制欲强，喜欢主导他人；
- 喜欢通过利用他人达到自己的目的；
- 性格外向，表现欲强；
- 很难站在他人的立场上考虑问题，即缺少同理心；
- 只关注自己的欲望和愉悦而忽视他人的需求、权利和感受；
- 将比他们弱小的手足或同伴看作猎物；
- 用指责、挑剔和归咎的方式，将自己的不足之处转移到欺凌目标的身上；
- 拒绝为自己的行为承担后果，将暴力行为归咎于受害者，例如"他以嘲弄的眼神看我，凭这点他就该被揍"；
- 霸道专横，蛮不讲理，以自我为中心，唯我独尊的个人价值观，自私冷酷；
- 缺乏预见性——从眼前和长远两个角度来考虑问题，即预见当下行为有可能产生的计划之外后果的能力；
- 寻求关注；
- 从为他人制造的痛苦中获得愉悦，没有同情心；
- 他们对于别人持有负面的看法和信念，同样也不相信自己；
- 无法控制自己的行为，自我控制能力差；
- 热衷于暴力行为；
- 情绪调节能力较低，处事急躁；
- 缺少延迟满足的能力。

4. 实施校园欺凌的学生通常具有的心理特征

（1）权利意识

自觉拥有控制、主导、征服的权力和优越地位。

（2）对差异的不容忍

差异意味着某些人低人一等，不值得被尊重。与不容忍相反的并不是容忍，要求人们仅仅去"容忍"家庭、学校和社区中与自己朝夕相处的人只能带来偏执和轻视,与不容忍相反的应该是对他人深切的关怀。并不是说需要你特别喜欢他人,或者把他人都当朋友来对待,而是说,当你目睹他人作为与你平等的人类受到了伤害,你拥有足够的关怀之心想去减轻他们的痛苦,为他们挺身而出,制止残忍行为发生。

（3）随意排斥他人

对被认为不值得尊重和关怀的人进行孤立和隔离。学生之间发生暴力行为,从本质上讲是不同地位群体之间为了利益、声望和尊重等而产生的对立、矛盾与冲突。

实施欺凌的孩子常常摆出高人一等的架子,掩饰他们内心的痛苦和匮乏。这种虚妄的优越性是他们自认为有资格去伤害他们看不起的人,而事实上,他们只是在试图通过贬低对方来提高自己。

另有一些孩子,他们高高在上的样子并不是出于对心中痛苦的掩饰;这些孩子被教育得认为自己本来就高人一等,而那些被他们伤害的人本来就不值得被尊重和关心。[①]

（二）受欺凌者

任何人都有可能成为被欺凌的目标,甚至仅是在错误的时间出现在错误的地点的孩子,他们被攻击是因为欺凌者在此时此地正想要找个人来捉弄。

受欺凌者可能是各种人,特别是那些在某一方面看起来与众不同的人,下面这些情况更为常见:

性格方面：

- 性格内向、害羞、怕事;
- 柔弱没有活力,缺乏自信;
- 感到不快乐,较为不安,有逃避行为;
- 在同学间不受重视,只有很少的朋友,在学校中十分孤单;
- 缺乏与同辈相处的社交技巧,容易引起同学的不满和反感;

---

① ［美］芭芭拉·柯卢梭:《如何应对校园欺凌》,肖飒译,华东师范大学出版社2017年版,第28页。

- 沉默、表达能力不佳者；
- 性格或行为上有异于他人。

外表或智力方面：
- 有身体障碍者、有智力障碍者；
- 智力或语言表达不同于常人；
- 外表上有独特之处的人；
- 胖人或瘦小的人；
- 戴着眼镜或助听器者；
- 有气喘病；
- 具有音乐天分或者天赋异禀。

生理残疾或智力障碍的孩子 —— 这种孩子遭受欺凌的可能性是一般孩子的两倍到三倍。多动症的孩子的行为先于思想，他们无法考虑到行为的后果，常常有意无意地激怒欺凌者。

其他方面：
- 具有不同宗教、种族和文化背景的孩子；
- 来自异地的孩子，特别是口音特殊的孩子；
- 新生，转学生；
- 性与性别少数。

大部分的暴力受害儿童都是善解人意、聪明以及和善的孩子，他们和父母的关系相当良好。他们的家里没有冲突和经常的大吼大叫，因此在面对暴力时，他们不知道该如何应对。

欺凌者仅仅是因为被欺凌者在某个方面有些另类，就被视为实施欺凌的正当理由。这种理由，最佳状况是一种欺骗，而最糟糕的状况是被当作他们轻蔑对方的借口。

患有孤独症的孩子往往走路的步态不太寻常，感兴趣的东西集中而有限，理解社会线索的能力较低。他们很容易成为其他孩子攻击的目标，其他孩子会模仿他们的步态，嘲弄他们的兴趣，并且说服他们做出会令自己陷入麻烦的事情 —— 他们成了欺凌者的消遣对象。

有食物过敏的孩子被欺凌的概率是其他孩子的两倍。

同伴之间一切形式的骚扰行为都涉及某种形式的歧视，这可能是基于某人的相貌、打扮、行为、言谈，甚至是没有理由的歧视。换句话说，他们可能只是喜欢这种歧视他人的感觉。

即使是具有惹人讨厌或者令人发笑的行为的孩子，与任何其他人一样，都拥有被尊重的权利。我们需要询问孩子们，为什么仅仅因为某些孩子与他们不同，就认为自己有权利去漠视、轻蔑或憎恨他们？为什么要把快乐建立在其他孩子的痛苦之上？

我们的社会，盛产对被欺凌者的谬见，人们称他们——弱小和悲惨，脆弱和不可靠——这所有的一切都在将欺凌合理化，使孩子们（和更多成人们）不把欺凌事件归咎于欺凌者，反而怪罪于被欺凌的孩子。没有人是活该受到欺凌的。

而且，人们很少能够想到，被欺凌者的行为举止或生活态度，很可能是因为他所受到的欺凌而造成的。关于被欺凌者的那些谬见，一般都是基于被欺凌孩子长期反复遭受欺凌之后的表现而形成的。①

我们的教育应该帮助受欺凌者学会反抗，对欺凌说不。

受欺凌者对攻击的回应，直接影响到他是否会从单纯的欺凌目标进阶为欺凌的受害者（被欺凌压垮）。如果被欺凌的孩子屈服于攻击——让欺凌者如愿以偿地看到他的痛苦、恐惧或麻木；或是未能果敢地（或强有力地）做出回应——他会在情绪、心理和生理上发生彻头彻尾地改变。他会成为一个与受到侵犯前完全不同的人，而所有未来的侵犯，都会指向这个越来越弱的欺凌对象。

被欺凌者屈从欺凌者，并不会减少被欺凌。有一些欺凌对象在最初遭到欺凌时，选择勇敢地奋起反抗，作为榜样，他们的做法为其他欺凌对象赋予了力量。这些勇敢的人往往不顾充斥在文化当中的恐惧、贪婪和（或）轻蔑所带来的阻力。哪怕只有一个人有足够的道德和勇气挺身而出，暴力循环就会被干扰。当整个群体的人都愿意对残暴的欺凌行为说"不"，暴力循环即可被彻底地打破。

---

① ［美］芭芭拉·柯卢梭：《如何应对校园欺凌》，肖飒译，华东师范大学出版社2017年版，第82—85页。

（三）旁观者

旁观者，面对欺凌现象时，会选择袖手旁观，或默默走开，或无动于衷。

旁观者与欺凌者只有一步之遥，他们非常容易成为协助者或者附和者。附和者在旁观者中更常见，旁观者也有机会成为捍卫者。

避免旁观者成为附和者，促使旁观者成为捍卫者，是制止校园欺凌工作中非常重要的环节。

很少有人能够真正置身事外，成为彻底的局外人。

有调查显示：旁观者不同程度地参与了大约 85% 的欺凌事件；旁观者在 81% 的事件中，帮助了欺凌者；相比对待被欺凌者的态度，旁观者对欺凌者更加尊重、友好；旁观者在 48% 的欺凌事件中是积极参与者；只有 13% 的欺凌事件，得到了在场的旁观者的干涉。

1. 旁观者不阻止欺凌的理由

在校园欺凌中，最常听到的旁观者不干涉欺凌的四种理由是：

• 旁观者担心自己会受伤。欺凌者的强大和具有的名望，给旁观者制造了合理的恐惧，因此，卷入争斗当中，看起来并不是一个明智的选择。

• 旁观者担心自己会成为下一个被欺凌的目标，担心干涉欺凌受到报复。

• 旁观者担心自己的帮助，只会让事情变得更糟糕。

• 旁观者不知所措。因缺乏清晰的、正面导向的社会规则，他不知道上哪儿、如何寻求帮助；认为学校老师和有关部门可能不相信或者不理会、不采取行动；他从来没有被教导过该如何干预这种事，正如欺凌是一种习得的行为，孩子们同样需要学习阻止欺凌的方法，并且有足够的爱心想去阻止欺凌。

如果学校和社会没有清晰地界定校园欺凌的标准，没有清晰地列出社会对于学生期待和鼓励的行为，不教给他们相应的干预技巧和知识，那么就难免有学生明知道有欺凌发生，或者欺凌暴力发生而不报告也不积极干预，他们即使有助人之心也不一定能助人之为。

阻止欺凌的技巧的缺失和内心的恐惧会渐渐转化成冷漠——时常与轻蔑共存的冷漠。冷漠的环境最易滋生轻蔑，而轻蔑，正是欺凌的实质，进一步促进欺凌。

此外，还有一些旁观者不愿干涉欺凌现象的借口，比如：

- 欺凌者是我们的朋友。
- 这事与我无关，又不是我的战斗。
- 她不是我的朋友。
- 他是个窝囊废。旁观者担心若让别人看到自己和被欺凌者在一起，自己在组织中的身份地位就会受到影响，更不用说让别人看到自己保护被欺凌者了。
- 他活该受欺负，他自找的，自作自受。"他自己都没有维护自己，别人为什么要去维护他？"这样的观点忽视了最基本的一个原理，即欺凌是因轻蔑而起，没有人"活该"被剥夺自尊和自我价值感。被欺凌的孩子孤身一人的力量是不足以摆脱一个或一群欺凌者的。
- 受点欺负会让他变得坚强。欺凌只会给被欺凌者带来耻辱和愤怒，而绝不会让他变得坚强。
- 孩子们具有根深蒂固的沉默特质。"谁愿意被冠以告密者或叛徒的头衔呢？"这种借口是疏于考虑的，是人们面对恶行时的道德沦丧。
- 一起去保护一个被排斥的人？我还是跟大多数人站在一起为好。
- 这事太让人头大了。旁观者必须在与多数人站在一边和支持被欺凌孩子的两种选择之间权衡利弊。思考这个问题会引起思维和情绪的强烈紧张感。

各种理由和借口联合在一起侵蚀着同伴互动的礼仪文明，当文明的力量被削弱，取而代之的是虚伪的权利意识。①

2. 影响旁观者成为捍卫者的变量

理解旁观者为什么不能成为捍卫者，要了解两个心理学的效应：

旁观者效应：救助行为出现的可能与在场旁观人数成反比，旁观者越多，救助行为出现的可能性就越小；即使他们采取反应，反应的时间也延长了。

责任扩散效应：利他行为会受到环境因素的影响，当发生了某种紧急事件时，由于他人的在场，帮助人的责任就被扩散到每个旁观者身上，容易造成等待别人去帮助或互相推诿的情况。

---

① ［美］芭芭拉·柯卢梭：《如何应对校园欺凌》，肖飒译，华东师范大学出版社 2017 年版，第 107—111 页。

旁观者年龄越小，越有可能寻求老师的帮助，或者直接帮助受害者，而年龄越大越有可能忽视校园暴力行为。

旁观者是否阻止欺凌，与五个变量相关：对于受害者的同情态度、来自他人的预期和社会规范压力、有过帮助受害者的干预经历、高的自我效能感和有过被欺负的经历。

青少年或成年人在以下场景中更不可能干预暴力：如果他们认为代价很大，相关的社会中社会重要他人不愿意或者不希望他们干预，或者他们认为干预会遇到障碍，效果不明显等。

自我效能感是指个体对自己是否有能力完成某一行为，以及完成该行为后的结果所进行的推测和判断。如果旁观者知道该做什么，以及知道他手中掌握的资源，他们更有可能会采取行动；如果他们认为其他旁观者更有能力的话，他们就可能不采取行动；如果学生知道或相信成年人在场或成年人也知道暴力将要发生，他们就更不可能阻止暴力。

3. 旁观者并不无辜

旁观者对欺凌现象的回应和表现，对欺凌双方产生着惊人的影响：欺凌者更加有恃无恐，被欺凌者则每况愈下。

作为配角，旁观者可以通过自己的不作为，间接地成为欺凌者们的帮凶。面对欺凌现象，他们或者袖手旁观，或者转身离开，又或者在一旁煽风点火，甚至加入欺凌活动中去。无论他们选择的是哪种行为，都要为其付出相应的代价。

对欺凌行为的制裁的缺乏、本能良知的瓦解、负罪感的降低和对被欺凌目标的负面态度的扩大，作为众多因素联合起来，共同加固了有关刻板印象、偏见和歧视的世界观。如此，又反过来造成了旁观者的同理心、同情心、慈悲之心和观点采择能力（站在别人角度思考问题）——这四种拥有健康同伴关系的核心因素——进一步的沦丧。[1]

---

[1] ［美］芭芭拉·柯卢梭：《如何应对校园欺凌》，肖飒译，华东师范大学出版社 2017 年版，第 102—103 页。

（四）捍卫者

捍卫者尝试安慰及支持受害者，尝试制止欺凌行为。捍卫者充满了正义感，内心具有力量。他们是由旁观者晋级来的。但并不是所有的捍卫者都拥有保护他人的技巧，这是应该不断学习的。

旁观者很少能意识到他们在欺凌中扮演的并不是无辜的角色，同时他们也很难认识到自己可以成为阻挡欺凌的强劲力量。但是，行动起来，旁观者就可以混淆和扰乱那些无条件服从欺凌者和残忍对待同伴的人。

在欺凌事件中，没有人能够独善其身。我们将一个暴力事件中的当事人再细化，看看捍卫者藏身在哪里。

一个暴力循环事件，通常是这样展开的：

- 欺凌者（们）——计划/煽动，并且/或者积极地实施欺凌。
- 追随者——遵从欺凌者的命令行事，积极地参与欺凌，但是不参与欺凌活动的计划和煽动。
- 积极支持欺凌者——为欺凌者加油鼓劲，并且试图从欺凌事件中获得社会利益或物质利益。
- 消极支持者——享受旁观欺凌现象，但是并不公开表示支持，从被欺凌者的痛苦中获得愉悦感。
- 漠不关心的旁观者——仅仅旁观，说"这不关我的事儿"，对欺凌现象视而不见，而且特意假装什么都没看见。
- 潜在的捍卫者——反对欺凌者的所作所为，并且知道自己应该帮助被欺凌者，然而却因为各种各样的原因而没有伸出援手。

陷入暴力循环所提供的角色中后，旁观者很容易对欺凌的逻辑和残忍行为产生兴趣，各个角色发现，他们越残忍或是宽容残忍的行为，就越能够在欺凌者和参与欺凌的同伴面前获得尊重。这些并不无辜的旁观者，在被欺凌者被进一步非人对待的过程中逐渐放弃了道德的良知。

但是，旁观者中这些"潜在的捍卫者"的存在可能会使暴力结构中产生根本改变——从而为事情的结果也带来改变。

即使只有一个人拥有足够的道德力量去对欺凌者提出抗议，捍卫被欺凌者的利益，或者为了阻止欺凌的继续发生，而为欺凌现象给予见证，暴力循环就会受到干扰。

• **勇敢的捍卫者** —— 与欺凌者不同，勇敢的捍卫者帮助或试图去帮助被欺凌的孩子。这个角色，拥有三种不同的重要装束 —— **见证者、反抗者、守卫者**。①

见证者：记录、呈报暴力行为。

反抗者：对欺凌者的要挟说不。比如，欺凌者对旁观者宣称："我讨厌那个新来的女孩，如果你还想待在我的团队里，就不要跟她一起吃饭"，但是，旁观者选择了仍然和新来的女孩坐在一起吃饭，她就晋为反抗者了。

守卫者：直接站出来，阻止欺凌行为。守卫的方式有很多种，可以直接阻止欺凌行为，也可以叫走受欺凌者。比如，欺凌者教唆所有更衣室中的男孩"看那个奇怪的小孩，让我们一起把他穿的衣服丢到淋浴下面"，这时一个学生站出来说：你们不可以这样做。他就是那个守卫者。

正如重复性的残忍行为会借友谊之名得到发展和强化，同样，重复性的英勇作为也会将仁慈发扬光大。他们的作为更是对他人的一种鼓励和号召。见证者、反抗者和守卫者做出正确的事情，他们自己在这个过程中可能会为之付出代价，比如成为被欺凌的对象。然而，如果他们坚信要做正确的事情，那就没有别的选择。他们只是需要学习如何阻止欺凌的同时也保护自己。

一个捍卫者的经典案例，由一所学校传遍了全世界。这便是"粉色衬衫事件"。

2007年9月，加拿大新斯科舍省剑桥中央国王中学（Central Kings Rural High School）的一名9年级新生查尔斯由于在开学第一天穿了一件粉色的衬衫，而遭到其他校友要殴打他的威胁和侮辱。

得知他的遭遇，两名12年级的学生大卫和特拉维斯购买了50件粉色衬衫，在网上号召校友们加入他们的"粉色海洋"行动，共同穿着粉色衬衫来抵抗欺凌。第二天，数以百计的学生穿着粉色的衬衫来到学校，以示与查尔斯团结一心。根据加拿大广播公司的新闻报道，当查尔斯走进学校的那一刻，他受宠若

---

① ［美］芭芭拉·柯卢梭：《如何应对校园欺凌》，肖飒译，华东师范大学出版社2017年版，第104—115页。

惊。大卫说："很显然，他看上去像是卸下了千斤重担一般，他一改郁郁寡欢的状态，变得欢欣鼓舞。"

大卫本人曾在小学阶段遭受过欺凌，谈到那些欺负查尔斯的学生，大卫说："如果你能召集更多的人一起来抵抗他们，能显示出我们会彼此支持，绝不会忍气吞声，那么，他们就不再像他们想象的那么强大了。"

大卫和特拉维斯的这个简单而原始的举动，后来演变成了一场"粉色衬衫"运动席卷了整个北美洲。

四　欺凌的伤害

有一种流行的说法：欺凌可以被视为无害的成长之路，这种观点是危险的。

事实上，欺凌行为造成的伤害绝不会因为行为中止就此停止。无论是对欺凌者本人或是旁观者，对于被卷入行为中的任何一个人都将会在很长一段时期内，甚至在很多年里，承受那种被伤害的感觉。

（一）对被欺凌者的影响

1. 校园欺凌给被欺凌者造成身体伤害

受欺凌者受到身体伤害和痛苦，有的受到永久性的创伤，最严重的可能是造成残障和失去生命。

2. 校园欺凌给欺凌双方带来心理伤害

受欺凌者普遍的心理伤害包括：会变得沮丧、自尊心弱、没自信、退缩、时常充满愤怒、恐惧、消沉抑郁、创伤后遗症、忧虑等。

其他一些心理表现：不相信他人、敏感、缺乏幽默感、适应性差、神经质、充满焦虑、社交能力不好等。那些长期遭受暴力侵害的孩子，很可能演变成精神上的受虐者，并且会寻找被虐待或者攻击的机会。

让被欺凌的孩子忘记发生在自己身上的身体伤害很难，但是他对自己所经历过的生理疼痛的记忆却会随着时间的推移而淡化。然而，假如那次身体欺凌事件没有被恰当地解决，被欺凌的孩子就会始终处于污辱、排斥和隔绝的感受之中。

当并不无辜的旁观者在一旁因他曾遭受过欺凌而窃笑、嘲讽，或由于认为他越来越懦弱而冷落他时,他还会受到欺凌事件后果带来的二次伤害。

当欺凌来自不同渠道时,比如同伴进行欺凌的同时,家长或教师也对这个孩子施暴,被欺凌的青少年患情感和精神不良状况的风险会成倍增长,因为他已经找不到避风的港湾了。

在普通欺凌伴随着网络欺凌的情况下,受欺凌者体验更大的心理压力,比如抑郁症状、自杀倾向、自残行为,或自杀尝试等。

儿时遭受过同伴欺凌的孩子,在成长到青春期早期时,出现精神疾病征兆的可能性是没有遭受过欺凌的孩子的两倍,而那些曾经成年累月被欺凌的孩子,在12岁时发生精神病类症状的概率是未受过欺凌孩子的四倍。[1]

3. 校园欺凌对学业的影响

带着内疚、羞愧和挫败感被欺凌的孩子,完全无法应对面前的残酷对他幸福感的摧毁。他会变得越来越孤独,无法集中精力于学业,成长的力量都用于维持生存,而不是发展社交技能,他的生活从根本上发生了改变。[2]

长期受欺凌者的行为表现包括但不限于离家、逃学,造成学业滑坡。他们自尊心和自信心的丧失,也影响到在学业上的追求及人生理想。

受欺凌者可能发生的与学业有关的改变包括:避免与欺凌他们的人相接触;减少在课堂上发言;在校时难以集中精力;难以用功学习;想一直待在家中,不愿去学校或者旷课。

无疑这些都对他们的学业构成直接影响,甚至,有些学生与教师会形成对抗。

(二)对欺凌者的影响

因为未成年人的心智发展不成熟,欺凌者的心理承受能力比较薄弱,欺凌者中的一些人因为恐惧、自责等出现了不同程度的抑郁、自闭等情况。一些欺凌者也可能成为被欺凌者。

---

[1] [美]芭芭拉·柯卢梭:《如何应对校园欺凌》,肖飒译,华东师范大学出版社2017年版,第14页。
[2] 同上书,第86页。

那些没有受到惩戒的欺凌者，会为所欲为。他们的行为会一直延续到成人期。他们中的一些人在成年后，会将这种残酷行为多样化和扩大化，包括约会暴力，或者对他们的同伴进行恶意种族主义攻击。他们更有可能暴力对待自己的孩子，无法维持良好的人际关系，有一些人最终可能还将被送入监狱（欺凌者成年后犯罪、酗酒比例相当高）。

（三）对旁观者的影响

那些驻足观看暴力发生的孩童，会被看到的情景和因为自己无法及时遏阻而受到深远影响。在接下来的日子里，可能会一直因此而感到悲伤、内疚、气愤及困惑。一方面害怕自己会被卷入欺凌之中，另一方面又为自己没能力向被欺凌的同伴伸出道德援手而内疚，这两种感觉也会无时无刻地侵蚀着一些旁观者的自信和自尊。

他们中的一些人在目击的过程中学习了暴力，有些人后来转变成了欺凌者，或者将暴力带入他们未来的生活中。

同样，他们中的另一些人可能出现与受欺凌者相似的心理创伤。

五　欺凌的原因

校园欺凌的原因是众多的，可能包括家庭暴力、影视中的暴力、网络中呈出现来的暴力、亲身经历的欺凌和被欺凌、青春期的孩子情绪不稳定、容易暴躁失控、自我调节能力差……

一个欺凌者的形成，肯定是由多种原因造成的，不太可能是单一的原因。但是，笔者个人认为，鼓励暴力的文化，是最重要的原因。在这样的文化下，青少年对施暴行为的认知出现了偏差。孩子的家庭生活、学校生活以及整个社会的文化环境（包括媒体）都在造就、默许和助长欺凌行为。

（一）家庭

家长永远是孩子道德发展的第一任老师。

某种意义上可以说，孩子接触的暴力越多，越有可能成为欺凌者。

在家庭中，如果孩子目睹父母用暴力解决问题，或者孩子自己受到父母暴力对待，他显然也更有可能学习到以暴力的方式对待他人。有些孩子"天真地"认为暴力行为是可以被接受的、是能够解决问题的。

家庭的教养方式，无论是溺爱，还是忽视，或者是严厉的批评，都会直接影响到孩子的健康成长。

在本书最后一编，针对家长的辅导工具中，有更全面的阐述。

（二）学校

学校是由各种仪式、纪律措施、惩罚（包括身体上的）的使用而支持的科层系统。学校的这种固有特征导致其必然会采取严格统一的管理制度，对个体差异的容忍度较低。学校是一个以服从为主要特征的权威性机构，其所经常使用的教育方法，如谴责、惩戒和规训等，是建立在权力和控制等手段的基础上的，这样的结构和氛围在一定程度上孕育了校园暴力，包括欺凌行为。如果教师合法控制手段无力，学生对教师权威合法性的消解，师生冲突、校园暴力、校园欺凌便相继发生了。

有学者认为，下面三点促使校园欺凌增加：

第一，学习困扰是暴力行为少年的挫折来源，在学校应试教育的风气、升学主义的压力、评价学生优胜劣败的学习环境中，学习成绩不良的学生常会受到冷落嘲笑或惩罚，使学生排斥上学。

某地一所成绩最好的中学，反而是校园欺凌最多的中学。这所学校为了追求高分和高升学率，特别排斥差生，尽可能让差生退学。与此同时，该地的社会"混混团体"成功地吸收了所谓差生，这些处于边缘地位的学生，便成为欺凌者。从某种程度上说，这些学生是被学校主动推进欺凌者行列的。

第二，师生冲突使暴力行为增多、学校对学生违纪事件的简单处理和行政处罚、教师对学生的歧视与体罚甚至对学生贴上标签污名等，都使这些学生觉得自己在学校是不受欢迎的、没用的、没救的。这些可能增加校园欺凌的发生。

第三，同辈暴力行为的影响。使用欺凌，显而易见的"好处"是可以得到自己想要的东西。他们会更爱冒险、难以克制冲动，从而出现暴力行为。当孩子们目睹的欺凌行为是来自平时很受欢迎的、强大而勇敢的榜样角色时，他们很可能会去效仿这些行为。青春期前和青春期的男孩女孩们，通过对被欺凌对象使用言语、身体或关系欺凌，来提升自己在同伴中的社会地位的现象并不罕见。[①]

为了在青春期前阶段和青春期阶段获得接纳感和安全感，孩子们不仅仅会加入各种团体中，而且会结为小的派系。有些学校文化鼓励结派，还会将一些群体的地位抬高至另一些群体之上，这样的学校文化会滋生歧视和欺凌。在这个备受尊敬和崇拜的派系之内的孩子们，经常会对派系之外的孩子们实施残酷且持久的欺凌。例如，有这样的一种班级结构，这种结构由学生维持，同时得到了学校管理层的默许，即"主要运动项目的运动员们比普通学生要高人一等"。

暴力具有流行病学的特征，即具有感染性和扩散性，不仅仅是暴力行为的施暴者和受害者很有可能再次使用暴力，而且旁观者也容易受到影响，破窗理论（Broken Windows Theory）可以解释这些。破窗理论是一种比喻，指社区中出现的扰乱公共秩序轻微犯罪等现象，就像被打破而未被维修的窗户，容易给人造成社区治安无人关心的印象，别人就可能得到某些暗示性的纵容去打碎更多的玻璃。久而久之，这些窗户就给人造成一种无序的感觉，在这种麻木不仁的氛围中，犯罪就会滋生蔓延。根据破窗理论，校园欺凌事件的发生可能会引发更多的后继者，并产生心理暗示，即可以模仿和采用暴力的方式，如果学校没有及时的"修补"，往往会导致更多的暴力事件。

（三）社会

欺凌行为的根本在于轻蔑，这种轻蔑的根基常常来自深植于我们的家庭、学校和社会的价值观，任何的歧视和偏见都会被欺凌者利用。

社会中存在鼓励暴力的文化，比如影视、网络中的暴力，甚至对支配性的、阳刚之气的男性气质的推崇。这种暴力文化对暴力行为不是进行谴责，而是进行默许；包括将暴力作为为自己争取利益的最有效方式的文化认同，都助长了校园欺凌。

[①] 宋雁慧：《中学校园暴力及其防治研究》，北京师范大学出版社 2013 年版，第 6—24 页。

有一个涵化理论，讲青少年受众看电视的时间越长，其所形成的对社会实况的认知和态度会越接近，电视所呈现的景象也就是"媒介实况"（media reality）。由于媒介实况和社会实况之间有些落差，且电视所呈现的媒介实况里有强调暴力的倾向，因此，电视看得越多的人，越有可能觉得身处暴力社会或黑暗社会，从而造成对暴力的"脱敏效应"。网络游戏中高度仿真的暴力与血腥场景，长时间接触网络游戏暴力，及社会负面消息的中学生群体，对暴力及他人的苦难和不幸，会用"欣赏"的态度观看，久而久之，会造成同理心的弱化。

也有研究者结合我国校园暴力多发学校的特点，提出了社会结构的影响。我国校园暴力发生的学校具有一些特点，比如，乡村学生受到校园暴力的可能性要低于城市学生；西部城市比东部城市更容易发生校园暴力，中小城市比大城市更容易发生校园暴力；学习差的学生和来自单亲家庭的学生（占48.6%）最容易施加校园暴力，瘦弱的学生（占33.3%）、家庭比较富裕的学生（占32.8%）、独生子（占29.2%）、贫困家庭贫困的学生（占25.8%）、学习优秀的学生（占10.5%）甚至教师（占6.3%）会遭遇校园暴力。

薄弱学校所在地区，属于城市开发过程中的城乡接合部。居住人口以原住的农民和进城打工人群为主，社会经济地位相对较低，不断感受着贫困差距增大所传递的经济压力和心理压力。在社会学中，这种现象被称为"结构性压抑"，指社会结构造成的对某一特定阶层的压抑，受压抑的阶层必然会采取行动对现存结构形成冲击，处在受压抑阶层中的青少年，也往往采取暴力的形式，对社会结构和秩序造成冲击。①

六 学校的措施

2017年11月，教育部等十一部门印发了《加强中小学生欺凌综合治理方案》，为学校反欺凌提出了要求，也制定了行动的方向。

所有的学校都应该是学习的"圣地"，学生在学校中有强烈的安全感能够集中精力学习，没有担心或恐惧的情绪。我们不能做那些让他们感到担忧和恐

---

① 宋雁慧：《中学校园暴力及其防治研究》，北京师范大学出版社2013年版，第41—57页。

惧的事情，且绝对应该在防止骚扰、怨恨、欺凌和暴力伤害等方面付出努力。

更何况，学校对于校园欺凌的发生是有责任的。学生年龄越小，学校需要承担的责任越大。对无民事行为能力的学生，学校承担责任时适用的归责原则为"过错推定"，即只要发生了学生伤害事故，就推定学校有过错，应当承担民事责任。

欺凌是一种习得性行为，既然是可以被习得的，就说明它是可以被检验的，也是可以被改变的。

既然校园欺凌的产生因素涉及家庭、学校和社会，我们因此应该从这三个方面着手改变。

家庭方面，父母应学习正确的教养方式，家庭成员间放弃暴力，学习良性沟通，建立和谐家庭氛围，父母与孩子建立平等的人际关系，使孩子的权益得到充分尊重……

社会方面，应该建立反对暴力的社会环境，挑战支配、主宰、阳刚的男子气质，对社会弱势群体给予充分的关注，媒体对校园欺凌给予足够的关注，网络、影视中的暴力受到约束，政府制定相关的法律与政策；……

学校方面，是本书阐述的重点。在笔者看来，学校反对校园欺凌的工作，可以从这样几个方面展开：

（1）与家长沟通，促进家庭关系的改变。学校可以建立家访制度。家访对发现、预防暴力行为、青少年犯罪以及相关的风险因素有明显的长期作用。学校可以组织家长培训课程、家长讲座。父母不知道如何处理欺凌，甚至父母的日常教养中存在问题，导致欺凌。所以，要从改变家长做起。

（2）加强对学生的教育。包括如何处理欺凌，建立良好人际关系，管理愤怒，控制冲突，等等。

（3）学校管理者致力于促进无暴力的校园文化建设，建立反欺凌的体制，特别是预防制度。

（4）完善对于欺凌事件的处理制度。

（5）针对教师进行深入的反欺凌教育，包括提升教师素质、禁止教师施暴。

与家长的沟通、针对学生的教育，在本工具包中都有具体的呈现。下面便结合上述几点，主要针对后三项进行深入的阐述。

（一）学校建立反欺凌的体制

关于学校建立反校园欺凌的体制，有研究者提出了"三个P"的原则，可以在个人、班级和学校层面以各种不同的行动来体现。

政策（Polity）

政策必须具备表达的明确性、执行的一致性和沟通的广泛性，还需要包括欺凌的精准定义和欺凌的类型。

政策中应该包含一份责任说明，包含陈述见证欺凌事件的人有对欺凌进行干预和阻止，帮助解救被欺凌的学生，和（或）把欺凌事件告诉成人的责任。

程序（Procedures）

这些程序应该包括保证让学生们为自己的行为承担责任的纪律措施。

清楚地描述何种措施将被用来保证被欺凌学生在学校的安全，向他或她提供抵挡欺凌者的方法，给予被欺凌学生足够的支持，防止他/她向欺凌者屈服。

确定一个或多个负责人，以便学生安全的报告任何欺凌事件。

把欺凌事件和学校的干预计划告知家长。

为家长提供在孩子再次遇到欺凌时向学校报告的参照方法。

项目（Programs）

一系列的项目为所有学生创建安全、友爱和温馨的环境。它不只是旨在减少欺凌现象，还可以努力帮助学生建立起互相支持的同伴关系。它不只是教授应对欺凌的技巧，包括识别欺凌，用坚定而自信的方式拒绝欺凌，把欺凌报告给成人，同时它还应该努力将旁观者向捍卫者转变。[①]

除上述原则，笔者在这里整合不同研究者的观点，提出一些具体建议：

（1）教育行政部门和学校要建立反对暴力的委员会，确定专人负责反校园暴力工作；明确各管理者和老师等人在反欺凌工作和反校园暴力工作中的具体职责；将校园欺凌和暴力问题控制列入日常会议议题，定期组织教师就相关内

[①] [美]芭芭拉·柯卢梭：《如何应对校园欺凌》，肖飒译，华东师范大学出版社2017年版，第220—221页。

容进行讨论，以便排查危险、交流经验。

（2）做好预防工作，加强保安制度建设，加大改善安全级别所需的人力、物力投入；成人提供足够的监管，特别是在低结构化的区域，比如操场和午餐厅；学生需要更多的成人出现在学校的所有区域和校车上，保证学校安全的一个最有效的措施是有负责任的成年人在场。

（3）就欺凌行为，在学校和班级范围内建立清晰明确的规则。对干预无效和不愿改变自己行为的欺凌者采取措施。比如，转交至其他机构，如特殊学校、精神卫生机构或警方。

（4）培训校内所有成人，敏感和一致性地回应欺凌，因为被欺凌的孩子需要确保自己是被支持和保护的。

（5）提出处理校园欺凌的具体程序；建立完善、安全的学生举报包括欺凌在内的校园暴力的途径；从学生中直接收集欺凌现象的有关信息。

（6）加强针对学生的道德教育和普法教育，进行反欺凌教育，为学生增能、赋权。

（7）完善心理咨询室，使学生在需要心理援助的时候能方便地得到帮助。

（8）通过有效的教育，消除新生与老师、本地生源和外地生源之间的隔阂，让他们和谐相处；改善学校中的人际关系。

（9）就校园欺凌案件做好与警方的合作，袭击或者严重的暴力威胁都是需要警察参与的，确保警察了解有关学校和学生的问题，邀请警方扮演必要的角色，如普法讲座、及时制止和调查处理校园欺凌事件，严打校外欺凌者。

（二）欺凌事件的处理

学校处理校园欺凌事件时，一个非常重要的原则是：学校必须坚定明确地站在反对校园欺凌的立场，严肃处理校园欺凌事件，不能"和稀泥"，要当好被欺凌学生的坚实"后台"。调查、处理校园欺凌行为，在校园内也必须有合法的程序，要公正。由于学校也是利益相关方，"事关"学校声誉，有些学校领导可能会尽量淡化处理，甚至不了了之。这样不仅对所有孩子（欺凌者、受欺凌者、旁观者）是不负责任的，甚至有害的，更可能适得其反，进一步影响学校声誉。

校园欺凌发生了，就要及时处理。通常包括这几个环节：接到报告、进行制止、控制事态、事后处置。

1. 当接到有校园欺凌的报告时，教师和主管领导要迅速赶赴现场，阻止欺凌者施暴。

2. 检查学生受伤情况，根据先轻后重的原则，立即对受伤学生进行应急处置。

3. 保护现场，保存物证，并根据事件性质决定是否向公安机关报案。

4. 通知双方家长。

5. 取证注意不要违反法制，比如教育工作者搜查学生带到学校的手机（或其他便携式电子设备）中的内容，要谨慎。

6. 明确欺凌者，进行处罚。不能处罚被欺凌者，如果对欺凌双方都处罚会助长欺凌。

7. 欺凌者的行为如果触犯了法律，要交给公检法处理。如果情节较轻，学校可以根据施暴学生的年龄以及行为的严重情况，对其做出下列一种或多种处分措施：

（1）要求欺凌者向被欺凌者真诚道歉，并做出书面检讨，保证不再实施欺凌行为；由欺凌者的家长对被毁坏的财产进行赔偿，将抢夺的财物等返还给被欺凌者；造成被欺凌者人身伤害的欺凌者及其监护人要给予赔偿。

（2）如果本班同学利用座位离得近等便利条件实施欺凌行为，将双方分开能够对被欺凌者予以保护的，老师可以将座位分开；需要对欺凌者和被欺凌者或者潜在的被欺凌者进行隔离的，也可以将其安排到其他班级。

（3）通知家长配合管教，指定老师与家长定期沟通，对沟通情况进行书面记录跟踪，了解双方的配合管教效果。

（4）欺凌行为造成严重后果或者多次实施欺凌行为，严重破坏了学校的教育管理秩序的，可以将欺凌的情况记录在案，并将其表现记入学生的综合素质评估，必要的时候可以与家长协商后将其转到专门接受问题学生的学校。

（5）需要给予纪律处分的，根据相关规定对欺凌者给予纪律处分。[①]

---

① 佟丽华主编：《反校园欺凌手册》，北京少年儿童出版社2017年版，第99—109页。

（三）对教师进行教育

学校应对教师进行反欺凌教育，培养教师处置校园欺凌事件的能力，帮助教师做到：

树立反对校园欺凌的理念；参加有关校园欺凌的课程或培训，了解校园欺凌行为的知识；了解校园欺凌的基本干预和处理措施；对于发生的校园欺凌行为，要做好积极干预的准备。

提高认识，加强警惕性，把校园暴力控制工作视为一项日常工作。

健全班级监督层次，发挥班级小干部作用。

了解欺凌事件时，有保护学生隐私的意识，不要采取在教室点名等公开的方式找学生了解情况，要采取更为隐蔽的方式，比如，通过学生上交作业时进行私下沟通、在人比较少的时间告知学生去办公室谈话等。

严于律己，不对学生施暴，平等对待学生，树立师长模范作用。

充满爱心和信任，加强与学生沟通，熟悉每个学生，善于观察学生、善于和学生做朋友，培养师生情感。

对容易成为受欺凌对象的学生，给予特殊的关怀，甚至必要的"袒护"。

当欺凌事件出现的时候，一定要按照学校制定的处置程序进行，保护受欺凌者，切勿隐瞒。

特别要警惕教师对学生的暴力。直到今天，在笔者接触的许多教师当中，仍然认为教师打骂学生是一件正常的事，是"管教"。有这样的教师，造就欺凌他人的学生，也就没有什么奇怪的了。教师使用暴力，是对暴力的直接倡导。

方刚

第一编 教师培训方案

面对校园欺凌，教师可以这样做

一　培训目标

（1）通过培训帮助学校教师了解校园欺凌的概念；

（2）了解学生人际关系的测量方法；

（3）掌握从学校层面和教师层面，针对校园欺凌可采取的预防措施及干预手段；

（4）呼吁学校关注校园欺凌事件，营造安全和谐的校园环境。

二　培训内容

（一）导入

1. 培训过程

近些年，校园欺凌事件频繁发生，严重影响青少年的身心发展和校园安全。2002年，山东师范大学心理系教师张文新从山东省和河北省的城市、县城和农村三类地区的10所小学和9所初中抽取了9205名小学和初中生进行问卷调查。结果发现，中小学中存在严重的欺凌问题，约五分之一的初中和小学生卷入欺负或受欺负问题，14.9%的儿童可被看作受欺凌者，2.5%属于欺凌者，1.6%被欺凌的同时也欺凌他人；直接言语欺凌是中小学生校园欺凌的主要类型，直接身体欺凌和间接欺凌的发生比例都相对较低；男孩比女孩更有可能成为欺凌者，但群体排斥等间接欺凌行为对女生更为有效，女生受间接欺凌的比例也显著高于男生[①]。国内学者杨书胜等通过分析2006—2016年媒体报道的82件校园欺凌事件发现，2014—2016年媒体报道的校园欺凌事件累计为49件，占比为59.7%。其中，初中发生的校园欺凌事件比例最高，为72.2%；发生在城市的校园欺凌占61.0%；校园内发生率为71.1%；发生时间以下午和晚上居多，共计占77.8%；女生欺凌者成为主角，且以躯体欺凌为主；群体性欺凌、网络欺凌最近三年呈高发态势[②]。北京师范大学珠海分校社会工作专业本科生曾宝怡曾在广东东莞市某中学实地调研，针对校园欺凌做了专门的问卷调查和个别深入访谈。结果发现，在随机抽取的300名学生问卷调查中，有57人被同学指认为或自认为是欺凌者。其中，欺凌他人次数一周一次的占43.8%，有23.4%的人达到一个月两三次[③]。由于未成年人对自己的行为缺乏足够认知，不少校园欺凌事件会升级为校园暴力，甚至引发未成年人违法犯罪。根据最高法的统计，2013年到2015年，我国审结的100件校园暴力案件中，针对人身伤害的暴力占到88%以上，实际造成被害人重伤、死亡严重后果的高达67%[④]。针对频频发生的校园欺凌事件，2016年4月，国务院教育督导委员会办公室印发《关于开展校园欺凌专项治理的通知》，2016年9月，教育部等九部门联合出台了《关于防治中小学生欺凌和暴力的指导意见》，2017年11月，教育部等十一部门联合印发《加强中小学生欺凌综合治理方案》。从目前的整体情况来看，国务院和各个部委、地方政府都已经发布了很多政策，但校园欺凌事件依然时有发生，这主要是因为相关法律及配套机制有待进一步制定，社会对校园欺凌的重视还有待加强，各学校和教师对校园欺凌的防治和处理措施有待进一步培训学习[⑤]。

2. 培训建议

本环节主要通过展现一些研究和调查结果，呈现我国现阶段校园欺凌现状，

[①] 张文新：《中小学生欺负/受欺负的普遍性与基本特点》，《心理学报》2002年第4期。
[②] 杨书胜、耿淑娟、刘冰：《我国校园欺凌现象2006—2016年发展状况》，《中国学校卫生》2017年第3期。
[③] 马婧：《中国校园欺凌现象调查》，《中国新闻周刊》2015年第715期。
[④] 刘会民、孙莹：《校园欺凌现象调查：不容忽视的隐痛》，2016年12月，央广网（http://china.cnr.cn/news/20161214/t20161214_523335708.shtml）。
[⑤] 柴葳、王家源：《部分全国人大代表和专家建议完善立法遏制校园欺凌》，2018年3月，民主与法制网（http://www.mzyfz.com/cms/benwangzhuanfang/xinwenzhongxin/zuixinbaodao/html/1040/2018-03-29/content-1325226.html）。

引起参训学校领导及教师对校园欺凌事件的关注和重视。培训教师也可采用一些近期媒体报道的校园欺凌事件作为引入材料。

（二）什么是校园欺凌

1. 培训过程

校园欺凌是校园暴力的一种。2017年11月，教育部等十一部门印发的《加强中小学生欺凌综合治理方案》明确了学生欺凌的界定：中小学生欺凌是发生在校园（包括中小学校和中等职业学校）内外、学生之间，一方（个体或群体）单次或多次蓄意或恶意通过肢体、语言及网络等手段实施欺负、侮辱，造成另一方（个体或群体）身体伤害、财产损失或精神损害等的事件[①]。从定义中可以看到，欺凌事件不只发生在校内，也可能发生在校外；欺凌的加害方可能是个人，也可能是群体；欺凌可能是重复性的，也包括单次的；欺凌具有伤害性。校园欺凌有三个要素：一是恃强凌弱，双方在力量上存在差异；二是有重复性，就是反复实施；三是造成伤害后果。欺凌行为有不同的种类，比如，身体欺凌、言语欺凌、社交欺凌、网络欺凌、性欺凌、"同意"欺凌等。校园欺凌会对受欺凌者、欺凌者以及旁观者的身体、学业以及心理造成不同程度的危害。

2. 培训建议

该部分内容在导读部分有较多阐述，本编只简单罗列要点，培训讲师在讲解前可仔细阅读导读内容，对校园欺凌概念进行详细的阐释和讲解。

（三）利用社会测量法了解学生的人际关系

1. 培训过程

了解学生间的人际关系对于发现校园欺凌、改善学生间的人际关系有重要作用。由美国社会心理学家莫雷诺首创的社会测量法可以帮助教师更好地理解班级当中的关系，例如，谁是最受欢迎的学生、哪些学生被孤立了等，并运用这些信息来预测潜在的问题和阻止欺凌[②]。本次培训为大家介绍两种常用的社会

---

① 教育部等：《加强中小学生欺凌综合治理方案》，2017年12月，中国政府网（http://www.gov.cn/xinwen/2017-12/28/content_5251115.htm）。
② 李小宁、张大生：《校园欺凌与暴力防治实用手册·下》，红旗出版社2017年版，第878页。

测量法：同伴排名法和同伴提名法。

同伴排名法是让学生分别将所列出的每个项目，以 Likert 量表的形式，对名单中的每个人的喜欢程度做出评定。例如，"别人喜欢和他在一起""他是班上出色的同学"等，就这些项目依次给名单中的张三、李四等人打分。完成评价后，将被测群体中每个成员所得的分数转化为同伴排名的平均分，并将此作为该学生在学生群体中地位的参考指标。同伴提名法是让群体中的每个成员按一定标准提名一定数量满足某一标准的成员，例如，"请写出五个班里你最喜欢的同学的名字""请写出一个班里欺负过你的同学的名字"等，最后总计某个学生所得的提名次数作为这个学生的同伴提名的分数[1]。

2. 培训建议

本环节主要介绍了解学生人际关系的方法，如果时间允许，培训师可以现场组织大家尝试，进而帮助参训教师更好地掌握该方法。

（四）预防校园欺凌，学校可以做什么

1. 培训过程

学校有效地介入欺凌行为，系统建构安全与支持的校园情境和气氛，将会大大降低校园欺凌行为的发生率[2]。从学校层面来看，除预防校园欺凌，利用各种方式教育学生不要成为校园欺凌事件的施暴者外，还应该鼓励和培养学生积极的品质和行为。学校可以从以下几方面采取措施：

（1）问卷调查近况

学校应定期做一些调查，了解学生间的欺凌行为，对校园欺凌行为的发生率有一个整体的掌握。通常，可采用问卷调查法和访谈法进行调查。可以使用国内学者修订的《奥维斯儿童欺负问卷》，问卷分小学版和中学版，小学版包括 39 个题目，中学版包括 56 个题目。两个版本都包含 4 个分量表：**关于朋友**（用于测查儿童朋友多少、间接欺负或社会排斥的情况，如课间休息时，其他同学都不跟你玩，结果你只好自己一个人玩，这种情况经常发生吗？①本学期

---

[1] 常建芳、侯杰泰、冷英：《儿童同伴地位的社会测量评价程序的特点及改进措施》，《心理科学》2010 年第 5 期。

[2] 胡春光：《校园欺凌行为：意涵、成因及其防治策略》，《教育研究与实验》2017 年第 1 期。

没有发生过，②本学期只发生过一两次，③时常发生，④大约一周一次，⑤一周好几次）；**关于直接受欺负**（用于测查儿童直接受欺负或受伤害的情况，如本学期你在学校里经常受欺负吗？①本学期我在学校里没有受过欺负，②只发生过一两次，③时常发生，④大约一周一次，⑤一周好几次）；**关于欺负他人**（用于测查儿童欺负其他学生的情况。如本学期你在学校里经常参与欺负别的同学吗？①本学期我在学校里没有欺负过别的同学，②只发生过一两次，③时常发生，④大约一周一次，⑤一周好几次）；**对待欺负的态度**（分别从儿童对欺负者及欺负行为的看法、对受欺负者的情感和相应的行为倾向等角度考察儿童对欺负问题的态度，如当你看到一个与你一样大的同学在学校里受欺负时，你通常怎么做？①什么也不做，因为这不关我的事，②我什么也不做，但我认为应该帮助他/她，③我会设法通过各种方式帮助他/她）。除4个分量表外，问卷还包括其他一些独立的问题，分别用于测查欺负类型、发生的地点、欺负/受欺负者的年龄与性别、成人对欺负的干预等①。也可在学校里找一些学生做采访，了解他们关于校园欺凌的经历，然后完成一份书面或者口头报告。例如，询问那些受过欺凌的孩子，他们的感受是怎样的？对于反抗校园欺凌都曾经做过些什么？询问家庭内其他成员，了解他们生活中所发生的欺凌行为。②

（2）加强宣传和培训

首先，应让全体师生以及家长了解校园欺凌的概念、形式及危害，可以利用校内宣传栏、校刊或学校论坛等呈现。

其次，可以建立反欺凌实时追踪站。引发学生思考，收集反抗欺凌的点子，并整理成小贴士，通过学校的广播站和早间新闻报道来播报给学生们，或是把小贴士上传至班级或是学校的网页上。③

再次，可以组织学生编排情景剧。学生们可以在其中扮演不同的角色（欺凌者、受欺凌者、旁观者），这样一方面可以宣传倡议反对校园欺凌，另一方面也

---

① 张文新：《中小学生欺负/受欺负的普遍性与基本特点》，《心理学报》2002年第4期。
② [美]菲利斯·卡夫曼·古特斯坦、伊丽莎白·沃迪克：《对校园欺凌说不！》，樊伟、周睎雯译，陕西科学技术出版社2016年版，第66页。
③ 同上。

可以让受欺凌者在当中学会运用各种各样的方法和策略，杜绝校园欺凌行为。①

最后，对全校教职员工进行培训，让每个员工了解如何应对校园中的暴力问题，并组织定期的小组讨论；安排教师在休息时间、午餐时间对可能发生的校园暴力事件进行有效的监督，组织家长的参与。②这样一方面可以让学校教职工和家长对校园欺凌有更深入的了解和认识，另一方面也可以有效地预防校园欺凌事件的发生。

（3）营造互助氛围

相关研究一致表明，学校风气越积极，欺凌的问题就越少。积极的学校氛围有助于实现激发和鼓励学生在学校尊重、合作、信任以及共同承担责任的教育目的。③

首先，针对频发的校园欺凌问题，可以在校内实施同伴支持计划。同伴支持计划是利用同辈群体的力量来帮助学生，鼓励不同年级学生的互动和交流。在这种同伴支持中，有些不愿意跟老师讲的话，可以向高年级的同伴倾诉，同时也培养了高年级学生关心的美德。④还可以筹组学生咨询小组，小组成员由老师和学生匿名推荐。对这些孩子施予特殊的训练，之后，每当其他孩子碰到特殊的问题，他们便是第一个想交谈的对象。当然，要确保这些学生咨询者有自己隐秘的地方和时间，可以随时和其他学生交谈，⑤也可专门就此成立危机中心，由经过特殊培训的学生管理，为学生提供冷静下来并获得当场咨询的场所。⑥

其次，树立正面典型，营造积极氛围。我们应该不只希望学生不去做那些错的事情，更希望他们能主动地做一些正确的事情，强调对亲社会行为模式的培养和巩固，用相互尊重的态度和健康的人际行为替代原有的敌对态度和攻击

---

① ［美］菲利斯·卡夫曼·古特斯坦、伊丽莎白·沃迪克：《对校园欺凌说不！》，樊伟、周晱雯译，陕西科学技术出版社2016年版，第66—67页。
② 宋雁慧：《中学校园暴力及其防治研究》，北京师范大学出版社2013年版，第142页。
③ ［美］贾斯汀·W.帕钦、［美］萨米尔·K.辛社佳：《校园欺凌行为案例研究》，王怡然译，黑龙江教育出版社2017年版，第79页。
④ 宋雁慧：《中学校园暴力及其防治研究》，北京师范大学出版社2013年版，第143页。
⑤ 李小宁、张大生：《校园欺凌与暴力防治实用手册·上》，红旗出版社2017年版，第377页。
⑥ ［澳］胡哲：《谁都不敢欺负你》，吴果锦译，湖北教育出版社2015年版，第105页。

行为，从而减少了攻击行为的发生、改变学校的校园环境，以实现长期有效地降低学校的暴力水平。例如，建立一个全校范围（或是班级范围）的"反抗者日"，每个班级或年级都拿出一个反抗者的"行动计划"，建立一个交友计划，让学生们与那些受过欺负的小伙伴们交朋友或者设计一种反欺凌手环，让那些在欺凌行为中受到伤害的学生们感受到他人的关爱和支持[①]；开展"发现好人好事"活动，设立认证和奖励制度，以鼓励表现良好的学生；邀请社会上具有高尚形象的人物（如警官、运动员、媒体代表和家长）访问学校，与学生座谈犯罪和暴力问题；开展"和平缔造者"活动，用各种方式鼓励赞赏别人，不要奚落别人，寻找理性的人作为建议者和朋友，意识到并改正你所造成的伤害以及纠正错误等五类行为，促进和提高教职员工和孩子们的亲社会行为以及社交能力从而减少暴力行为[②]；开展"来自陌生人的赞美"活动，鼓励学生创建一个新的账户，并以匿名的方式赞美他的同学，或者鼓励学生在学校或更广泛的区域里做出随机性的善良行为，比如在网上给陌生人点赞或鼓励他人积极的行为等[③]。

最后，对于特殊学生给予积极关注。例如，对于那些家庭经济困难、学习成绩不好、性格内向敏感、容易叛逆的学生给予特殊关注，必要时为他们申请教育资助或者其他救济，让他们感受到同学之间的平等与尊重。

（4）疏通沟通渠道

一定要为学生在遇到校园欺凌事件时寻求支持提供便捷渠道。

首先，要完善匿名举报系统，一方面能够很好地满足与学生沟通的需要，另一方面也能保证举报人的隐秘性，很多学生想要把事情说出来，但是他们也非常害怕被报复。学校可以制作校园欺凌投诉卡片并发给每个学生，这样可以让学生更好地描述事件，也让学校可以更清楚地了解情况，卡片上可以要求学生填写姓名（可选填），在欺凌事件中的角色（欺凌者、被欺凌者、旁

---

① ［美］菲利斯·卡夫曼·古特斯坦、伊丽莎白·沃迪克：《对校园欺凌说不！》，樊伟、周睎雯译，陕西科学技术出版社2016年版，第67页。
② ［美］赫斯特：《应对校园暴力：学校安全信息指南》，邵常盈、卢春辉译，中国轻工业出版社2006年版，第107—120页。
③ ［美］贾斯汀·W. 帕钦、［美］萨米尔·K. 辛杜佳：《校园欺凌行为案例研究》，王怡然译，黑龙江教育出版社2017年版，第90页。

观者），年级，班级，想要举报的学生的名字，欺凌事件发生的地点，对欺凌事件简单描述，欺凌事件有没有目击者，目击者是谁，对欺凌事件的严重性进行评估或打分，欺凌事件的频率，希望如何解决等项目。学校有时不愿意建立这种系统，担心产生虚假的信息，通过举报某人是欺凌者的方式对其进行欺凌。但事实上，绝大多数举报都是真实的，并且能给学校提供非常有用的信息[1]。

其次，学校应该指派一个人来处理这些举报，大多数事件可以通过学校相关工作人员或班主任的干预得到解决；如果问题非常严重，那么就应该联系派出所、公安局或当地的执法部门出面进行调解。学校在进行回复时，应该对提供的信息表示感谢，对其关心学校安全的行为表示赞扬，并告知该报告将保密。要保持互动的正式性和专业化，因为它们可能被作为文件留存在案件档案中，甚至被用在未来的法庭诉讼当中，任何回复都应该十分慎重。如果举报人还想要告诉学校更多的内容或者不愿透露个人信息，在此过程中也可以通过文本进行后续对话。学校应该提醒学生不要滥用这个系统，也要告诉学生在非常危急的情况下，例如，有同学有自杀、自残、犯罪或群体斗殴等行为时，应及时报警[2]。

（5）完善奖惩机制

学校需要针对校园欺凌事件完善奖惩机制，一方面表扬并奖励那些成为反抗者的学生，可以通过为反抗者颁发证书、发放奖品或拥有一些特权（担任小组长或升旗时站在队伍的最前面等）等方式奖励在反对校园欺凌中有贡献的学生；另一方面对欺凌者采取必要的惩罚措施，例如，联系家长、让欺凌者做行为保证、罚站、停课、给处分等。当然，要想达到教育目的，也可以让欺凌者深入分析自己行为的危害，例如，要求那些对他人进行网络欺凌的人写关于网络欺凌会造成的负面影响的文章或者写一封正式向受害方道歉的信等[3]。

---

[1] ［美］贾斯汀·W. 帕钦、［美］萨米尔·K. 辛社佳：《校园欺凌行为案例研究》，王怡然译，黑龙江教育出版社 2017 年版，第 103—104 页。
[2] 同上书，第 106—108 页。
[3] ［美］菲利斯·卡夫曼·古特斯坦、伊丽莎白·沃迪克：《对校园欺凌说不！》，樊伟、周晞雯译，陕西科学技术出版社 2016 年版，第 67 页。

（6）开设系列课程

为了帮助学生系统地了解校园欺凌，并学习应对校园欺凌和处理人际关系的方法和技巧，学校很有必要开设系统的课程。教师的课程要吸引学生，但不是以恐吓的方式，而是说明为什么课程的内容对学生们的生活非常重要，课程内容应该充满希望，并给人力量。课程可以涉及以下内容：谈一谈欺凌、恶作剧和其他冲突都是如何具体地对学校及其学生产生影响的；为了让所有人都能度过一个愉快的学年，应该与大家分享学校将要如何制止这些行为的发生；让所有人都认清"大家是一个集体"这个事实，也要让他们明白，作为集体中的一员，所有人都应该以正确的方式行事，而不应对他人做出不当行为（他们有责任去做正确的事情，大多数人是这么做的，但还有些人需要改正）；了解欺凌和网络欺凌给人造成的伤害有多大，因此这种行为需要在学校中被禁止；让所有人为自己是这个学校的一员而感到非常快乐，让他们自觉遵守学校的规章制度，去做那些正确的事[①]。

2. 培训建议

本环节主要介绍从学校层面可以实施的一些做法或开展的活动，培训过程中，可结合具体案例对每种方法进行分析，如果时间允许，也可现场尝试体验一些活动，如匿名赞美等。

（五）预防校园欺凌，教师可以做什么

1. 培训过程

首先，介绍一个经典且充满爱意的校园欺凌处置案例：

一个四年级学生剃了光头，在学校被高年级学生围住推搡讥讽，光头孩子难过极了，在学校的走廊上大哭，不敢进入教室上课。在学校的操场上，得知事件的一名女老师请受害者当众剃光她的头发，并在全校学生面前告诉被欺凌的孩子说，"你将我的头发剃光后还有人取笑你的话，他们也是在取笑我。"这

[①] ［美］贾斯汀·W. 帕钦、［美］萨米尔·K. 辛杜佳：《校园欺凌行为案例研究》，王怡然译，黑龙江教育出版社2017年版，第92页。

件事发生在美国华盛顿州,被欺凌的孩子是9岁的孩子马修·芬尼,女老师是托瑞·尼尔森[1]。

首先,所有老师都应意识到,老师是在学校与学生直接接触最多的成人,老师的言行和态度会对学生产生很大影响。有的老师会不自觉地为一些学生贴上"欺凌者"的标签,公开侮辱、批评一些学习成绩不好的学生,这种标签化的管理方式会把这些学生推得越来越远,有可能会酿成更为严重的事件。老师对于成绩差或者调皮捣蛋学生的刻意忽视、隔离、批评,以及公开叮嘱其他学生不要受其影响的行为,这往往导致这些学生成为欺凌的目标,欺凌者和潜在的欺凌者往往会选择老师们不喜欢或者经常批评的学生下手,老师的一句话就可能成为他们欺凌嘲笑其他同学的借口或者由头。老师要重视自己的言行在处理一般学生矛盾和欺凌行为中的作用。老师要有意识地培养学生处理问题、解决纠纷的能力。对于一些比较复杂或者恶性的案件,不能推脱到学生身上,要及时坚决地介入处理[2]。

其次,班主任老师要积极响应学校号召,组织班级开展反对校园欺凌、倡导积极人际互动的班级活动。可以组织班级学生制定明确的班规以应对暴力行为,定期开展班会讨论相关问题,积极主动与学生家长会谈。同时,如果班级中存在欺凌事件,要与欺凌者、被欺凌者进行个别谈话,以及相关学生家长进行交流,并在此基础上设计针对欺凌者、被欺凌者个人的干预计划。试着放弃"一定要教导学生某些事情""一定要告诉学生一些道理"等观念,尝试和学生一起思考,通过讨论的形式让学生发现彼此的差异,并认同这样的差异[3]。

最后,老师要关注班里的问题学生,对存在问题行为学生问题行为产生的原因进行深入分析,不能简单粗暴解决问题。对于校园欺凌事件中的欺凌者和被欺凌者分别进行辅导,要用爱心及人格的魅力去感化教育学生,创造活动环境,发现他们的发光点,鼓励"后进生"要用积极的心态面对生活,与家长联

---

[1] 李小宁、张大生:《校园欺凌与暴力防治实用手册·上》,红旗出版社2017年版,第527页。
[2] 佟丽华:《反校园欺凌手册》,北京少年儿童出版社2017年版,第25—26页。
[3] [日]小森美登里:《一个没有霸凌的教室》,赖庭峪译,时报文化出版企业2014年版,第78页。

系，共同努力创设利于学生成长的环境①。

2. 培训建议

本环节针对教师提出的实施意见，教师是教育政策的实践者，教师的言行对学生会产生很大的影响。本环节重点强调教师的言行导向对校园欺凌事件发展的影响，以及教师在班级中开展的关于反对校园欺凌的活动。

三　小结

王国维手中拿着大量历史文物，很多都是故宫中的文物，为了辨别一些文物的真假，有一次他便请溥仪前来鉴定。谁知溥仪看了一眼后便说道"这是假的，不是故宫文物"，王国维问他为什么，溥仪说道"我也不懂什么鉴赏文物，只是它和我从小看过的那些感觉不一样"。学校教育最终要实现的不应仅仅是杜绝校园暴力、杜绝校园欺凌，而应让学生将互相尊重、互相接纳当成一种习惯，让每个人都拥有良好的人际交往技能、更好的发展和更高品质的生活。作为教育行业的一员，我们每个人都需要积极探索，寻求更多更好的方法去为世界未来的建设者创造良好的教育环境。

执笔：罗扬

---

① 李小宁、张大生：《校园欺凌与暴力防治实用手册·上》，红旗出版社2017年版，第132—134页。

和平缔造者活动方案

一　活动目标

（1）通过该活动养成全校师生相互尊重的态度和健康的人际行为；
（2）通过正向行为的强化，减少校园攻击行为和欺凌事件的发生；
（3）改变校园环境，形成和谐安全的人际关系氛围。

二　活动内容

（一）内容概述

以赞扬别人、结交良友、乐于助人、矫正不良行为、避免羞辱或激怒他人、意识并改正对他人所造成的伤害等六项为活动原则，通过对学生的积极行为进行表扬。在宣传栏中宣传解决冲突和问题的学生的事迹、倡议积极的行为等方式，向学生传播"相互尊重，和平共处"的人际交往理念。

（二）系列活动

1. 一日一赞美

给全校师生发放一日一赞美活动表格，让全体师生每天至少赞美他人一次，并记录在表格中。班级每周在班会上对该活动成果进行一次总结，每学期学校组织全体师生进行一次评选，按一定比例评出"最棒赞美奖"。

在学校宣传栏宣传赞美他人的妙招，并留空白留言板，让师生可以自由发言，粘贴想到的赞美他人的方法或参与活动的感受。

2. 评选"助人之星"

在全校范围内，每学期按一定比例选出"助人之星"，并在宣传栏中宣传"助人之星"的助人事迹，倡议全体教师向"助人之星"学习。号召全体师生每周至少做一件助人的事件，也可以将助人活动作为硬性要求，让师生在表格中记录。

3. "我的好朋友"主题征文

以"我的好朋友"为主题，面向全体师生进行征文活动。征文体裁不限，内容围绕自己最好的朋友以及与朋友活动的过程展开，记录与朋友互动过程中发生的平凡却令人感触颇深的故事，引发学生对良友的思考。对征文进行评选并按一定比例选出一、二、三等奖。

4. 评选最受欢迎的人

以班级为单位，全班匿名回答问题："在全班同学当中，你最想和谁成为好朋友"，请每人至少写三位同学。通过这个活动，一方面帮助班主任和学校了解学生间的人际关系，另一方面总结最受欢迎学生的特点，指导和帮助学生成为受欢迎的人。

5. 开心日记

请全体师生每天记录当天最令自己高兴的三件事，并定期组织活动让大家交流分享。通过这个活动，让全体师生感受来自小事件的快乐，养成积极乐观的生活态度，提升幸福感。

6. 发现好人好事

为鼓励表现良好的学生，在学校设立专门的信箱，邀请学生留意身边发生的事，按要求填写相应表格并投入信箱。学校经核实对表现良好的学生以及发现好事的学生给予表彰。

（三）活动参考使用表格

表格一：一日一赞美

_____的赞美（横线上填写自己的名字）			
日期		心情	
被赞美人		被赞美的内容	

续表

我的感受	
评价此次赞美	☆☆☆☆☆☆☆☆☆☆

表格二：我的助人事件

_____的助人事件（横线上填写自己的名字）			
日期		心情	
被帮助的人		我的助人活动	
我的感受			
评价此次助人事件	☆☆☆☆☆☆☆☆☆☆		

表格三：开心日记

_____的开心日记（横线上填写自己的名字）			
日期		心情	
今天最开心的事1			
今天最开心的事2			
今天最开心的事3			

表格四：我发现的好人好事

好人好事			
日期		好人	
好事			
我的感受			
评价好事	☆☆☆☆☆☆☆☆☆☆		

三 小结

校园欺凌是一种具有毒害性的人际互动方式，但如果仅仅关注杜绝不恰当的行为而忽略了正确行为的培养和教育，是无法培养出优秀的学生的。"和平缔造者活动方案"强调培养学生积极的人际互动模式和行为，通过系列活动的开展，营造学校健康和谐的人际氛围，为学生的健康成长提供良好的环境保障。

执笔：罗扬

同伴支持计划活动方案

一 活动目标

（1）改善学校人际氛围，减少校园欺凌事件的发生；
（2）鼓励不同年级学生的互动和交流，为学生形成积极的人际关系提供条件；
（3）培养低年级学生主动求助的意识，拓宽学生求助的途径；
（4）培养高年级学生及学生咨询委员会学生关心他人、帮助他人的美德。

二 活动内容

（一）内容概述

教师和学生虽然每天都在同一环境中生活，但是教师和学生却处于两个不同的世界。许多轻微的校园欺凌行为，学生可以很快发现并了解事情经过，但老师不仅难以辨别，而且难以及时了解，因此让学生成为反对校园欺凌工作的一分子可以发挥意想不到的效果。本活动的宗旨是"让学生帮助学生"，通过帮助他人提高自己解决问题的能力，通过同伴支持给弱势状态的学生力量。

（二）系列活动

1. 开展"一带一"活动

学年开始时，分派一名较年长的学生担任新生的小辅导员，在新生适应阶段给予他力所能及的指导和帮助。所有小辅导员要提前进行培训，培养责任心、训练助人和人际交往技巧，在活动实施过程中，教师应随时收集互助信息，如果小辅导员本身出了问题，例如，以小辅导员的身份欺凌新生，将不准许他加入这项计划。

2. 成立学生咨询委员会

以师生推荐和学生自愿两种方式，选拔有爱心、有耐心、有责任心并且人缘较好的学生成立学生咨询委员会并设立专门的办公室。对这些学生进行特殊训练，培训心理咨询问诊技巧及咨询伦理。当其他孩子碰到特殊的问题或者需要帮助时，就可以来学生咨询委员会寻求帮助。学生咨询委员会的学生要定期与负责老师讨论近期学校出现的欺凌现象以及存在的问题，并对学校发展提出意见。

（三）活动参考使用表格

表格一："一带一"登记表

新生		新生所在班级	
小辅导员		小辅导员所在班级	
新生期望获得的帮助			
共同努力的目标			
新生签字：		小辅导员签字：	

表格二："一带一"活动记录表

新生		小辅导员	
活动时间		活动地点	
活动过程简要记录			
活动效果记录			
双方感受			
新生签字：		小辅导员签字：	

表格三：学生咨询委员会咨询记录表

来访者姓名		所在班级		性别	
咨询师		咨询次数	第　　次	备注	

主诉问题：

咨询过程：＿＿年＿＿月＿＿日自＿＿时＿＿分开始，＿＿时＿＿分结束，持续＿＿小时＿＿分钟

咨询效果：

预约下次咨询时间：＿＿年＿＿月＿＿日＿＿时＿＿分

咨询感悟：

三　小结

　　学校是一个小社会，让学生在这个小社会中做一些力所能及的事，承担一定的工作和责任，对于培养学生的责任感、使命感、主人翁意识和担当精神是很有效的。在互助活动中，学生不仅提高了人际沟通能力和解决问题能力，还促成了学校尊重互助氛围的形成，让弱势学生有了更多求助的途径，让高年级和优秀学生有了更多成长的空间。

执笔：罗扬

第二编 所有学生适用工具

第一部分　教案设计

认识校园欺凌

一　课程目标

（1）了解澄清校园欺凌与校园暴力的概念；
（2）了解正常人际交往与校园欺凌的区别；
（3）树立要反对校园欺凌和校园暴力的意识。

二　教学过程

（一）你遇到过这些情况吗？

1. 教学过程

学校生活中，你是否经历或者看到过以下情况，根据你的情况在"是"或"否"前面的"□"内打"√"。

（1）体型微胖，被叫"大狗熊"，还经常被踢屁股、扯头发。　　□是　□否
（2）被要求买这买那，不同意就会挨打。　　□是　□否
（3）被宿舍同学排挤，没有朋友，还天天被要求做值日。　　□是　□否
（4）过生日，同学拿着奶油抹了自己一脸。　　□是　□否
（5）最好的朋友把你的小秘密公之于众，被全班同学当成笑柄。　□是　□否
（6）作业本和练习册被藏，因为没交作业被老师批评。　　□是　□否
（7）莫名其妙地经常被同一群人打，还被恐吓不许告诉别人。　□是　□否
（8）因为喜欢穿白色衣服，被好朋友叫"小白"，自己叫她"小粉"。

　　　　　　　　　　　　　　　　　　　　　　　　　□是　□否
（9）被强迫喝尿。　　　　　　　　　　　　　　　□是　□否
（10）被拍裸照，并被发到学校贴吧里，被很多人跟帖骂。　□是　□否
（11）男孩因为喜欢芭蕾舞，被叫"娘炮"，还经常被其他男同学打。
　　　　　　　　　　　　　　　　　　　　　　　　　□是　□否
（12）不喜欢班里一个女生，拉着其他同学一起排挤她，不让别人跟她玩。
　　　　　　　　　　　　　　　　　　　　　　　　　□是　□否
（13）报名参加班级球赛，却被体委骂，"滚开！蠢货，我们不许你参加！"
　　　　　　　　　　　　　　　　　　　　　　　　　□是　□否
（14）同学损坏了自己最喜欢的铅笔盒，为此与他发生口角并打了一架。
　　　　　　　　　　　　　　　　　　　　　　　　　□是　□否

　　以上这些情况哪些是人际交往过程中的正常行为，哪些不是？为什么不是？这些行为和正常的人际交往有什么区别？这些非正常的人际交往给当事人带来了什么样的影响？

教师总结：

　　在人际交往过程中，有一类行为会让我们感觉到极度不舒服甚至给我们带来伤害，而且很难逃离，我们称为校园暴力和校园欺凌。校园暴力是指发生在大中小学、幼儿园及其合理辐射地域，学生、教师或校外侵入人员故意攻击师生人身以及学校和师生财产，破坏学校教学管理秩序的行为[1]。校园欺凌是校园暴力的形式之一，是一种特殊攻击性行为，是指一群学生或单个学生故意长时间持续地对不会报复的受害者施以心理、身体和言语侵害的恶意攻击。校园暴力以及校园欺凌都会对所有参与者带来极负面的影响，如欺凌易导致受欺凌学生形成悲观、抑郁等消极人格特征、很难完成学业并且恐惧人际交往，也易导致欺凌者形成骄横跋扈、恃强凌弱、敏感多疑等不良人格特点，并且缺乏正常人际交往的技巧[2]。校园欺凌的方式多样，不仅包括对被欺凌者直接的身体暴力攻击，如推搡、掌掴、拳打脚踢等，还包括对被欺凌者精神上造成的伤害，如

---

[1]　姚建龙：《校园暴力：一个概念的界定》，《中国青年政治学院学报》2008年第4期。
[2]　章恩友、陈胜：《中小学校园欺凌现象的心理学思考》，《中国教育学刊》2016年第11期。

嘲笑、侮辱、恐吓、勒索等，除此之外，社交上的排斥、孤立、敌视以及心理上的折磨等也是欺凌行为的表现[①]。

2. 教学建议

判断是否遇到过此类情境和判断此类情境是否属于正常的人际交往可以分两个环节进行，也可逐题分析，同时进行。在讲解的过程中，需要点出校园暴力和校园欺凌的概念和关系，强调校园欺凌是校园暴力的形式之一，包含于校园暴力。校园暴力往往采取武力或威胁等比较恶劣的行为方式，而欺凌可能通过恶劣的暴力方式实施，也可能通过起绰号、嘲笑等比较轻微的行为方式实施[②]。在调查过程中，教师也可关注学生的回答，看看授课班级是否有长期被欺凌的同学。

（二）开玩笑与校园欺凌

1. 教学过程

除了非常恶劣的暴力方式，校园欺凌通常以起绰号、嘲笑等看上去类似开玩笑的方式实施，但并不是所有的起绰号和嘲笑都是校园欺凌。结合下列情境，分析哪些属于校园欺凌，哪些属于开玩笑。

（1）上课时，老师叫小丽起来回答问题，同桌小明在小丽坐下的一瞬间抽走凳子，小丽摔倒在了地上，全班同学都哈哈大笑。小明平时还总是让小丽帮自己写作业、给他买吃的，小丽不同意的话，小明就会用中性笔戳小丽。

（2）最近班里流行藏书包，每天放学的时候班里总有一个同学的书包消失不见，要找上好半天，还有一次，有一位同学的书包被放到了门卫大叔那里。闹得班里每个学生一快到放学都小心翼翼地保护着自己的书包，生怕被谁拿去藏起来。

（3）小强和小超打赌，谁输了谁就在背后贴一天"我是大狗熊"的纸条。

（4）小花长相一般，还有点胖，班里调皮捣蛋的男同学总是跟着小花背后喊"恐龙！恐龙！"，小花特别郁闷，多次制止无效。男同学还变本加厉，经

---

① 李爱:《青少年校园欺凌现象探析》,《教学与管理》2016年第3期。
② 佟丽华:《反校园欺凌手册》,北京少年儿童出版社2017年版,第12页。

常用粉笔头打小花。

（5）小华生日那天，班里同学给他买了个蛋糕，抹了他一脸奶油后，还强迫他吃完所有蛋糕。

请学生以小组为单位，头脑风暴令你印象最深刻的十条同学间互动的场景，并逐条写在便笺纸上。把全班同学写的情境放在一起贴在黑板上，请学生讨论分类，哪些是令人愉悦的人际交往，哪些不是。在令人不愉悦的这些情境中，哪些是开玩笑，哪些是校园欺凌，哪些既不是开玩笑也不是校园欺凌。

教师讲解：

欺凌与玩笑、冲突有哪些区别与联系？

欺凌和玩笑主要区别是看欺凌的一方是否存在主观故意以及行为是否对另一方造成伤害。玩笑不以伤害为目的，是维护所有参与者的尊严，以快乐、巧妙并且温和的方式搞笑。欺凌以伤害为目的，让受欺凌者感到颜面扫地、不愉快甚至痛苦。当然，有些玩笑也会给玩笑参与者带来不舒服，但是这些不舒服一般是对方无心造成的，并且对方会为此感到愧疚。欺凌与冲突的主要区别是看双方力量是否均等，一方是否恃强凌弱，欺凌的双方可能会存在力量的不均等性，一方基于自己的优势地位恃强凌弱；而冲突双方一般会势均力敌，并不存在一方主导控制局面的情况[1]。

2. 教学建议

由于每个人的接受能力不一样，所以即使经历同样的情境，有的人可能认为是玩笑，而有的人可能认为是暴力和欺凌。教师需要把握校园欺凌的三个要素：意图伤害、重复且长期、不平等的权力关系，并帮助学生进行判断。此环节教师需注意引导学生正确地认识玩笑和欺凌的区别，既要避免"玻璃心"也要学会保护自己。

（三）解除困境

1. 教学过程

在前两个环节提到的情境中，你觉得最难处理的是哪个情境？和同学讨论

---

[1] 佟丽华：《反校园欺凌手册》，北京少年儿童出版社2017年版，第11页。

如果遇到类似的情境，你可以选择哪些方式应对。每组选择 3 个情境，给全班同学介绍你们想出的应对策略并请大家评价哪些方法比较好。

2. 教学建议

学生提出的应对策略可能有不恰当的，教师需要根据情况恰当引导。可以让同学评价哪些应对方式是可取的，哪些不可取；哪种方法可以被评为最佳应对方式。在讨论过程中，教师需帮助学生树立反对校园欺凌和校园暴力的意识，对校园欺凌和校园暴力"零容忍"，也要勇敢地站出来，不做旁观者。

三　小结

每个人一生中都无可避免地要与他人接触并或多或少地与他人产生互动，这些互动过程有些是令人愉悦的，有些是令人不悦、沮丧甚至是痛苦的。我们要了解人际互动中的各种形式，发展积极的人际互动，并学会正确处理和勇敢面对校园欺凌和校园暴力。

执笔：罗扬

误解终结者

一 课程目标

（1）澄清对欺凌的错误认识；

（2）从各个角度、多个层面认识欺凌的真相；

（3）将课堂中学习到的内容应用到生活中，遇到欺凌时能够意识到并及时反应，保护自己和他人。

二 教学过程

（一）你怎么看"欺凌"

1. 教学过程

快速判断，"是""否"还是"不确定"。

（1）欺凌只会带来身体上的伤害。　　　　　　□是　□否　□不确定

（2）在众多类型的欺凌中，身体欺凌带来的伤害最严重。

　　　　　　　　　　　　　　　　　　　　　　□是　□否　□不确定

（3）只有校园欺凌的亲历者才会受到创伤。　　□是　□否　□不确定

（4）打架就是欺凌。　　　　　　　　　　　　□是　□否　□不确定

（5）心理素质好的人不会受到语言欺凌的伤害。□是　□否　□不确定

（6）受欺凌的人肯定是自己不好。　　　　　　□是　□否　□不确定

（7）过去，我一定没有参与过"欺凌"。　　　□是　□否　□不确定

（8）欺凌只是极个别现象，一定不会发生在我身上。

　　　　　　　　　　　　　　　　　　□是　　□否　　□不确定

（9）偶尔遭遇一两次欺凌没什么，忍忍就过去了。

　　　　　　　　　　　　　　　　　　□是　　□否　　□不确定

（10）未成年人参与欺凌不会受到惩罚。　　□是　　□否　　□不确定

2. 教学建议

判断过程先让学生自行进行，之后针对每一题在全班做一个简单的统计，可以大致上了解同学们对于欺凌所存在的误解的程度，之后，分组让同学们对有争议的选题进行意见分享与讨论，最后全班分享，教师总结。

（二）欺凌的真相——误解终结者

1. 教学过程

你觉得什么样的行为算校园欺凌？小组头脑风暴并分享欺凌要点。

在我们的成长过程中，由于个人经历、家庭环境、社会评判等的不同与影响，会造成我们对"欺凌"的不同认识甚至误解。总的来说，对于"欺凌"的误解主要有以下几种：

（1）对欺凌类型及其所造成后果的误解

欺凌都有哪些形式？一般来说，主要为身体欺凌、言语欺凌、关系欺凌和网络欺凌等类型。在传统的观念当中，我们可能会误以为只有发生了肢体接触和冲突，也就是所谓的"打架"才能算得上欺凌，而事实并非如此。

基于国内外研究，在各种欺凌类型中，在中小学中发生最多的欺凌行为是言语欺凌，其次才是身体欺凌、关系欺凌和网络欺凌，而很多"打架"，事实上也并非真正的欺凌。由于长期对身体欺凌危害的"放大化"，导致我们忽视了其他欺凌类型所带来的伤害。

你被起过难听的外号吗？被恐吓或威胁做过不想做的事吗？因为得罪某个"有势力"的同学而被身边的同学孤立过吗？被散布过谣言吗？肢体暴力产生胆怯，语言暴力造成自卑，无法反抗带来戾气，长期积压的负面情绪一旦爆发，则会造成更严重的后果。因此，千万不要以为校园欺凌只有"打架"这一种，我们的语言、行为甚至一个眼神都可能对他人造成伤害，而且这种伤害往往更

具长时性和毁灭性。

链接：
　　2016年，中国人民大学中国调查与数据中心调查显示，有将近一半的初中生遭受过言语形式的校园暴力。而在言语欺凌的主要形式中，被同学骂或说难听的话发生率最高，占36.4%；被同学用不好的外号称呼其次，发生率为34.5%；遭到同学当众嘲笑的发生率为27.5%；而被同学威胁、恐吓属于非常严重的言语暴力，发生率也达到了9.4%。起外号、公开他人隐私、讽刺挖苦他人、嘲笑他人的生理缺陷等都属于语言暴力行为。

　　利用他人的缺点和劣势，打击对方，或者以此为乐，对于处于价值观尚未成熟的青少年来说，或许并不能意识到其有害之处，甚至连不少老师和家长也往往忽视其害，但对于受害的学生来说，这种发生于无形但却长期持续发生的伤害对于受害者伤害非常大，轻者产生自卑、厌学、自我怀疑等心理倾向，严重者会产生报复、厌世，甚至轻生的念头。[①]

（2）对欺凌事件中不同角色及其心理状态的误解

旁观者就是局外人？对于大多数同学来说，在欺凌事件中，更多时候可能是一个"旁观者"，"只有校园欺凌的亲历者才会受到创伤"也是很多人存在的一种错误观念。其实，目睹欺凌事件同样会对人的身心产生巨大的、长久的负面影响。

被欺凌一定是因为自己不好？有人会认为，这么多同学，为什么只有某某受到了校园欺凌，为什么别人没有被欺凌，一定是某某自己的问题，心理素质好的人遭遇欺凌也不会有什么影响。这种误解看似有道理，实则没有一点逻辑。欺凌事件本身就有一定的偶发性，在事件发生前，没有人会确切地知道自己会扮演什么角色，甚至角色间还会出现反转，而只有当真正经历了"欺凌"，才会有切身的体会，它所带来的心灵创伤不是心理素质好或者坏就能决定的。

---

① 王卫东：《校园暴力屡见报端：有多少校园欺凌不该发生》，2017年5月，中国未成年人网（http://news.kids21.cn/zx/sh/201612/t20161216_828297.htm）。

你一定没有参与过校园欺凌吗？如之前提到的起外号、散布谣言、网络攻击等，成长过程中，我们中的很多人都多多少少参与过这些事件，但在做这些事的时候，我们可能根本意识不到自己在做什么，更不会想到自己已然成为一名"欺凌者"。

（3）对欺凌事件本身的误解——发生、延续及惩罚

第一次被欺凌、偶尔被欺凌忍忍就好了？相信有很多人会有这样的想法，抱着"忍一时风平浪静"的想法，这是非常危险的。欺凌对象并不是欺凌者从一开始就"选好"的，而是具有一定的偶发性，所以你的态度很重要。对待欺凌，我们一定要"零容忍"，因为欺凌和暴力不同于同学间的打闹玩耍，一旦遭遇，"忍气吞声"就会强化施暴者的行为；而相应地，拉帮结派伺机报复更不能解决问题，反而会令事情更糟糕，甚至产生任何人都无法承担的后果。因此，在这种情况下，要第一时间寻求帮助，不要因为害怕或担心面子而不敢告诉家长和老师。如果在与家长或老师的沟通中出现问题，一定要把事件发生的细节和自己的心理感受说出来。

未成年人欺凌没人能管？被欺凌的人往往会因为找不到合适的解决办法而失望、绝望，认为没人能管得了欺凌者，而欺凌者会认为自己还未成年，不用为自己的行为承担责任。这些想法都是错误的。

案例一：

2015年3月发生在美国的校园暴力事件——18岁的中国留学生刘某被其他几名中国留学生用各种方式凌虐长达7小时，他们将受害者刘某的衣服扒光，穿着高跟鞋踹她，扇耳光并用烟头烫伤她，并剪下她的头发强迫她吃下去。

当他们和他们的家长以为可以用"还是一个孩子"等言辞来"摆平"在国内看上去非常常见的校园纠纷时，等待这三个孩子的，是最短6年、最长13年的监禁，且刑满后将被驱逐出境。案件中，19岁的被告章某被判6年监禁，其并未动手打人，仅仅是帮忙拿了一把剪刀并开车[1]。

---

[1] 李钢：《校园欺凌频现，看看国外怎判》，2016年1月18日，人民网（http://edu.people.com.cn/n1/2016/0118/c1006-28064747.html）。

案例二：

　　2017年2月28日下午15时至晚22时，北京市西城区某职业学院的一名女学生朱某，伙同另外四名女被告人在学校女生宿舍楼内，采取恶劣手段，无故殴打、辱骂两名女学生。其间，五名女被告人还脱光了一名被欺凌女同学的衣服予以羞辱，并用手机拍摄了羞辱、殴打视频，事后还在自己的微信群内小范围进行了传播，其中一名被害人，当天先后被殴打了三次。

　　经鉴定两名被害人均构成轻微伤，其中一名被害人精神抑郁，目前仍无法正常生活、学习。

　　法院认为，被告人朱某伙同另外四名被告人无故随意殴打他人，造成二人轻微伤，辱骂他人情节恶劣，侵犯了公民的人身权利，严重影响公民的正常生活，破坏了社会秩序，已构成寻衅滋事罪，且系共同犯罪，依法应予惩处。鉴于五名被告人实施犯罪时均未满十八周岁，在被羁押后均能如实供述自己罪行，并考虑到五名被告人的父母积极赔偿被害人的经济损失，且取得了被害人谅解，依法对五名被告人从轻处罚。

　　最终，法院依法判决被告人朱某犯寻衅滋事罪，判处有期徒刑一年。被告人赵某、李某、霍某、高某犯寻衅滋事罪，分别判处有期徒刑十一个月[1]。

2. 教学建议

　　此环节是在第一环节的基础上，由教师将学生的观点集合后进行总结与讨论，同时结合各种案例，引导学生进行分享。除了文中的案例，在确保分享环境安全、学生自愿的情况下，教师可以鼓励学生将自己生活中的所见所闻、真实事件进行分享，从而对每一个要点进行补充。

---

[1] 共青团新闻联播：《最新判例！校园欺凌不再是给个处分了事！》，2017年11月5日，中青在线（http://news.cyol.com/content/2017-11/05/content_16657867.htm）。

（三）你学会了怎么做

1. 教学过程

请在卡纸上写上你曾经对校园欺凌的看法，结合本课学习，谈谈你"终结的误解"都有哪些？这对你今后的生活会有怎样的影响？

2. 教学建议

根据课堂时间和学生反应，可邀请学生分享，对大家"终结的误解"进行集中交流，教师在收集学生的卡纸后，可以再做分析，作为后期课程的参考。

三　小结

你曾经认为校园欺凌的表现形式、后果、不同参与者的状态是什么样的？相信通过本课的学习，你一定有了更客观、全面的认识，终结了很多对校园欺凌的误解。不同的经历决定我们看问题的角度，人生中的很多事情我们不能从一开始就设定好，保持清醒、客观的认识，可以帮助我们更好地保护自己和他人，获得更好的成长。

执笔：刘亚静

校园性与性别欺凌，你看清了吗

一 课程目标

（1）了解性与性别以及性与性别欺凌的概念；
（2）了解校园性与性别欺凌的形式；
（3）树立反对校园性与性别欺凌的意识。

二 教学过程

（一）性和性别

1. 教学过程

提问： 你是如何来到这个世界的？爸爸妈妈是如何向你解释这个问题的？

小组头脑风暴：谈到"性"，你会想到什么？

教师小结：

性是生命的一个重要组成部分，每个人都是性的结果和产物。性是人类的本能，其主要作用是繁衍后代、愉悦身心。长期以来，受自然科学和人类文明发展程度的限制，人类对自身的了解有限，在性的认知上，存在性是"传宗接代""肮脏""耻辱""下流"等的错误观念。性不只是人类的一种本能和人类得以繁衍种族的基础，它至少有三重属性，即生物性、心理性和社会性。首先，性是在生物学上的差异及由此引发的一系列性现象。性在生物学上的差异主要表现为第一、第二性征的差异，即生殖器官的不同、性激素的差异，以及由此产生的体态、声音的差异等一系列性现象。其次，性的心理性性别是指在生物学差别基础上存在的心理差异。主要表现为不同年龄阶段的性心理特征，以及成年后不同性别在气质、情感、性格、智能等方面的差异。最后，性的社会性是指不同性别在社会生活中由于性别差异引发的角色差异。它是社会按照人们性别的差异而赋予人们的社会行为模式。

提问： 你的父母对你的要求和对异性兄弟姐妹的要求有没有差异？

小组头脑风暴： 符合社会主流要求的女生应该是什么样的，符合社会主流要求的男生应该是什么样的？这些要求对男女有什么差异？"女汉子""娘娘腔""二刈子""娘炮"等词语描述的是什么样的人群，是褒义还是贬义，为什么他们会有这样的称谓？

以小组为单位在一张白纸上写下你听过的所有关于性别的传统规范，比如男生应该什么样，不该什么样；女生应该什么样，不该什么样等。这些规范哪些是你们认同的，哪些是不认同的，哪些是不确定的？

教师小结：

我们的社会中普遍存在社会性别刻板印象。儿童一出生，父母得到的第一个信息就是孩子的性别——"男孩"或"女孩"，性别在相当程度上决定了父母或其他人对待儿童的方式，如给孩子取什么名字、送粉色的衣服还是蓝色的衣服、送洋娃娃还是玩具枪、与孩子玩过家家还是骑马打仗等。绝大多数社会都期待男女扮演不同的角色，具有不同的行为方式。儿童要成为合格的社会成员，就必须知道自己的性别和社会对不同性别的期望，并将这类信息整合到自我概念系统中，形成独特的个性特征和行为方式。大多数社会认为女性应承担养育后代的角色，男性作为丈夫或父亲要为家庭提供支持、保护，使它免受伤害。因而，社会期望女性富于感情、温柔、友好、合作、服从、谦和、对他人的需要敏感，期望男性独立、果断、自信，具有支配性、竞争性和强烈的成就动机[1]。然而，随着社会生产力的发展和女性社会地位的提高，人们的社会性别意识开始转变，这种泾渭分明的性别角色界限日渐模糊，出现了"兼性化"的趋势，即人们趋向于期望现代社会不同性别都能拥有传统两性角色所有的优良

---

[1] 林崇德：《发展心理学》，人民教育出版社 2009 年第 2 版，第 239—240 页。

特质，如男性的刚强、女性的温柔等。而且，随着医学的发展，生理性别与社会性别也不再是不可改变的。

2. 教学建议

本环节的重点是澄清性与性别的概念，列出性别刻板印象，为第二环节的活动做铺垫。教师在教学过程中应该关注学生的反应，特别是如果教学对象为青春期的青少年，对性的话题会比较敏感，教师需说明性和物理、化学一样，是我们都应该了解和掌握的科学知识。

（二）校园性和性别欺凌

1. 教学过程

学校生活中，你是否经历或者看到过以下情况，根据你的情况在"是"或"否"前面的"□"内打钩。

（1）一个男孩，因为长得秀气，被同学笑话，让他去泰国做人妖。

□是 □否

（2）一个男生追求一个女生不成，于是就堵在她放学的路上威胁她。

□是 □否

（3）排队时，一个男生故意和前面女生贴得很近，还把手放在女生肩上。

□是 □否

（4）夏天自习课上，一个男生总是拉前面女生的内衣带，屡禁不止。

□是 □否

（5）进入青春期，一个男生脸上长了很多粉刺和青春痘，被同学起外号嘲笑。

□是 □否

（6）一个女生想加入班级足球队，被男同学嘲笑："别傻了，小姑娘，足球是男孩子的运动，你可别想拖我们后腿！" □是 □否

（7）有一对校园小情侣，男生一遇到问题就对女生拳脚相加。 □是 □否

（8）几名女生逼迫一名女生脱光衣裤，一边打一边骂"狐狸精"。

□是 □否

（9）几个男生要求同班同性恋同学脱光衣裤，验明正身。 □是 □否

（10）宿舍有一个跨性别同学，谁都不跟她玩，连话都不说。　　□是　□否

以上这些都是什么行为呢？如果你是被欺凌当事人，你会有什么样的感受呢？如果你是旁观者，你会怎么做呢？

教师小结：

尽管社会对校园欺凌的关注不断增加，但基于性倾向、性别认同和性别表达（Sexual Orientation，Gender Identity and Expression，SOGIE）的校园性别欺凌是其中经常被忽略的一种形式。联合国女童教育行动（UNGEI）与联合国教科文组织（UNESCO）提出，校园性与性别欺凌是指在学校和学校周边，基于性别规范和性别偏见，以及伴随的不平等权力关系，对他人做出生理或心理上的暴力行为或威胁。

根据以上的定义，判断下列哪些行为属于校园性与性别欺凌？请在你认为是校园性别欺凌的选项上打"√"。

欺凌性骚扰	家庭暴力	强迫卖淫	贩卖女童	歧视跨性别同学
诱奸	强迫绝育	性倾向暴力	肢体暴力	恐跨（性别）欺凌
强迫堕胎	性凌虐	性奴役	强迫怀孕	恐同（性恋）欺凌
抢劫勒索	强迫拍色情照片	性别气质暴力	语言暴力	强迫用避孕药具
卖淫嫖娼	溺杀女婴	性别歧视	精神暴力	乱发色情短信
非自愿性性接触	产前性别选择	互联网暴力	猥亵学生	校外人员强奸女同学

教师小结：

据"北京同语"的一项调查显示，有 **40.64%** 的学生报告其所在校园过去一年中发生过基于性别气质、性倾向和性别身份的校园暴力。其中，**16.37%** 学生报告在校园内因为不符合"主流"性别气质或性倾向"被冷漠对待或被故意孤立"。而另据"广东同语"的一项调查显示，高达 **77%** 的青少年学生受访者曾遭遇到 17 类基于社会性别、性倾向和性别身份的校园暴力。[①] 在校园欺凌事

---

① 奚冬琪：《尚绍华委员呼吁：防治校园暴力，别忽视了"性别暴力"》，2017 年 3 月，中国青年网（http://news.youth.cn/gn/201703/t20170304_9215634.htm）。

件中，最常见的校园欺凌手段主要有：以性的方式实施的欺凌、性骚扰或性侵犯，以及基于性倾向、性别认同和性别表达的暴力。以性的方式实施的欺凌或霸凌是校园性别暴力的典型表现形式，施暴者往往通过与性相关的羞辱来达到贬低和侮辱受暴者的目的。在绝大多数通过性的方式实施欺凌的事件中，一般有多位施暴者共同对一名受害者施暴，其中围观者一般则在旁造势叫好并拍摄记录。该类暴力事件一个最显著的特点就是针对不同性别的受暴者有针对性地采用不同的手段进行性羞辱，因此以性的方式实施的欺凌从一定程度上表现了校园性别暴力中的性别因素。性骚扰和性侵犯是校园性别暴力的另一重要形式，其中师源性侵害是最主要的类型，多指男教师对未成年女性的性暴力，发生在权利、性别不平等的行为主体的教师与学生之间，同时，也有男生猥亵女生的情况发生。基于性倾向、性别认同和性别表达（SOGIE）的暴力是校园性别暴力中经常被忽略的一种形式。多元性别群体，包括同性恋、双性恋、跨性别、间性人等，往往因为他们的性倾向、性别认同和性别表达不被理解和接受而遭受来自同学和老师肢体、言语、心理以及性方面的暴力与欺凌。[1]

案例报道：一位遭受性别欺凌的同性恋的自述

变态、人妖、娘娘腔、中性人、半男半女，这些词伴随我从小学直到高一。现在想起来没什么感觉了。我小学的时候就知道我和别人不一样，我性情温柔，与世无争。也因此，我从小就被同学欺负，他们会拿玩具枪扫射我。我不喜欢他们的粗鲁，却也不想跟他们计较。我只想努力学习，在学习上证明自己优于他们。我没有朋友，你不知道要同学接受我是件多难的事情！高中时我担任过班长，可同学们都不服我管。我们班曾经组建过好友群，可是我却被踢出群了，我的私人信息被公布在群里，同学们都对我的性取向议论纷纷。有一次，学校组织合唱比赛，音乐课前大家要排练，我在台上组织，可没有人理会我。后来老师来统计班上男女生的人数，有个男同学就大声地喊道："我们班有 22.5 个男生，22.5 个女生。"

---

[1] 同语：《"校园性别暴力"，你了解多少？》，2017年7月，香港乐施会 OXFAM（http://www.oxfam.org.cn/info.php?cid=120&id=1883&p=work）。

全班人哄堂大笑。你不知道我当时心里有多恨，我隐隐地哭了一节课，后来逃了一节课，跑到操场上大哭。从那以后，我便决意不再融入集体，我只想过自己喜欢的生活，我太累了。同学们的欺负还在继续升级，我已经无所谓了。①

作为校园欺凌的形式之一，校园性与性别欺凌同样存在很大的危害，而且这种危害可能会影响到被欺凌者、欺凌者甚至旁观者的一生。

2. 教学建议

本环节的重点是澄清校园性与性别欺凌的概念、形式及危害。由于内容较多，也可单独用一课时完成讲授。教师在讲授过程中，需要注意澄清校园性别欺凌所包含的对象、地点及形式，不能仅仅关注在校园内发生的男对女实施的性侵害或性骚扰。

（三）学会应对性和性别欺凌

1. 教学过程

将环节二中呈现的场景做成问题卡片，请每组派代表来抽 1—2 张卡片，小组同学一起讨论，如果作为该事件的欺凌者、被欺凌者和旁观者，应该做些什么减少校园性与性别欺凌所带来的危害，分别可以寻求哪些人的帮助，如何求助，如何防止类似事件的再次发生。

教师小结：

面对校园性别暴力，要注意灵活应对，不要硬碰硬，要学会保护自己。在自己无法解决的时候，应该积极求助家长、老师、同学甚至相关社会机构。要相信，一定要采取行动，否则，欺凌永远不会终止。

2. 教学建议

本环节教师应鼓励学生尽可能多地想办法，教师要以确保自身安全、不受伤害为前提进行评判；遇到学生提到的可能不太合适的方法，教师不要急于否

---

① 牟青：《校园同性恋生存现实》，2012 年 5 月，金羊网（http://news.ycwb.com/2012-05/23/content_3811955.htm）。

定,可以追问,"这样做可以达到什么样的效果""有没有什么风险",从而引发学生进一步思考。

三 总结

作为个体,我们很少有人能完全符合社会规范的期许,每个人都是独特的,我们要接纳多元的世界,尊重每一个独特的人。校园性与性别欺凌呈现形式多样,根植于社会文化规范,侵犯了受教育者普遍接受教育的权利,严重危害当事人的身心健康和人际关系,对当事人价值观的形成产生极大的负面影响。我们应该坚决反对性与性别欺凌,对校园性与性别欺凌零容忍,当遇到性与性别欺凌时不沉默、不回避,积极反抗、积极求助,积极和勇敢地应对校园性别欺凌。

执笔:罗扬

扎心了，键盘
——珍惜发言权，按键不伤人

一 课程目标

（1）了解网络欺凌现象，明确网络欺凌和传统欺凌一样会给当事人带来巨大伤害；

（2）觉察自己在使用社交网络时的不恰当沟通方式；

（3）将课堂中学习到的内容应用到生活中，减少自己在网络上欺凌他人的行为。

二 教学过程

（一）"网络"即"现实"

1. 教学过程

随着智能设备的不断普及，使用网络进行社交已经成为我们生活不可或缺的一部分。看电视、看书属于现实生活，上网聊天、刷评论、打游戏也属于现实生活。但是，由于网络的道德公约标准远低于正常社会标准，一些违背道德伦理的网络事件在我们现实生活中频繁发生。例如：

（1）2013年8月初，受多年湿疹和抑郁困扰的英国少女汉娜·史密斯在网站上贴出照片，发布求助信息。可是，随后几个月内的回帖中充斥着"丑女""肥婆""帮帮忙去死吧"等恶毒评论。持续的谩骂、诅咒和人身攻击，最终令这名14岁女孩精神崩溃。①

（2）2013年8月2日，14岁中国女孩潘梦莹由于用VIP账号在网上发了条"权志龙的一场演唱会够C罗踢一辈子足球"的微博，被网友谩骂和"人肉"。网友不仅在网上展开"口水战"，还不断给潘梦莹及其家人、学校打电话咒骂，并到她家门口围堵。最终，潘母心脏病发，潘梦莹被爸爸赶出家门，被学校勒令退学，身心受到严重创伤。②

（3）广州市青年文化宫、香港游乐场协会、澳门街坊会联合总会联合在广州、香港及澳门三地同步进行了一项有关青少年网络欺凌的调查，并于2013年11月12日发布了《穗港澳青少年网络欺凌调查报告》。《报告》显示在2460个调查样本中，有394名欺凌者及469名受害者，约占调查样本的16%和19%，可见在网络欺凌现象中，青少年当中的欺凌者和受害者人数是相当的，都接近两成人数。③

教师小结：

2017年底，教育部、公安部、最高法等十一部门联合印发了《加强中小学生欺凌综合治理方案》，首次明确语言、网络也属于欺凌手段。也就是说，使用语言攻击他人，如通过短信、QQ、微信，或在微博、贴吧、QQ群、微信群等公开威胁、侮辱、诽谤他人；曝光他人隐私，如传播或公开可能令他人受到威胁、伤害、侮辱或尴尬的文字、照片、图像、视频或音频等；制造与传播虚假信息，如通过拼接图片，或加上侮辱、诽谤性文字，散播谣言，发布不实信息等都属于网络欺凌。

2. 教学建议

教师可以让学生列举近年来发生在自己身边或者自己关注过的网络欺凌案例。

---

① 新民晚报：《青少年处于网络欺凌重灾区　已引发多起自杀事件》，2013年8月21日，搜狐新闻（http://news.sohu.com/20130821/n384726641.shtml）。
② 姜萍：《当代青少年"网络欺凌"现象探析》，《广西教育》2014年第6期。
③ 同上。

（二）你会"玻璃心"吗？

1. 教学过程

面对被网络暴力影响自杀的案例，有的人会说："不就是被说了几句，至于自杀吗？""自己想死别扯上别人，什么网络暴力，都是自己玻璃心，心理素质差。"真的是这样吗？当网络欺凌发生在你身上时，你有何感受？

情景模拟：

教师课前在卡片上写下几个情景（或在 PPT 上呈现）请学生志愿者上台模拟事件当事人，其他同学模拟网民，在贴纸上匿名写下对该事件及当事人的评论。教师准备一个盒子来收集学生的评论贴纸，然后将收集到的评论贴纸贴到黑板上，让志愿者站到讲台上背对同学阅读黑板上的评论，阅读完毕后分享自己看到评论时的感受，哪些话让自己感受到安慰、鼓舞，哪些话让自己感到伤心难过，为什么？

情景一：

新学期开始了，你所在的社团计划招收新社员。在准备阶段时，突然看到另一个部门的同学在群里发了一条消息："辛辛苦苦为新人通知面试消息，怕他没看到就多发了两遍，结果人家收到了长时间不回复也就算了，好不容易回了一句居然是'我知道了，你有病吧，发这么多遍，烦不烦'，难道他不知道收到别人的消息之后要回复是一种基本礼貌吗？觉得自己的辛苦喂了狗。"看完之后，你准备回复……

情景二：

你在刷微博时看到一个女生发了条：大家快来 @ 这个绿茶婊。配图是自己男朋友和别的女生的暧昧聊天记录截图。看完后你忍不住想要评论……

情景三：

寒假里，你在刷 QQ 动态的时候看到现在的朋友刚发的说说："×××（被骂人）我怼你咋了，你长得丑还不让人说吗？一点自知之明都没有，整天穿得不三不四的，你以为大家都喜欢你啊？你看清楚了，老子就是有胆不匿名发说说，你有本事打我啊！"而这被骂的人正是你的发小，你会怎么办？

教师小结：

由于网上信息表达有限，有时候我们会为了突出自己的观点，不自觉地采用一些激烈的言辞来加强自我表现力。可是别忘了，每一个昵称背后，都是一个活生生的人。他有朋友、有家人、有你所不知道的经历，看到恶意的嘲讽、辱骂，他也会伤心难过，痛苦无助。同时，因为那匿名的攻击让他无从还击，他只能忍气吞声默默承受，这种内心的创伤甚至比直接的身体攻击更为沉重。

2. 教学建议

教师可根据时间及学生实际自主选择情景，也可自行设计，另外也可以准备一个稍大的牌子，将收集到的评论贴纸及时贴到牌子上。如果时间充分，可以请同学分享，但需关注学生反应，切记不要造成二次创伤，也可邀请学生课后与自己交流。此环节鼓励学生畅所欲言，尽可能多地表达自己的想法，环境安全的情况下也可以鼓励学生现身说法。

（三）谁是"键盘侠"？

1. 教学过程

快速选择：以下哪种言论，会给他人带来伤害？请在你认为会造成伤害的题号上涂黑，如"●"。选择结束后对大家比较有争议的言论进行讨论，请大家分别说出自己的观点。

○妈的，智障！

○长得丑不是你的错，出来吓人就是你不对了。

○造谣一时爽，全家火葬场。

○你哪来的钱啊？被包养了吧？

○绿茶婊。

○装什么盛世白莲花。

○墙都不服就服你。

○这时候应该装傻。

○你走吧，我妈不让我跟傻子玩儿。

○还有这种操作？

○友谊的小船说翻就翻。

○智商感人，不会说话就闭嘴。

○祝你全家原地爆炸。

○你这么脑残，你妈知道吗？
○装逼遭雷劈。
○真是个戏精。
○嘴那么毒想必生活过得很苦吧？
○脑子是个好东西，可惜你没有。
○亲亲你的小脸蛋。
○良心？不存在的。

教师小结：

我们痛恨网络"喷子"，可是有时候我们自己也会在不了解事件前因后果的情况下就站在道德制高点去评判别人、肆意嘲讽、跟风，轻易被人带节奏，甚至满怀恶意地中伤、侮辱他人。无意之中我们可能也成了别人眼中的"键盘侠"。

2. 教学建议

可以让全班同学用手势回答，比如用食指和中指组成的"V"表示同意；大拇指向下表示不同意；双手交叉表示不确定、不明朗、不表态。这样可以了解到全部学生对某一言论的看法和态度，同时也可以让学生看到其他同学的选择，在某些问题上认识到不是只有自己这样选。

（四）好好说话

1. 教学过程

每人在卡片上写一个刚刚的情景模拟中或者过往的网络社交中让自己感受特别好的或者看到过的特别好的评论，并分享为什么觉得好。如果记不起来，就自己写一条认为好的评论。

教师小结：

在现实生活中，你觉得会打击到别人自尊心的那些你不会轻易说出口的话，在网络上也同样不能随意发布出去。为了拥有更好的网络环境，可以彼此良性地讨论问题，以下建议可以参考：

（1）避免使用脏话。

（2）讨论中尽可能少使用反问句，多使用陈述句。

（3）不做"动机揣测"，如想红想疯了。

（4）不使用"资格论"，如等你也能……，再来跟我说吧。

（5）慎用讽刺。

（6）对事不对人。

（7）及时表达感谢。

（8）诚恳承认自己的错误，并始终为自己的不当言行及其引发的后果负责。

2. 教学建议

教师可提供其他文明沟通的意见建议，不必拘泥于以上几条。

三　总结

网络欺凌是传统校园欺凌的升级版，用文字、图片、视频等软件攻击、侮辱、诽谤他人。软刀子伤人更深。即使是在虚拟的环境中，我们也要反对欺凌，以积极阳光的方式与他人互动，严于律己，尊重他人，为营造积极健康的网络环境做贡献。

执笔：董洁

反对校园欺凌

一 教学目标

（1）通过新闻视频、调查数据、讨论分析等形式理解校园欺凌的危害，提高学生对校园欺凌的防范意识；

（2）指导学生掌握自我防护的技能和方法，懂得自我保护；

（3）树立反对校园欺凌的意识，形成反对校园欺凌的氛围，共同遏制校园欺凌。

二 教学过程

（一）身边的欺凌

1. 教学过程

观看视频：新闻报道 —— 两名小学生被同学用开水烫屁股。

建水9岁小学生小龙被同班5名同学捂头、按手、按脚后脱了裤子用开水烫，屁股上一大片都是黑色血泡，伤痕惨不忍睹。而同样遭遇这种情况的还有同班的小航。事发后，因为害怕再次被欺负，两名孩子都不敢把这件事告诉老师和家长，并且一再隐瞒。目前，虽然孩子已经在医院接受治疗，但精神一直不好，且害怕上学。[①]

看完视频，请学生分享感受，在平时的生活中是否遇到过类似的事件，这类事件对我们的生活产生了怎样的影响？

教师小结：

（1）新闻中报道的是一些性质恶劣的校园欺凌事件。欺凌是一个复杂的互动状态，欺凌者、被欺凌者和旁观者均会受到影响，产生不同程度的心理问题。同学们在学校生活中有没有遇到过校园欺凌？

班级小调查：请曾被欺负过的同学在纸条上写"1"；欺负过同学的在纸条上写"2"；发生欺凌现象时，只是旁观者的写"0"，可多选。（课前给每位同学发一张纸条。）

班干部进行统计，教师公布统计结果。（从统计结果来看，校园欺凌现象的确存在于我们身边，而且经常发生。）

（2）在刚才的活动中，在自己的纸条上写了"1"的同学有很多人，其实，很多学生都遭遇过校园欺凌。所以如果你被欺负了，你一定要认识到，校园欺凌是在校园中很普遍的一件事，受欺负的不是只有你一人。在校园欺凌事件中，欺凌者凭借身体或人数众多的优势谩骂、挖苦、挑逗、讽刺、孤立受欺凌者，有的发展为强抢对方钱物，甚至演变为恶意地殴打和伤害同学等。受欺凌者常常因为恐惧、害怕，不敢告诉家长、老师和亲朋好友，造成持续地被欺负、被欺压。因长期得不到帮助而采取躲避、退让、任由欺负等消极应对方式，致使身心受到极大的困扰与伤害。同时由于长期压抑克制，受欺凌者会采取一些极端的行为，进而伤害自己、伤害他人，造成难以挽回的不良后果。

2. 教学建议

通过视频直观引入现实的校园欺凌事件，从而引发学生对什么是校园欺凌的思考；通过小组讨论，让学生自由在小组内表达对此事件的初步认识和看法。在此基础上，进行小调查，一方面让学生认识到欺凌事件随时都发生在我们身边，另一方面也从一定程度上了解到班级欺凌现状。此环节呈现了以学生为本，

[①] CCTV 热线 12：《云南建水：五同学集体施暴　两男孩被开水烫伤》，2017 年 12 月，腾讯视频（https://v.qq.com/x/page/r0517m78x3t.html）。

在老师的引导下由浅入深地进行学习的过程。教师在组织教学的时候需充分尊重学生的表达,让每一位学生均有表达的机会。

(二) 你曾如何应对欺凌

1. 教学过程

思考:假如你被同学欺负了会怎么办?(引导学生学习自我防护的知识)

请一位同学讲一个和自己有关的欺凌事件,并重点说明是如何应对的。

提问:说了很多以强凌弱的欺凌事件,大家觉得谁的应对办法好?原因是什么?

2. 教学建议

该环节可能涉及学生的隐私或者不愿提起的部分,教师在学生分享过程中应特别关注学生的情绪反应,避免造成二次伤害。

(三) 正确应对校园欺凌

1. 教学过程

在课前看到的开水烫屁股的恶性事件,连续发生了两次,被烫伤屁股的同学身心都受到了难以磨灭的、深深的伤害,该所学校所在班级的老师、学校校长、教育局领导都因此受到了严厉的处分。但是,校园欺凌现象仍然此起彼伏,从未间断。有的同学甚至因此失去了宝贵的生命。针对接连发生的校园欺凌事件,除引起教育部门和学校高度重视,不断完善校园心理健康、安全教育和校园安全保卫工作,确保学生生命安全外,同学们也要懂得一些自我保护和正确应对校园欺凌的方式和方法。

比如,当受到欺凌时,要勇敢地大声呼救或采取易于引起别人注意的方式,以获得在附近的老师、同学或他人的帮助;你看到别人受到欺凌时,应该马上向老师、学校安保人员或警察报告,及时救助被欺凌者;为了避开欺凌者,最好和同学或朋友同行,如果遇到欺凌,应该及时报告家长、老师或警察。

人与人之间是平等的,应该相互尊重,学会善待他人。

写一份以"反对校园欺凌"为主题的课程心得。

成立班级反对欺凌督察小组,每天通报督察和整改情况。

2. 教学建议

通过本环节的讨论总结，使学生明白通过欺凌他人来显示自己的强大，不仅会给他人带来很大的伤害，也不利于自身心理健康，更无法得到真正的友谊和尊重。当遇到欺凌时要学会正确应对的方式方法，杜绝欺凌的延续。人人都是平等的，我们要学会善待他人。关心、帮助、宽容他人才可以得到真正的朋友，体会到真正的快乐。相反，在欺凌事件中，不管你是欺凌者、被欺凌者或是冷漠的旁观者，都会或多或少地受到消极负面的影响，产生心理阴影，影响心理健康。

三　总结

在本次课程中，同学们针对校园欺凌问题进行了热烈讨论，学会了如何正确面对和防止校园欺凌。青少年时期的心理健康会直接影响到自身心理健康状态和未来的生活。让我们积极行动起来，反对校园欺凌，形成抵制校园欺凌的氛围，学会自我保护，共同遏制校园欺凌。营造更加良好的成长环境，会使我们的校园更加和谐、更加安全、更加文明。

执笔：卓衍涛

不做校园欺凌受害者

一　课程目标

（1）了解校园欺凌的危害；

（2）学会换位思考，学习用恰当的方式应对校园欺凌；

（3）学以致用，学会应对欺凌的多种方式，不做软弱的受欺凌者。

二　教学过程

（一）难以释怀的伤害

1.教学过程

呈现案例：一个受欺凌者的告白

我是个内向的人，小学时程度尤其严重。开学第一天，老师要求大家轮流上台进行自我介绍，我是最后一个。我当时大脑一片空白，紧张害怕，一句话也说不出来，最后"哇"的一声哭了。

一个这样性格的孩子，很容易成为被人欺负的对象。我只记得，每到下课时，都会有人追着我打，我在前面拼命跑，他们在后面哈哈大笑。还有一次体育课，站在后面的男同学叫我回头，紧接着把土和鼻涕塞进了我嘴里，然后问："好吃吗？"当时太小，根本不知道这叫作被欺负，还想着可能玩游戏、开玩笑就是这个样子吧。

后来班里来了两个新同学，因为都处于班级边缘，我们三个人成了朋友。可我那两位朋友平时最爱干的是欺负低年级同学，仗着父母都是在校老师，以及学习成绩还不错，从没被班主任责罚过。有一次，我实在看不下去，帮着被他们欺负的小男孩说了几句好话，结果被恶狠狠地掐了一下，猛推下楼梯。之后我这两位朋友开始联合班里其他同学，有时候动手，更多时候是语言暴力，嘲笑我的穿着，嘲笑我的考试成绩，嘲笑我的家庭条件，骂我蠢猪、笨蛋、穷鬼。那时候我忽然发觉原来自己一直被人孤立、被人欺负，心里特别难过，总闷闷不乐，害怕上学、装病。

从那时候起，我不再相信朋友这回事，每天下课不再主动和谁说话，远离同学，一个人沿着操场一圈圈走，直到上课。进入初中以后，没人欺负我了，我才慢慢交了些朋友，性格也慢慢开朗起来。但我依然不愿意和人走得太近，也学不会如何和人保持亲密关系，总在担心和害怕。所以很多时候，我宁愿自己一个人，与其承担亲密关系带来的伤害，我更愿意孤独，保证安全。①

看完这个案例，你有什么感受？在小学经历校园欺凌给故事主人公带来了怎样的影响？回忆过去的生活中，你是否有过类似不愉快的经历？这些经历给你带来了怎样的感受，对你之后的生活产生了怎样的影响？也可以在此环节分享你身边朋友的经历和感受。

事实上，并不是只有受欺凌者才会受到负面影响，欺凌者因为长期欺凌他人容易养成骄横跋扈等负面性格，也会在人际交往方面产生很多问题。你身边有没有欺凌者存在？分享他的故事，想一想欺凌他人对他有哪些改变？

请讨论，校园欺凌会给欺凌者和被欺凌者带来哪些负面影响。

教师小结：

校园欺凌会带给受欺凌者终生的心灵创伤，可能会导致中小学生形成错误的人生观和世界观。

首先，欺凌易导致受欺凌学生形成消极人格特征。受欺凌者是校园欺凌最

---

① 长物报告：《这些校园暴力受害者，选择不原谅》，2017年7月，搜狐网（https://www.sohu.com/a/155167687_554410?_f=index_edunews_1）。

直接的受害者。欺凌严重打击受欺凌者的自尊心和自信心，降低自我评价，让受欺凌者怀疑自身价值。同时由于害怕遭到欺凌者的报复，遭受欺凌的中小学生往往不愿对别人说自己遭受欺凌的事情，而是采取自我压抑的方式独自默默承受，久而久之会形成内向、孤僻、自卑等消极人格特征。因为害怕遭受反复欺凌，常常处于恐惧、紧张和焦虑之中，易形成胆怯、畏缩心理，严重者可能造成人格障碍。同时，受欺凌者由于在学校和同学中间受排斥，没有朋友，易导致情绪抑郁，产生挫折感、孤独感，削弱其自信，给其学习和生活带来较大负面影响。尤为严重的是，由于长期受欺凌而产生的负面情绪得不到合理释放，受欺凌者易产生强烈的挫折感，也会爆发攻击性行为，进而欺凌其他中小学生。

其次，欺凌易导致受欺凌学生学业适应困难。欺凌行为易导致受欺凌者情绪紧张、焦虑，上课时注意力不能集中，因而学习成绩不断下降，致使学习困难。受欺凌学生因害怕受欺凌还会不愿上学、厌学，进而逃学、辍学。

最后，欺凌易导致受欺凌学生出现社会化障碍。欺凌易导致中小学生人际关系出现障碍。受欺凌者在学校里受到排挤，在同辈群体交往中往往被忽视、被拒绝，造成人际疏远，人际交往存在障碍。

校园欺凌也会给欺凌者自身心理健康带来不良影响，影响其人格发展和正常社会化进程。

首先，欺凌易导致欺凌者形成不良人格。校园欺凌易滋生欺凌者骄横跋扈、恃强凌弱、敏感多疑等不良人格特点，具有这种人格特点的中小学生在成年后往往心理也不健全，多表现出固执、偏执、狭隘及易怒的倾向，容易与周围人发生摩擦，难以适应正常的社会生活。在遭遇挫折和面临困境时倾向于采取极端的方式解决问题，对他人和社会造成严重危害。

其次，欺凌易导致欺凌者出现社会化障碍。欺凌者的不良个性特点会妨碍其与其他同学的正常社会交往，在与同伴群体的交往中不受欢迎，容易被拒绝且难以融入正常同伴群体之中。

最后，欺凌易助长欺凌者的攻击性倾向。习惯于欺凌其他同学的中小学生容易形成恃强凌弱、以暴制暴的攻击性心理倾向。欺凌者往往会形成一种思维定式，认为暴力强制是解决问题的一种有效方式，从而增强攻击性倾向。更有甚者,可能会还会走上违法犯罪的道路[①]。

2.教学建议

本环节主要强调校园欺凌的危害,不仅会给受欺凌者的成长带来极负面的影响,还会给欺凌者的成长带来消极影响,并且这种影响是多年都挥之不去的。本环节要求学生分享亲身经历,所以在分享过程中,教师要关注学生的情绪反应,对于情绪波动较大的学生选择恰当的时机进行安抚,必要时在课后进行心理辅导。

(二)情景重现

1.教学过程

教师提前准备一些校园欺凌情境卡片,以小组为单位,每个小组随机抽取一个情境,在组内模拟情境进行表演;表演结束后,小组同学讨论事件中的可以通过哪些方式改变欺凌事件的结果或者阻止欺凌事件的发生,重现情境并改变情境中的某个条件,也可以增加一些角色,进而降低负面影响;集体总结哪些条件的改变或者哪些角色的加入改变了事件结果。

参考情境:

情境1:小强每天都要求小明给他买零食,不给买就打。

情境2:小花联合全宿舍其他6名同学排挤小丽,谁都不和小丽说话,把小丽当空气。

情境3:小王每天都在要交作业的时候把同桌小美的作业藏起来,让小美交不了,还不许小美告诉老师,就说自己没带或没写完,小美因此经常被老师批评。

情境4:小花每天都在班里说小慧的坏话,还在贴吧里发帖骂小慧,因此,好多人看到小慧都笑话她。

活动结束后,请同学分享感受:对于同样的事件,当欺凌者或受欺凌者的

---

① 章恩友、陈胜:《中小学校园欺凌现象的心理学思考》,《中国教育学刊》2016年第11期。

行为发生变化时，事件发生了怎样的改变。当增加某个角色时，事件又发生了什么样的变化。回忆在刚才的游戏中，哪些角色做出了哪些积极的行为。

分组讨论并记录每个人可以做些什么来减少校园欺凌的负面影响，或从根本上预防校园欺凌事件的发生。

教师小结：

在校园欺凌事件中，只要每个人改变一点，就可以减少伤害甚至遏制校园欺凌事件的发生。受欺凌者应该积极求助，求助对象可以是家长、老师、学校相关部门或者好朋友，不要害怕如果把被欺凌的事情告诉他人，欺凌者会变本加厉，要勇敢地维护自己的权益，对欺凌零容忍[①]。同学应该在发现班级有欺凌现象时，在保证自身安全的情况下及时制止或向老师报告。

2. 教学建议

教师可使用参考情境，也可根据所任教学校或班级存在的问题设计欺凌情境，还可根据本书前几节教案中提到的案例设计情境。鼓励学生认真参与，切实体会所扮演角色的感受。在想应对策略时，教师应关注学生可能提出的不恰当的处理方法，可让学生按此方法处理重现情景，也可请全班同学进行评议，要注意给予学生正确的引导和教育。

（三）我能机智勇敢地应对

1. 教学过程

在第一环节中，请大家分享了过往的不愉快经历。通过第二环节的学习，我们也找到了很多应对校园欺凌及减少伤害的方法和技巧。现在，请每组选择第一环节中令你们印象最深或者你们认为伤害较大的案例，讨论如何帮助当事人解除困境，减少校园欺凌带来的负面影响。

呈现案例：

"糟了，要迟到了！"小安火急火燎地向学校跑去。突然，他发现一个人正在鬼鬼祟祟地跟着他。小安并没有慌张，而是向人多的地方走去，迅速掏出手

---

① 米歇尔·艾略特：《反校园暴力101招》，新苗编译小组译，重庆出版社2005年版，第7—11页。

机，拨出了一串号码，正是妈妈的电话。其实，小安的妈妈是教师，正在上班，不允许通电话，小安这样做，目的是想要让那个鬼鬼祟祟的人赶快离开。"喂？妈妈！……"小安"装模作样"地打起了电话。这招果然见效！那个人不再跟着他了，小安见到自己已经安全，便加快步伐向学校奔去[①]。

通过这个案例，你学到了什么？

教师小结：

有些时候，即使我们只有一个人，也可以用一些巧妙的方式躲避暴力和欺凌的危害。

如果你遇到了校园欺凌，可以做些什么使自己不再受到欺凌？将通过本节课学到的和想到的方法写在卡片上，保存起来。

2. 教学建议

本环节是对前两环节的回顾和总结，一方面帮助学生解决曾经的困惑，另一方面引导学生灵活应用第二环节学习到的方法。教师也可根据学生反馈的情况再进行适当补充，从而达到教学目标。

三　总结

校园欺凌不但给受欺凌者的身心带来巨大创伤，从欺凌方看，如果没有得到及时的矫正，很可能走上犯罪道路，影响自身健康发展，危及社会。我们每个人都应该在欺凌行为发生时能捍卫自己的利益或者挺身而出维护受欺凌者的权益，并学会寻求多方支持。同时，每个人都应该提高自己的人际交往能力，培养自己的合作意识，善于接纳与容忍他人，以谦虚、诚恳的态度对待他人，学习控制情绪和避免冲突的技巧，学会接纳、尊重他人，积极参与学校和班级活动，提高人际适应能力，既不做受欺凌者，也不做欺凌者。

执笔：罗扬

[①] 李小宁、张大生：《校园欺凌与暴力防治实用手册·下》，红旗出版社2017年版，第690页。

不做校园欺凌旁观者

一 课程目标

（1）了解作为学生可能遇到的欺凌事件；

（2）掌握遇到他人被欺凌时的正确处理方式；

（3）将课堂中学习到的内容应用到生活中，不做欺凌旁观者。

二 教学过程

（一）你会怎么做

1. 教学过程

快速选择：如果遇到下面这些情境，你会怎么做？请在你选择的应对方式上打"√"。

（1）看到班里几位同学正在打一位同学，此时你会：

☐ 假装没看见，愤然离去，并庆幸事情没发生在自己身上。

☐ 前去阻止。

☐ 寻求协助。

（2）朋友的父亲最近刚去世，关于这点，有些同学做出了伤害型评论。此时你会：

☐ 保护这名朋友，并且劝阻别人的行为。

☐ 不在意，认为事情迟早会结束。

☐让老师知道这回事。

（3）学期中，班上来了一位新同学，但是有些同学却对他很不友善。此时你会：

☐对他表示善意，并且邀他跟你和你的朋友共进晚餐。

☐参与暴行。

☐忽视他的存在，认为每个新同学一开始都会遭到排斥，这是正常现象，所以我既不需要加入暴力的阵容，也不必对他施以援手。

（4）你知道班里有同学因为肥胖（或脸上有雀斑、个子矮小、戴眼镜、残障、红头发、不喜爱足球等），而遭到其他同学的嘲笑。此时你会：

☐站在受害者这边。

☐加入暴打。

☐让大人知道发生的事。

（5）校园中，有些人会歧视少数族群。此时你会：

☐忽略它，但也不加入。

☐请同学和老师协助，一起消除这些不当的评论。

☐殴打这些做出评论的小孩。

（6）你的弟弟遭到同学胁迫要零花钱，却恳求你不要告诉爸妈。此时你会：

☐告诉他自己去解决这项难题。

☐和这名施暴者当面对质。

☐告诉父母。

（7）如果你知道班上哪些人是欺凌者，此时你会：

☐设法找出原因。

☐对他们施予暴行。

☐尝试跟他们交朋友，并且以身作则，设法改变他们。

（8）朋友要你一起欺负班上一个同学，否则要你好看。此时你会：

☐和他们一起行动。

☐不理会他们。

☐告诉他们，这么做会惹上麻烦。

2. 教学建议

可以让全班同学举手投票，这样可以了解到全部学生对某一事件的看法和态度，同时也可以让学生看到其他同学的选择，在某些问题上认识到不是只有自己这样选。

(二) 你该怎么办

1. 教学过程

在学习生活中，除成为校园欺凌事件的当事人，我们还有可能成为欺凌事件的旁观者。请以以上事件为例，逐一分组讨论，遇到这些情景时，我们应该怎么做？为什么要这样做？按照我们的想法实施行动可能会遇到哪些困难？

教师小结：

看到别人成为欺凌事件受害者时，忽视欺凌的存在是懦弱者的行为。虽然面临的情境不同，但我们找到的解决方法基本是一致的，即应该在保证自身安全、不受伤的前提下，设法帮助受欺凌者。如果你有足够的实力，你可以站出来为被欺负的同学出头[1]，如果你觉得自己不能直接与欺凌者抗衡，可以找老师或其他成人到现场制止，也可以给予受欺凌者安慰和支持：

如果遇到欺凌事件正在发生，你可以这样说："老师来啦！""老师知道你做的事了，刚才我听见老师和办公室其他老师议论这事了，他会来找你的！""我听说为了杜绝校园欺凌行为，这周围都装了监控。""政教处主任来了！"[2]

如果欺凌者是你朋友，你可以劝说他："我发现你在欺凌其他的同学，我不能容忍你再那样做了，你愿不愿意改呢？""我很喜欢你，但我不喜欢你欺负别人，请你收手吧，这样我们还是朋友。""我愿意和你做朋友，但我是不会和你一起欺负别人的。"[3]

如果你害怕成为下一个被欺凌的目标，你也可以尝试以下方法：写一张便

---

[1] 李小宁、张大生：《校园欺凌与暴力防治实用手册·下》，红旗出版社 2017 年版，第 588 页。
[2] [美] 菲利斯·卡夫曼·古特斯坦、伊丽莎白·沃迪克：《对校园欺凌说不！》，樊伟、周睎雯译，陕西科学技术出版社 2016 年版，第 85 页。
[3] 同上书，第 86—87 页。

条，放在你班主任的桌子上，或是政教主任的信箱里；写一封关于校园欺凌内容的信，寄给你学校的老师或校长；在课前、课后告诉你的老师，以确保没被周围人发现；请你的父母或者监护人给学校打电话，检举校园欺凌行为。①

当然，除直接面对欺凌者，当你看到有的同学被欺凌者孤立在群体之外时，你可以邀请被欺负的同学和大家一起玩，用这种行为来对抗欺凌事件②。对于那些经常被欺凌的孩子来说，他们不仅会感到悲伤、情绪低落、孤独被孤立，也会感到气愤沮丧和困惑。去和他们交朋友吧，因为即使只有一个人支持他，情况也会得到改善的，深入了解他们并试着和他们成为朋友。给那些被欺凌的同学传播正能量，你可以这样说："你是很棒的人，你应当受到尊重。""你不应该被欺凌，我怎么做才能帮到你？""你看起来好像受伤了，要不要我陪你去医务室检查一下？""想和我一起去教室吗？""我可以帮你向老师报告发生了什么。""我们课间休息时在一起玩吧！"③

如果你害怕直接与受欺凌的同学接触会给你也带来欺凌，你还可以通过发送微信、短信或是电子邮件来告诉那些受欺凌的同学，你是关心并重视他们的。例如，我觉得你很棒，我知道你很痛苦，有空我们聊聊吧④。

当然，在你反对校园欺凌时，一定要保证自身安全，尤其是不要侮辱、大喊、威胁或者殴打欺凌者，因为这可能会激怒他，并使他把矛头指向你，得不偿失。如果遇到欺凌者和自己力量相差不是太远时，可以考虑使用警示性的语言来击退对方的企图，但在寡不敌众的情况下，你会陷入非常危险的情境之中。如果欺凌者手上有武器，应迅速撤离，并告知离你最近的大人。谨言慎行，冷静判断所处环境的危险性（决定是否撤离自保）。在所有的方法中，匿名检举欺凌行为是相对安全的，尤其是在欺凌者有可能会报复你的情况下⑤。

---

① ［美］菲利斯·卡夫曼·古特斯坦、伊丽莎白·沃迪克：《对校园欺凌说不！》，樊伟、周睎雯译，陕西科学技术出版社2016年版，第89页。
② 李小宁、张大生：《校园欺凌与暴力防治实用手册·下》，红旗出版社2017年版，第588页。
③ ［美］菲利斯·卡夫曼·古特斯坦、伊丽莎白·沃迪克：《对校园欺凌说不！》，樊伟、周睎雯译，陕西科学技术出版社2016年版，第90—91页。
④ 同上书，第95页。
⑤ 同上书，第113页。

2. 教学建议

此环节鼓励学生畅所欲言，尽可能多地表达自己的想法。环境安全的情况下也可以鼓励学生现身说法。要鼓励学生表达不愿意帮助别人的原因并一起分析讨论。很多学生会认为帮助朋友等于是成为被害者的候选人，"欺凌的下一个目标是我"。由于现今欺凌的严重程度，很多学生害怕祸及自己，不敢出手帮助他人，因此帮助朋友并不是件简单的事。"旁观者"立场的学生的心情是跟遭受痛苦的朋友一样难受的，所以教师的总结与建议非常重要。

（三）你学会了怎么做

1. 教学过程

请在卡纸上写上你曾经做了旁观者的一次校园欺凌事件，通过本课的学习，你觉得如果再次经历，你会如何处置。

2. 教学建议

如果时间充分，可以请同学分享，但需关注学生反应，切记避免造成二次创伤，也可邀请学生课后与自己交流。

三　总结

每个人都有可能遇到欺凌事件，在欺凌事件中，你可能是欺凌者、受欺凌者或旁观者。不管在欺凌事件中你扮演何种角色，都应该学习用正确的方式去面对和应对欺凌事件，反对欺凌，对欺凌零容忍。当个人力量有限时，要学习积极寻求社会支持，了解求助于谁以及如何求助。

执笔：罗扬

修护受伤的心

一 教学目标

（1）通过游戏体验，培养参与者的同理心；

（2）了解校园欺凌的类型，并直观感受校园欺凌带来的伤害；

（3）将课堂中学习到的内容应用到生活中，减少校园欺凌事件对中学生的负面影响。

二 教学过程

（一）发现你自己

1. 教学过程

每位参与者同引导人一起，在 A4 纸上画一个人的形状，并为他取一个名字，引导员可以向大家介绍自己的"人"。时间允许的情况下，也可以邀请参与者介绍一下。

2. 教学建议

确保每个小人都有基本"人"的形状，最好说出性别、年龄、性格特点。重要的是，他应该是一位在校生。

（二）受伤的心，涂显的伤痕

1. 教学过程

由引导员向参与者解释：他原本是一位完整、快乐的人，那天早上上学时，心情还非常愉快，但是在学校期间，因为其他人对他做出不当的批评或攻击，而使他的心情变得很差。

选择参与者，依次念出故事。要求所有参与者在听故事的过程中，每当自己认为"这个人"受到伤害时，就在某一部位涂抹一下。

参考故事：

今天又是新的一天，不知道会遇到什么好玩的事情呢？

哦，看到了吗？那边有许多朋友，我们过去看看吧！

"嗨，我的名字叫小军，可以和你们一起玩吗？"

唉，他们并不想和我玩，还说我很丑，不想和我说话。（涂抹）

好吧，那边还有一些同学，或许他们的态度会比较友善。

他们在做什么？他们将头转向了另一边，然后离开了。我觉得自己被孤立了。（涂抹）

正在我发呆的时候，有个人偷偷踢了我一脚，不但害我摔倒，其中一个人还告诉我不可以张扬。我不会向任何人提起这件事。（涂抹）

有几个人从我身边路过，假装没听见之前那些人骂我的话，也没有看见那个人踢我。我多希望他们可以伸出手，我觉得自己很孤单。（涂抹）

没有人愿意跟我一起吃午餐。有人告诉其他人，不要和我说话和吃饭。（涂抹）

我听到有人说我是"傻子"，我向老师说，但他并没有做什么。（涂抹）

回家路上，有人抢了我的零花钱，并不准我声张，我不知道该怎么办。（涂抹）

教师小结：

欺凌是一种通过伤害他人，展现自我，并获得愉悦的方式，它的形式有很多，不仅是我们以为的打、骂、恶意的玩笑、散布谣言以及孤立等都是欺凌的一种，都会对被欺凌者造成不小的伤害。在刚才活动中，你也会觉得，他感到了不适，受到了伤害。这种伤害不断叠加，就会产生极为严重的后果。

2. 教学建议

（1）此游戏设计，重点在于给予参与者对欺凌的直观感受，引出对欺凌的介绍。

（2）游戏过程中注意观察参与者的神态与表情，发现其对相关问题的反应。

（三）修护心灵，抹去伤痕

1. 教学过程

等到故事念完，让大家展示一下自己的"人"，感受这种事情对不同人产生的影响。

跟学生讨论，他们对于这样的欺侮有何感受以及怎样帮助这位受害同学。每当想出一个方法，就利用消字液或者白粉笔消除一个彩色痕迹。

将孩子的建议逐一写在大白纸上，之后可以将它张贴起来，并讨论哪些可以实施、哪些不能实施、为什么等。

2. 教学建议

本部分希望参与者能注意到自己的行为对校园欺凌事件产生的影响，但这种影响不是不可改变的。如果时间得当，可以让参与者将解决的办法写在小人背后，留念带走。

三　总结

欺凌事件带给我们的伤害可能是深刻而持久的，减少创伤的重要办法是说出事实，并且寻求心理援助。爱与呵护可以抚平创伤，让我们继续勇敢地向前行。

执笔：连大帅

每个人都是独一无二的

一 课程目标

（1）引导学生进行客观的自我评价；
（2）提升学生的自我价值感，促进学生的自我认识与接纳；
（3）引导学生认识到个体差异，培养开放包容的性格品质。

二 教学过程

（一）阅读绘本《你很特别》

1. 教学过程

引导学生阅读绘本《你很特别》或观看改编自绘本的视频《你很特别》。

故事梗概：

微美克人是一群小木头人。他们都是木匠伊莱雕刻成的，每个微美克人都长得不一样。有的大鼻子，有的大眼睛；有的个子高，有的个子矮；有的戴帽子，有的穿外套。每个微美克人都有一盒金星贴纸和一盒灰点贴纸。他们每天在大街小巷里，给遇到的人贴贴纸。木质光滑、漆色好的漂亮木头人总是被贴上星星。木质粗糙或油漆脱落的就会被贴灰点点。有才能的人当然也会被贴星星，那些什么也不会的人，就被贴上灰点点。胖哥就是经常被贴灰点点的人之一。他很少出门，每次他出去就会跟有很多灰点点的人在一起，这样他才不会自卑。有一天，他遇见一个很不一样的微美克人。她的身上既没有灰点点，也没有星星，就只是木头。她的名字叫露西亚。胖哥也想像露西亚一样，没有任何贴纸，于是露西亚让他去找木匠伊莱。在伊莱那里，胖哥认识到每个人都不应该在意他人的想法，认可接纳自己，把自己当成一个独特的存在[1][2]。

我们经常会认为："只有聪明、美丽、有才能，才很特别。"但是，微美克的创造者木匠伊莱对胖哥说："你很特别，因为你就是很特别，不需要任何条件。"

分析部分片段：

有些微美克人全身都贴满星星！每得到一个星星，他们就好高兴！他们会想要再做点什么，好多得一个星星。而胖哥却因为灰点太多不想出门。他怕又做出什么傻事，像是忘了帽子或是踩进水里，那样别人就会再给他一个灰点。其实，有些人只因为看到他身上有很多灰点贴纸，就会跑过来再给他多加几个，根本没有其他理由。

认同他人的标签，会让我们活成标签的样子，我们以为幸福就是拥有更多的"金星星"。如果自己的行为长期都达不到他人的"标准"，那么就很有可能形成消极的自我认同，认为自己是不好的，认为自己是有问题的。但实际上，任何生活事件都有多元的意义，一件事情可能既是消极的又是积极的，关键是人生要主动面对问题。

因为露西亚不会认同别人对她的评价。只有你允许别人贴标签，它才能贴得住。人的价值不应该仅仅建立在他人的评价之上。从感到被爱，到相信自己是可爱的，我们成为一个拥有爱并且能够给予爱的人。当我们学着以爱回应他人时，负面的情绪、指责批评和控制就会逐渐远离我们。看看你自己，你身上的金星、灰点，掉下来了吗？

现实生活中，我们虽然不会有两盒标签贴纸，但也会有对他人或好或坏的评

---

[1] [美]陆可铎：《你很特别》，马第尼斯绘，丘慧文、郭恩惠译，国家开放大学出版社2010年版。
[2] 《你很特别》，2012年9月，优酷网（http://v.youku.com/v_show/id_XNDU0Mjc2MTk2.html?tpa=dW5pb25faWQ9MTAyMjEzXzEwMDAwMl8wMV8wMQ）。

价，这些评价有时候也会改变我们对自己的认识，影响我们的生活。想一想，你觉得自己都有哪些"金星"和"灰点"，这些"标签"都给你带来了哪些影响？

2. 教学建议

教师可根据课堂时间确定阅读绘本还是观看视频，如果课堂时间有限，也可请同学课前完成材料阅读。

（二）体验微美克人的一天

1. 教学过程

假设我们在座的每一个人都变成了微美克人，你会得到哪些灰点和金星，你会给别人哪些灰点和金星呢？给每位同学发一些带胶带的灰点和金星，让全班同学自由地在班里走动，并将这些灰点和金星贴在其他同学身上，但需要写明每个灰点和金星代表的含义。比如当你认为某同学"智慧""整洁"，那么就在他身上贴上"智慧""整洁"的星星，并将这些词语也写在上面。

活动结束，想一想当被他人贴上金星的时候，你感觉如何？当被他人贴上灰点时，你又有怎样的感受？数一数你身上有多少灰点和金星，你是否认可他人给你贴的这些标签，你心目中的自己和他人的评价有没有差异？你觉得自己应该有哪些金星和灰点？

金无足赤，人无完人。每个人都是各种金星和灰点不同数量的组合，每个人都有他各自存在的价值和意义。没有人是一无是处的，也没有人是完美无缺的。每个人都应该善于听取他人友善的意见和建议，但也不能完全被他人的评价左右。

给每个学生发一张 A4 纸，请全体同学结合之前的讨论，想想自己是个怎样的人，你都有哪些优点、哪些缺点，你觉得自己最擅长什么、不太擅长什么……尽可能多地描述自己。

2. 教学建议

为了激发活动积极性，可以要求学生必须用完手里的全部灰点和金星。但也要强调对同学的评价要尽量客观公正。本环节是通过同学互动及自我反思，帮助学生形成一个积极客观的自我评价。活动过程中，要关注学生的情感反应，特别是被贴灰点的时候，如果有学生有异常反应，教师应在合适的时机给予关注。

（三）成为包容接纳的伊莱

1. 教学过程

在伊莱眼中，每个人都是独特的。别人以为的缺陷，在他那里可能是一种独特的美。

现在假设每个人都是伊莱，以小组为单位，拿出刚才你们获得的全部"灰点"，想想如何将这些"灰点"转化成"金星"，例如，"灰点"胆小可能变成"金星"稳重谨慎，尽可能多地将"灰点"改成"金星"，并在讨论结束后，将这些"金星"换给"灰点"的主人。

不难发现，并不是所有的"灰点"都可以变成"金星"，那么，接纳这些灰点，并朝自己心目中期待的样子努力就显得十分重要了。胖哥得到了伊莱的肯定，就放心地去做了一个独特的自己。我们每个人都想成为独特的自己，那么谁可能是我们生命中的伊莱呢？可能是创造了我们身体的父母，也有可能是朋友和老师，更重要的是我们接纳喜欢自己，做自己精神世界的伊莱，成为我们所期待的样子。

想一想，你期待自己成为怎样的人，从现在起，你可以为自己的目标做哪些努力？

在学校生活中，你可以选择成为一个处处为他人贴标签的微美克人，也可以成为包容接纳的伊莱。通过刚才的活动，你应该已经意识到了每个人都是独一无二的，每个人都是值得我们包容、接纳和爱护的。从现在起，做自己的伊莱，做他人的伊莱，做包容接纳的伊莱。

2. 教学建议

本环节的教学目标是帮助学生在客观的自我评价的基础上，提升自信，自我接纳，朝积极的方向发展和努力；同时，也能接纳和包容他人，鼓励他人积极发展。本环节的难点是"灰点"的改写，教师可根据现场情况予以指导，并跟学生强调，并不是所有"灰点"都可以改成"金星"。

三　总结

在我们每一个人的成长经历中，都曾经像绘本中的"胖哥"一样，为了追求在身上贴上更多的"金星"而备感压力，在别人的眼光中迷失自我；也曾为那些贴在身上的"灰点"沮丧、抑郁进而自我怀疑甚至自我放弃。让我们做自己和别人生命中的"伊莱"，共同创造一个有接纳、有爱、没有标签的"微美克村庄"。

执笔：罗扬　权莉春

每个人都很了不起

一　课程目标

（1）帮助中学生加强自我觉察，提高自我认识；

（2）感受团体的力量和温暖，赋予成长能量，帮助学生明白自己在团体中独一无二的位置；

（3）将通过课堂活动获得的体验和感受应用到生活中，认识到自我的独特性和价值，从而正确处理自己的人际关系。

二　教学过程

（一）移动马铃薯

1.教学过程

将18个马铃薯上分别贴上一个字，组成这样两句话"什么都不能跟人家比，谁像你一样没有用啊"，让18个学生拿着马铃薯站成两排，教师指挥每个字移动，组合得出完全意义不同的另外两句话"没有谁能像你一样啊，不用什么都跟人家比"。

教师小结：

我们每个人就像一个马铃薯，都是独一无二的存在，都是这个社会的重要一员。这节课，让我们每个人都化身为马铃薯，去发现可贵的自己。

2. 教学建议

教师提前演练组合，让组合的时候移动的同学利用向左、向右、向后、向前的运动指令进行，会让课堂更有序，展示的效果也能更好。

（二）了不起的马铃薯

1. 教学过程

同学们以小组为单位围成一个圆圈并在每个小组中间放一把椅子，主持人给每个人一个马铃薯，要求他们仔细看看它的特征，并完成三项任务：为马铃薯起一个名字，为马铃薯做简单的自我介绍，讲述一个马铃薯与自己的故事。小组成员依次坐到中间的椅子上讲述自己的马铃薯。每组推荐一个同学将小组活动情况做简要说明。

教师小结：

刚刚，我们认识了自己就像每个马铃薯都有特点，我们每个人也存在优点和缺点，是这些优缺点让自己如此与众不同，我们应该善待自己，喜欢自己！

再将自己的马铃薯放在小组中间，大家头脑风暴马铃薯们的贡献，讨论结束后派代表发言，奖励贡献方法最多的马铃薯小组。

今天我们看到了这么多了不起的马铃薯，但老师看到的是更了不起的你们，是你们让每个马铃薯都变得如此伟大。

2. 教学建议

教师尽量准备差异性大一些的马铃薯，引导大家介绍马铃薯时可集中在它有多大了，它有可爱、漂亮的兄弟姐妹吗，绿色的点、形状、"眼睛"等。鼓励学生尽可能多地讨论马铃薯的用途，不仅仅局限于作为食物。几项任务可以分几轮依次进行。鼓励学生畅所欲言，尽可能多地表达自己的想法。马铃薯做出的贡献可集中在怎样运用它，才会有趣，它可以做出哪些好吃和不好吃的食物。在大家分享完其价值后，主持人解释马铃薯跟人是一样的，人与人之间有个体差异，就好像每个马铃薯都有不同之处，如果我们仔细观察并且对某人有深入的了解后，我们就不难分辨他和其他人的不同之处，可是这不该成为攻击他的理由。我们不会因为这个马铃薯比别的多出"三个眼睛"而将它丢弃，我们也不应该因为某个人和别人有一点不同而排斥他。

（三）了不起的你自己

1. 游戏过程

每个组将一名小组同学围在小组中间，其他小组每个成员都说至少一条这位同学的优点或曾经做过的一件好事。小组所有同学都体验一次坐在中间被大家表扬的感觉。

教师小结：

不难发现，每个人都有优点和存在的意义。在生活中，我们应该关注大家的优点，认可自己，也多给他人一些接纳和鼓励，时刻记住，每个人都有他的价值。

2. 教学建议

活动过程中要注意举恰当的例子，不要让学生互相嘲讽，对无法自我接纳的同学造成伤害。

三　总　结

积极认识自我、发掘自我的力量，将蕴含的能量释放出来，发展自身潜力，学会融入并适应社会团体。我们每个人不仅是独一无二的，而且还是有价值的，认可自己的价值，也认可他人的价值，发现每个人身上的闪光点，让我们的生活更快乐。

执笔：李精华

相信你自己

一 课程目标

（1）通过回忆成就事件，提高自我效能感；
（2）学会转变思维，从积极的角度评估自己；
（3）定位的同时，学习用发展的眼光看自己。

二 教学过程

（一）生命曲线上的成功

1. 教学过程

每人发一张 A4 纸，在这张白纸上建立一个直角坐标系，横轴表示年龄，原点为 0 岁，最右端为现在的年龄；纵轴表示成就感，原点为 0，最大值为 10。想想生活中令自己最有成就感或最骄傲的几件事，想想它们发生在你几岁时，这件事给你带来的成就感有多大，进行一个分值评估，并在直角坐标系中标点。尽可能多地回忆这些事件，最后将这些点用曲线连起来，并与小组同学交流。

教师小结：

每个人都有一些成就，这些成就或大或小，可能集中在一个方面，也可能分散在几个方面。每个人既不会是毫无用处的，也不会是完美无缺的；同样，不会有人毫无成就，也不会有人包揽所有成就。在过去的生活中，每个人都会有做得好的事，也会有做得不太漂亮的事，我们既要从过去的失败中寻找经验、弥补不足，也要从过去的成功中发现自己的亮点、找到自信。

2. 教学建议

在本环节的活动中，会有一些学生觉得自己过去没有什么成就，教师要启发学生看到小的成就和小的进步，例如，课堂上一次精彩的发言、课后一次全对的作业、生活中一件漂亮的手工等。要肯定每个学生或大或小的成就，不要对任何成就有大小的评估，要表达每个成就都很了不起，关注成就背后的故事。

（二）但是我很好

1. 教学过程

很多同学在进行自我评价时，总会说出自己的一个优点，然后用一个"但是"进行转折，引出自己的一大堆不足和问题。久而久之，自己对自己的负面评价越来越多，也越来越没有信心。接下来，请尝试换一个思路，先说自己的一个不足，然后用一个"但是"引出自己的优点和做得好的地方，并在小组和全班范围中进行分享。教师可提前准备练习单，请学生填写。写完后，请学生复读几遍自己在练习单上写的句子，与同学分享读后感受。

练习单举例①：

我最不接受自己外表的地方是＿＿＿＿，但是我最欣赏自己外表的地方是＿＿＿＿。
我最讨厌自己的学习态度是＿＿＿＿＿＿＿，但是我最欣赏自己的学习态度是＿＿＿＿。
我最不喜欢的一门课是＿＿＿＿＿＿＿＿，但是我最喜欢的一门课是＿＿＿＿＿＿＿＿＿。
我最不满意的一次考试是＿＿＿＿＿＿＿，但是我最满意的一次考试是＿＿＿＿＿＿＿。
在学习中我最无效的做法是＿＿＿＿＿，但是在学习中我最有效的做法是＿＿＿＿＿。
同学最不喜欢我的地方是＿＿＿＿＿＿＿＿，但是同学最喜欢我的地方是＿＿＿＿＿＿＿＿。
我最让父母头疼的是＿＿＿＿＿＿＿＿＿＿，但是我最让父母满意的是＿＿＿＿＿＿＿＿＿＿。
最让我沮丧的老师的评价是＿＿＿＿＿＿，但是最让我高兴的老师的评价是＿＿＿＿＿＿。
我在班级中拖别人后腿的是＿＿＿＿＿＿＿＿，但是我在班级中的贡献是＿＿＿＿＿＿＿＿。
近期我最失败的一件事是＿＿＿＿＿＿＿＿，但是近期我最成功的一件事是＿＿＿＿＿＿＿。

---

① 司家栋：《高中班级团体心理辅导主题方案》，蓝天出版社2013年版，第13页。

我最差的习惯是＿＿＿＿＿＿，但是我最好的习惯是＿＿＿＿＿＿。
我做不擅长的事是＿＿＿＿＿＿，但是我做得最棒的是＿＿＿＿＿＿。

教师小结：

很多时候，并不是我们不行，而是我们缺乏自信。每个人都有很多优势和巨大的潜能，我们对自己的能力应有充分的信心，相信自己能够学会各门功课，处理好生活中的各项事情。自我限制、妄自菲薄是阻碍成功的重要障碍。学会以积极肯定的言词，肯定自己的能力、优点和长处，相信自己，相信只要努力就可以达成自己的目标。

2. 教学建议

本环节的设计教师可根据辅导班级学生的情况编制练习单，也可在练习单上留一些空白，请学生自主发挥。反复阅读后的感受分享非常重要，通过活动和分享要让学生认识到自己以往在自我评价时存在的一些误区，从而形成更积极的自我评价，提高自信。

（三）自我介绍

1. 教学过程

通过前两个活动，每位同学都对自己的成就和优势有了一些认识，自信心一定也提高了不少。请学生尝试两人一组，互相进行两分钟自我介绍，尽可能多地描述自己的优点和长处，并尝试介绍自己将做哪些努力让自己变得更好。

给每个学生发一张卡片纸，请学生在卡片上写下通过今天的课程，你发现了哪些自己过去没发现的自己身上的闪光点，在后面的另一面写下未来你会继续努力的方向，与同学分享并好好保存。

教师小结：

曾经有一个初二的小姑娘写了一篇作文：我是一个点，曾为自己的渺小而难堪；面对着庞大的宏观世界，只有闭上失望的双眼。经过一位数学家的启发，我有一个新的发现：两个点，可以确定一条直线；三个点可以构成一个三角形；无数个点能够编织圆的金环。我是一个点，点是我的名片。我也有自己的半径，我也有对着的圆点。不信，从月球上看地球，地球也是宇宙间渺小的雀斑。我欣喜，我狂欢！谁没有自己的位置？不！你的价值在闪光！只是你还没有发现①。

2. 教学建议

本环节中，教师需要关注学生对自己的评价，既要帮助学生找到自信心，也要关注学生过于自信的可能性。过于自信就是一种自负，教师可根据学生的情况进行集体或个别辅导。

三　总结

美国散文作家、思想家、诗人爱默生曾说过："自信是成功的第一秘诀"。很多失败不是因为能力不足，而是因为自己都怀疑自己是否能够完成任务，因此在完成任务时总是想着自己能不能做好，从而没有正常发挥。没有人会完美无缺，也没有人会毫无用处，发现自己的闪光点，相信自己，你真的很不错！

执笔：罗扬

---

① 崔雨田：《点的自述》，2012 年 9 月，查字典作文网（https://zuowen.chazidian.com/zuowen1953317/）。

爱集体中的每个人

一 课程目标

（1）认识到每个人都有优点和特长，学会尊重个体差异。
（2）认识到在班集体中应做到接纳、理解、信任与尊重。
（3）树立学生爱班集体中的每个人的意识。

二 教学过程

（一）集体中每个人都是不同的

1. 教学过程

游戏：猜一猜，他是谁。

选一个同学来介绍班里的任意一个同学，注意只能介绍这个同学的特长和优点，全班同学通过介绍内容来猜一猜被描述的人是谁，看谁能最先猜出来。问问猜对的同学是怎样猜出来的？

教师小结：

我们为了共同的学习目标聚在一起，形成了一个集体。集体中的每一个人都有不同于别人的特点，在我们共同学习生活的过程中，每个人都会以他的方式为集体的成长贡献力量。

2. 教学建议

教学过程中，教师要鼓励学生从积极的、正面的方向描述同学，不要嘲笑贬低同学。如果学生想不出来某同学的特长和优点，也可描述该同学曾经为班集体做的贡献。

（二）你是如何对待他人的

1. 教学过程

请回忆并在笔记本上写出在过去与班级同学交往的过程中，你觉得自己做得最好的和最不好的两件事。这件事情对你之后的班级生活都产生了什么样的影响，如果给你一次重新来过的机会，你会如何处理和面对这两件事。请与同学分享交流。

2. 教学建议

给学生充分的思考时间，在交流各自的想法前，提醒其他同学认真倾听，给发言者充分的尊重。可先在组内分享，再由小组同学推荐代表分享。分享时注意保护学生隐私，请同学自愿分享，不愿意说的不要强迫。

（三）温暖的瞬间

1. 教学过程

请回忆并在笔记本上写出在过去与班级同学交往的过程中，最令你感动或者温暖的一个瞬间，当时的情境如何，那位同学说了什么、做了什么让你温暖和感动。

教师小结：

我们喜欢集体的每个人在自己说话时认真倾听；在犯错时能包容、理解，并真心地帮助，而非嘲笑；借用东西时要征得同意；我虽然弱小，但也应该受到尊重……

2. 教学建议

该环节可以促进同学间的友谊，提升团体凝聚力，所以可以在时间允许的情况下鼓励学生尽可能多说；如果课堂时间有限，也可鼓励学生将温暖瞬间贴到班级文化墙上。

（四）学会爱集体中的每一个人

1. 教学过程

通过刚才的活动，你觉得我们应该如何对待集体中的每一个人？请每个同学在彩色花瓣纸上写下：你认为最能表达自己应该怎样对待集体中的每一个人的词语。

在轻缓的音乐声中将自己的彩色花瓣纸张贴到教室前面的七色花上。

教师小结：

同学们用爱、尊重、包容、接纳、理解、支持、关爱等词组成了一朵绚丽的七色花。这些词可以用一个字代替，那就是——爱，我爱集体中的每个人。（板书：我爱，完成课题"我爱集体中的每个人"的板书）

2. 教学建议

这一环节中，教师要引导同学们积极反思，爱集体的每个人就要做到：真正站在对方的角度，感同身受，正所谓"己所不欲，勿施于人"；尊重他人，就要善于欣赏、接纳他人，善于发现和赞美别人的优点、长处；为他人的成功喝彩；对别人与自己不同的地方，不讽刺、不挖苦，更要不藐视；尊重他人，爱他人。

三 总结

通过今天的课程，我们认识到，要爱集体中的每个人。就像世界上没有两片相同的叶子一样，世界上也没有两个相同的人，每个同学都有他与众不同的地方，有他的优点和长处，也有他的不足和缺陷。我们在同一个集体中，应该彼此尊重、相互欣赏，营造利于每个人健康成长的环境，共同成就我们美好的未来。

执笔：卓衍涛　罗扬

学会交朋友

一 课程目标

（1）了解影响友谊的因素；

（2）学会友好和睦地与朋友相处；

（3）将理论知识应用于生活实践，有效改善人际关系。

二 教学过程

（一）好友初相见

1. 教学过程

在一张A4大的白纸上画一个圆，这个圆要尽可能大，圆的直径最好接近纸的短边的长度。将这个圆八等分，在圆的每一等份上写一个自己好朋友的名字或目前与自己接触特别多的同学的名字，回忆你们是怎么认识的，又是如何成为好朋友的？

教师小结：

亚里士多德将人称为"社会性动物"，每个人都有与他人建立持续的亲密关系的需要。人们清醒时的许多时间都是与别人一起度过的。如果在人际交往中被排斥，很容易感到挫败、抑郁、焦虑、感到情感被伤害并尝试努力修复关系。因此，建立友谊对每个人来说都十分重要。两个人能否成为朋友的最好预测因素是接近性，即两个人是否经常在一起，接近有利于彼此增进了解、增进感情。另外，俗话说"物以类聚，人以群分"，每个人也更愿意与和自己态度、信仰和价值观相似的人一起交往，并且愿意与喜欢自己、对自己表示善意或带来好处的人交往。

2. 教学建议

很多学生在该环节写不满八个名字，教师一方面要留意这些孩子的情绪反应，特别是只能写出一个或者一个都写不出来的学生；另一方面可以改变游戏规则，让他们写和自己接触最多或者帮助最大的人的名字。所写的人名不仅限于同班同学，可以尽量拓展。

（二）什么影响了友谊

1. 教学过程

给你现在的好朋友或和你接触最多的人评分，评估他们对你的积极影响。满分 10 分，得分越高表示这个朋友对你的影响越积极，带给你的感觉越温暖。你觉得他做得最令你开心的一件事是什么、为什么、从这件事情中你感受到了什么？同时想一想，朋友做得最令你难过的一件事是什么，为什么这件事让你那么受伤？

给你自己评分，评估你对你好朋友的积极影响。满分 10 分，得分越高表示你对这个朋友的影响越积极，带给他的感觉越温暖。你觉得自己为朋友做得最令他开心的一件事是什么、为什么，你是如何觉察到他很开心的？你做过的最伤害朋友的一件事是什么，当时朋友的反应是什么？

先在组内分享，然后每组推选两个印象最深刻的故事在全班分享。

小组头脑风暴：在与朋友相处的过程中，哪些做法会促进友谊，哪些做法会阻碍友谊。把小组的答案写到一张海报纸上并贴在黑板上。

教师小结：

如果说友谊的建立还有运气和偶然性的影响，那么友谊的维持绝对是个技术活。良好的友谊可能来自互相体谅，双方公平平等（如果双方都不考虑对方的感受，只追求个人需求的满足，那么友谊就会结束）；也可能来自彼此真诚，互相尊重；还可能来自互利互惠，相互支持；等等。当然，由于每个人的性格和所处的环境不同，人际交往的状态也会有差异。我们要善于沟通，勤于总结，形成与朋友积极互动的氛围。

2. 教学建议

中学生在人际交往的过程中最容易存在的问题是无法换位思考，对对方有很多要求，自己却做不到。在此环节，通过讨论自己和朋友做过的最令人开心和最令人不开心的事，鼓励学生思考人际交往中需要注意的点，学会换位思考。过程中，教师需关注学生情绪反应，关注情绪反应较大的学生。

（三）理想的朋友什么样

1. 教学过程

在另外一张A4白纸上画一个圆，也要尽可能大并且八等分。在圆的每一等份上写一个你特别想交的朋友的名字，想想为什么想和他成为朋友，他身上的什么特点吸引了你，选一个最吸引你的特点，写在他的名字下方。

小组讨论汇总你们理想的朋友的特点并写在海报纸上，全班评估哪些特点在人际交往过程中最具吸引力。思考你自己对朋友的要求和大家的要求有没有什么不一样。

教师小结：

大家理想的朋友既有共性的特点，也有每个人不同的要求。一方面，如果你想有更多朋友，就应该培养自己积极的品质，成为别人的理想朋友；另一方面，我们不可能得到所有人的喜欢，也不可能和所有人都成为朋友。

2. 教学建议

该环节一方面要鼓励学生多培养积极品质，从而提高人际吸引力；另一方面，要改变学生的不合理信念。很多学生都希望所有人都喜欢自己，教师可在活动中找出不同学生理想朋友的差异，例如，有的学生的理想朋友是安静内敛的，而有的却是活泼热情的，但一个人在相似环境中不可能既安静又活泼。最后还可以补充提问，以后想成为具有哪些品质的人，为了成为这样的人，可以从现在起做哪些努力。

三　总结

不管过着什么样的生活，每个人都需要朋友。良好的友谊能提升我们生命的能量，让我们感受到更多的快乐与美好。不管是友谊的建立还是友谊的维持，都是很大的学问，都有很多技巧需要我们学习和掌握。努力让自己成为一个拥有理想朋友特点的人，学习在人际交往中，尊重他人。接纳他人并学会赞美他人。从小事做起，成为一个会交朋友的人吧！

执笔：罗扬

做情绪的主人

一 课程目标

（1）了解情绪的概念及种类；
（2）掌握情绪管理的方法和技巧；
（3）将理论知识应用于生活，表达情绪。

二 教学过程

（一）多彩的情绪世界

1. 教学过程

游戏：你来比划我来猜

每组派两个代表参加比赛，一个比划一个猜，一分钟内答对题目最多的一组获胜。题目都是表示情绪的成语。负责比划的同学尽量用肢体动作和面部表情来描述，不能描述某个字的读音或写法，小组其他成员不能提示。每组有两次"过"的机会。

情绪成语举例：

目瞪口呆、捧腹大笑、抱头痛哭、咬牙切齿、提心吊胆、捶胸顿足、泪流满面、眉飞色舞、手舞足蹈、垂头丧气、愁眉苦脸、得意忘形、坐立不安、恼羞成怒、喜极而泣、暴跳如雷、不寒而栗、痛不欲生、心花怒放、手足无措、心慌意乱、烦躁不安、悲痛欲绝、喜笑颜开、没精打采、欢天喜地、悠然自得、欢呼雀跃、喜出望外、七上八下、号啕大哭、乐极生悲、欣喜若狂、满腹牢骚、谈虎色变、萎靡不振、迫不及待、忧心忡忡、闷闷不乐、泣不成声、欲哭无泪、从容不迫

提问：刚才活动中的这些词语都是什么类型的？你知道的此类词语还有哪些？

教师小结：

情绪是人对客观事物的态度体验及相应的行为反应。在现实生活中，我们每个人都会体验到各式各样的情绪，这些情绪也在或多或少地影响着我们的生活和学习。

小组讨论，在学习生活中，你体会过的积极的情绪都有哪些、消极的情绪都有哪些？这些情绪分别对你的学习、生活产生了什么样的影响？

不管是积极的情绪还是消极的情绪，都具有一定的社会适应功能。比如，他人可以通过你的情绪表现了解你当下的状态从而决定与你接下来的互动方式；适当焦虑的情绪可以激励你更加专注地学习；在积极乐观的情绪状态下，容易注意到美好的一天，对周围的事物更容易持开放的态度；等等。当然，每一种情绪都有它产生的原因，它可能给我们带来好处，也有可能加剧我们的问题，因此善用我们的情绪就显得非常重要。

2. 教学建议

本环节主要通过互动游戏和学生谈情绪的影响引出主题，让学生认识到情绪的多样性，同时了解积极情绪和消极情绪的社会适应功能，并意识到每个人都会有积极情绪和消极情绪，这两类情绪都有它存在的意义和价值。我们要做的不是消灭消极情绪，而是调控积极情绪和消极情绪，让它们提高我们的生活质量。

（二）情绪从何而来

1. 教学过程

每个人在一张卡片的正面写一件事，在背面写上因为这件事而产生的情绪。

把所有人的卡片都放在一个信箱里摇匀。以小组为单位，每个组抽三张卡片，每个人轮流发言，如果你遇到这件事情，你会产生什么样的情绪，为什么会产生这样的情绪。看看大家产生的情绪是否一样，讨论为什么会有这种区别。

每组选择一张引起情绪反应最多的卡片，并在海报纸上写下这件事都引起了哪些情绪，在事件和情绪中间都有哪些想法。展示各组的海报并请同学分享感受。

教师小结：

情绪是以个体的愿望和需要为中介的一种心理活动。当客观事物或情境符合主体的需要和愿望时，就能引起积极的、肯定的情绪和情感。当客观事物或情境不符合主体的需要和愿望时，就会产生消极、否定的情绪和情感。当然，通过活动我们不难发现，同样的事因为对每个人的意义不一样，所以也会激发出不同的情绪。所以，通常情况下，影响我们情绪的是我们对事情的看法，而不是事情本身。同样一件事，会因所持的人生态度不同而有不同的感受。要想积极地对待生活，应该改变自己的观念，使自己能够以乐观的态度去看待问题、思考问题。

小组讨论分享一件令自己非常生气或难过的事，可否通过改变认知来改变情绪反应。

2. 教学建议

本环节的理论依据是埃利斯的情绪 ABC 理论。第二环节的讨论教师可以根据学生反馈及课堂时间决定是否实施，也可以把这个问题作为课后作业布置给学生。

（三）不做情绪的跟随者

1. 教学过程

教师准备若干张情绪卡片，上面写上"焦虑""愤怒""郁闷""兴奋"等情绪，每个小组抽 1—2 张情绪卡片，并在组内讨论。如果感受到这类情绪，我会怎么做？并把做法写在卡片后面，尽量多写。

讨论结束后，全班评议每个小组在遇到各类情绪时的做法，可以补充也可以去除不合理的。

教师小结：

情绪管理绝不是要人压抑情绪、不能哭泣、不能发脾气、随时都要表现愉悦的样子；情绪管理应该是要接纳自己的情绪，适时疏导，并在合适的时间、合适的地点用恰当的方式表达你的情绪。

2. 教学建议

每个人管理情绪的方法都会有差异，教师应接纳个体差异，接纳学生在允许范围内看上去稀奇古怪的情绪管理方法。对于可能产生不良后果的情绪管理方法要给予正确的引导，并说明不建议使用的原因。一些情绪要结合具体的事件讨论分析，如果时间允许，教师还可鼓励学生结合具体的例子进行分享讨论。教师在教学中要特别关注到可能与校园欺凌有关的情绪，帮助学生进行处理。

三　总　结

处理好情绪，对于避免校园欺凌的发生，以及减少校园欺凌的伤害，都是重要的。每个人在生活中都会体验到各样的情绪，情绪没有好坏之分。努力做到接纳每一种情绪，既接纳自己的情绪，也接纳他人的情绪；探索每种情绪产生的原因，从积极的角度出发看待问题，合理表达自己的情绪，利用恰当的方法排解不良情绪。希望每个人都能通过情绪管理改善自己的生活品质。

执笔：罗扬

学会说"不"

一 课程目标

（1）掌握并学会应用拒绝的方法和技巧；

（2）通过学会拒绝，培养学生的界限意识；

（3）学习在校园欺凌情境中说"不"。

二 教学过程

（一）难以说出口的拒绝

1. 教学过程

快速选择，如果遇到下列情境，你会怎么办？在你选择的做法前面的"□"内打"√"。

• 中午，你正在背单词，准备下午第一节课的听写。好朋友小花心情不好，想让你陪她去操场转转。

□放下单词，陪她去

□拒绝她，继续背单词

□让她和自己一起背单词

• 朋友跟你借钱，可是你剩的钱也只够回家前最后两天的饭钱了，而且他之前借钱经常不还。

□借给他，自己每天少吃一顿

□ 拒绝她，说自己也没钱了
□ 反过来跟他借钱，说没饭钱了
• 朋友叫你跟他一起排挤同宿舍的同学。
□ 和他一起排挤舍友
□ 拒绝他，保持中立
□ 拒绝他，并劝他不要欺负同学

生活中，你是否遇到过类似的选择，你是如何选择的？你有没有被他人拒绝过的经历，被拒绝后你的感受如何，这次被拒绝有没有影响你们的关系？

教师小结：

学习生活中，有很多事是我们不愿意做的，但是由于不好意思拒绝，总是会让自己做一些不太愿意做的事，有时甚至好人没当成还落了一堆埋怨。

2. 教学建议

教师可以多模拟一些学习生活中的情境，让学生认识到学会拒绝的重要性。为了解除学生害怕影响人际关系的困扰，可以指导学生回忆被拒绝的感受及对人际关系的影响，让学生意识到只要方法得当，被拒绝并不会对友谊产生特别大的影响。

（二）拒绝有技巧

1. 教学过程

以小组为单位，每组选择一种环节中的情境，由一人扮演要求提出者，其他人扮演被需求者，要求提出者挨个向组内同学请求帮助，其他同学尝试拒绝。

活动结束后，小组讨论哪位同学最终没能拒绝请求，哪位同学拒绝别人的方法让人感到比较舒服，哪位同学拒绝的方法不太好。小组总结并在全班分享哪些方法可以既拒绝别人又让人感到比较舒服。

教师小结：

不拒绝不是维持友谊的"法宝"。真正的朋友并不会因为你的合理拒绝而离去，但是我们一定要学会说"不"的方法。首先，拒绝时，要让对方明白拒绝是"对事不对人"，虽然拒绝了此事，但是要明确表示双方的友谊是不受影响的；其次，要明确地陈述拒绝的原则和理由，以求得对方的理解和体谅（在此，要用真心诚意的态度、言辞，去说服、打动对方）；最后，要找出替代的方法，因为拒绝别人，一般会使他人产生不快与愤怒，甚至消极的情绪，但你可以找出一些切实可行的方法来替代别人要求你做的不合理的事情，以缓和情绪。

2. 教学建议

如果小组人数过多，一直被拒绝的同学可能会觉得比较尴尬，可以考虑请小组同学接龙扮演被拒绝者。如果时间充分，同学们总结出说"不"的技巧后，也可针对其中比较好的方法进行情境模拟练习。

（三）对校园欺凌说"不"

1. 教学过程

如果你被同学邀请对其他同学实施校园欺凌，你会怎么做？如何拒绝才能既保证自己的安全又不成为欺凌者？

学习生活中，遇到哪些情境是必须说"不"的，小组讨论并列出这些情境。

教师小结：

如果有人拉你欺负别的同学，一定要坚决地说"不"。你可以尝试并练习一下说法："非常抱歉，别把我算在内。""我不想再去欺凌别人了，这么做是错的。""不，我厌恶校园欺凌。""谁都没有理由去欺凌别人，我不会做那样的事。""不，我不会帮你去欺骗别人的。""如果有人欺凌你，你会是什么感觉？我不会纵容你这么做的。"

学习生活中，如果他人提出的是正当的请求，在力所能及的范围内，我们应该尽量帮助他人，但如果他人的请求危害到了别人或社会，我们一定要选择拒绝，在拒绝的过程中要注意保证自己的安全。如果情况危急，还要迅速告诉家长和老师。

2. 教学建议

注意引导学生在危险的环境中，不要和对方硬碰硬，可以先委婉地答应，然后选择合适的时机逃脱困境并寻求帮助。强调无论何时，自己的安全最重要。

三　总结

每个人，都该有一条说"不"的底线，越过了线，就应该说出"不，谢谢你""我做不到""这不可以"。学会说"不"，不仅仅是对自己负责，也是对他人负责。不要害怕伤害对方，选择合适的方法说"不"，有的时候，一次好的结束，反而是一个好的开始。

执笔：罗扬

第二部分　讲座设计

预防校园欺凌，从我做起

一　讲座目标

（1）了解校园欺凌的形式、危害；

（2）掌握校园欺凌的应对方法；

（3）通过讲座宣传，预防校园欺凌事件的发生。

二　讲座内容

（一）导入

1. 讲座过程

同学们，在讲座开始前请大家先想想我们是否曾经看到或者遇到过某一位或者几位同学经常欺负一位或者几位同学的现象呢？你知道这样的行为会给他人和自己带来什么样的伤害吗？我这里有一个关于校园欺凌的真实案例，请大家与我一起观看中央电视台"面对面"栏目的节目：《欺凌的代价》[1]。

同学们看完这个节目有什么感想？在这个案例中，被欺凌的几位女同学遭受了巨大的心理伤害，欺负她们的五名同学也被判处1年或11个月有期徒刑，这起事件对欺凌者和被欺凌者都产生了很大负面影响。那我们应该如何预防校

---

[1] CCTV 13：《面对面：欺凌的代价》，2017年11月，央视网（http://m.news.cctv.com/2017/11/19/ARTIlkhbKEcSHbwtFioRLGNs171119.shtml）。

园欺凌呢？今天我将带领大家一起来讨论什么是校园欺凌以及该如何应对校园欺凌。

2. 讲座建议

讲师根据视频中情景、内容，可以暂停对其进行详细的解说。

（二）什么是校园欺凌

1. 讲座过程

讲师讲授校园欺凌的基本概念及表现形式，并针对刚刚看过的《欺凌的代价》相关内容进行分享：

在刚才大家看到的这个案例中，学生朱某与另外四名同学一起在学校宿舍楼内，通过非常恶劣的手段，无故殴打、辱骂两名同学，还脱光了一名同学的衣服进行羞辱，并用手机拍摄了羞辱、殴打过程的视频，而且还在微信群内进行了传播，他们的行为十分恶劣。经过鉴定，两名被欺凌的同学均构成轻微伤，其中一名同学八个多月都不能上学，严重影响了其生活和学习。这样的行为就是校园欺凌，它让被欺凌同学感到屈辱、害怕、痛苦、不安。最终五名实施欺凌行为的同学被北京西城区法院判处1年或11个月有期徒刑。

校园欺凌与平时同学之间偶尔的争吵、打架等冲突不同，它是指一群学生或单个学生故意重复地对不会报复的受害者施以长期性的身体或心理上伤害的一种攻击形式。它是有意图的、长期的、重复的、不对等的一种权利关系。实际上是欺凌者的权利控制、对他人的不尊重和排挤他人的行为状态。北京市西城区法院的这一判决表明，未成年人给他人造成伤害的，同样不能逃避刑法的制裁。

2. 讲座建议

重点强调校园欺凌不同于同学之间偶尔争吵、打架等，未成年人虽然在法律上有特殊的保护，但若给他人造成严重伤害，同样不能逃避刑法的制裁。

（三）校园欺凌的形式

1. 讲座过程

校园欺凌的形式都有哪些呢？在我们校园生活中是否有校园欺凌行为呢？

接下来我们一起来看看。

（1）暴力欺凌

第一，对同学进行身体上的物理攻击。主要表现为采用拳打脚踢、掴耳光、推搡、揪头发或者使用棍棒、刀具等方式攻击受欺凌者。

第二，以大欺小、恃强凌弱。高年级的同学仰仗自己是学长的优势对比自己低年级的同学进行长期的、有目的和针对性的欺凌。或者身体上、心理上有优势的同学对比自己弱的同学进行有目的的长期欺凌。

第三，以众欺寡。几个同学对一个同学或者一群同学对几个少数同学进行欺凌。刚刚播放的这个视频就是一个典型的以众欺寡的案例。

第四，威胁、恐吓。通过威胁、恐吓的方式向其他同学索要钱物或者强迫其他同学做违背本人意愿的事情来满足自己的需求，而给其他同学身体和心理造成伤害。

案例分享：

2016年4月，济南历城区某初中女生因找男孩说话竟被狂扇耳光。被欺凌女生的母亲说"她说我女儿勾搭她男友。"刘女士听女儿说，涉事女孩在课间伙同两个同伴，把女儿喊到女厕所，每人扇了她几记耳光。"我女儿说有十来个耳光，当时牙龈都出血了。她们还威胁我女儿，不准告诉家长和老师，否则打得更厉害。"更让刘女士气愤的是，这个女生还逼着女儿说自己是"狐狸精"[①]。

这个案例集中体现了暴力欺凌的几种形式，比如扇耳光、以众欺寡、威胁、恐吓等。

（2）语言欺凌

第一，叫侮辱性绰号。根据同学的身体相貌、缺陷及特点或者曾经出丑的事件给他起一个具有侮辱性的绰号，让他感觉很受伤、很难受。

第二，谩骂。通过经常性的辱骂，对同学造成心理上的伤害。

---

① 《初二女生因与男生搭话遭掌掴 被逼说自己是狐狸精》，2016年5月，幼儿网（https://youer.chazidian.com/news-6240/）。

第三，嘲笑、诽谤、传播谣言。当同学有与我们不同地方或者我们认为不如我们时，进行贬低、讥讽、嘲笑，或者编造故事、无中生有、传播谣言，对同学的精神和心理造成影响和伤害。

（3）社交欺凌

表现最为突出的是孤立和排挤。拒绝被欺凌同学参与到同学们的交往活动中，让被欺凌没有朋友、同学与其交往。这也是最容易被忽视的欺凌行为。

（4）网络欺凌

通过短信、微信、QQ、微博、博客、视频等网络工具和平台，对被欺凌同学进行散播谣言、中伤等欺凌行为。对被欺凌同学的精神和心理造成影响和伤害。这是传播速度最快、影响最广的一种欺凌行为。

2. 讲座建议

可以给学生几分钟的时间进行分组讨论，讨论内容为"看看我们周围或者我们自己是否有过类似行为"。

（四）校园欺凌的危害

1. 讲座过程

校园欺凌对我们的危害很大，也许大家会认为校园欺凌只是对被欺凌者造成伤害，对于主动实施欺凌的同学，不会造成伤害。如果真的这样认为那就错了，实际上，校园欺凌不但给被欺凌的同学造成伤害，也会给主动实施欺凌的同学造成伤害。那么都有哪些伤害呢？

（1）给被欺凌者造成的伤害：

第一，身体受伤、残疾甚至失去生命。这是可以看到且最容易鉴别的，让被欺凌者非常恐惧的，也是大家最关心的一种伤害行为。

第二，易形成懦弱、自卑、缺乏信心和勇气的性格；造成心灵的阴影。这是不易被观察到的，但影响确实深远的一种伤害行为。如果调整不好，会影响被欺凌同学一生，致使他在今后的求学、就业、婚姻、人际关系等当中都会受到极大的影响。

第三，成绩下降、厌学、旷课、辍学影响学业。

第四，产生报复心理，变成欺凌者。其实在欺凌的同学当中，有一部分曾经就是被欺凌者。当被欺凌同学产生报复心理后，他们就会以同样的方式欺凌比自己弱小的同学。

案例分享：
一位男士在上学的时候遭遇本班的几个比自己个子大的男同学的欺凌，致使后来对身材比自己高大男性有强烈的恐惧感，一直到30多岁还是。更让他感到痛苦的是，他遇到一位自己非常喜欢的女孩，就是不敢追。理由竟是，如果自己与女孩谈恋爱以后，再有其他男士也喜欢女孩，担心那个男士会打他。

这个案例就是典型的校园欺凌给被欺凌学生造成的长期性的心理影响。
（2）给欺凌者造成的伤害
第一，给他人造成伤害，要承担治疗甚至赔偿费用。
第二，极易形成吸烟、盗窃、破坏物品、携带管制器具、吸毒等不良行为。
第三，极易厌学、逃学、辍学，过早地踏入社会。
第四，极易形成暴力性人格。当欺凌同学长期处于欺凌其他同学的状态中，就会逐渐形成暴力性人格，他们的行为、气质乃至面部表情都会呈现暴力的状态。在处理问题方面也多会使用暴力的方式，这会对他们今后的生活、工作乃至在社会交往中造成很大影响。
第五，受到法律处罚。当欺凌行为达到国家法律规定的处罚标准时，将会按照国家法律进行处罚，这也是对被欺凌同学的一种保护和安慰，让不遵守法律的人得到应有的处罚，让校园更加平安和谐。

案例分享：
一位初三学生的求助，他说在前段时间应同年级的几个同学的要求，参与了一起对另外一位同学的殴打活动。起因是当晚自习前那几个同学找到他，要求晚上放学后，一起对另外一位同学进行殴打。他担心如果不去，他们就会打他，便无奈地答应了他们的要求。晚上他与其他几位同学一起将另外一位同学带到一个黑暗没人的角落里，将这位同学暴打了一顿后，迅速离开。
第二天老师和派出所的警察找到他，说是昨晚那位被打同学伤得比较重，家长找到学校并且报警,现在还在医院治疗,据说眼睛被打伤了,预计治疗费很多,需要赔偿。然而另外几个同学都说是他打伤的眼睛,要求他承担大部分的治疗费。他家里条件很不好,他非常后悔、痛苦和害怕。

(3)旁观者造成的伤害

第一,给旁观者带来恐惧和不安全感。当看到有同学经常被欺凌时,担心自己也会遇到类似情景,就会产生恐惧和不安全感,严重的还有可能产生不愿意上学的想法,进而影响学习。

第二,模仿实施欺凌同学,实施欺凌行为。实际上在实施欺凌同学当中有不少就是曾经的目击者,他们看到欺凌过程后就会学习、模仿。

第三,会变得麻木、缺乏爱心与同情心。长期看到欺凌行为时,会逐步对类似行为感觉习以为常,会变得麻木,会缺乏爱心与同情心。

2. 讲座建议

要让学生了解到校园欺凌给他人和自己造成的伤害以及影响,其中有些是当下可以看到的,有些虽然当下看不到,但是是长期的、影响一生的。同时要注意观察学生的反应,有些学生可能曾经遭遇过校园欺凌,现场会发生哭泣等情况。对于有特殊反应的学生,讲师要记录下来,后期可根据情况进行恰当的干预和辅导。

(五)预防校园欺凌

1. 讲座过程

校园欺凌对我们的危害这么大,那我们该怎么预防呢?接下来从被欺凌者、欺凌者、旁观者三个方面给大家提供一点建议。

(1)被欺凌者如何应对预防欺凌

第一,零容忍、勇于应对。当有人欺负我们时,要明确地告诉他,"这样不可以",请他停止。当然他们不会轻易停止,这时候我们就要机智地应对,比如快速离开那个环境,制造影响,让更多的人知道这个地方将要或者正在发生欺凌,争取其他人来帮助我们;如果这些办法都不好用,跑也跑不掉,逃也逃不了,而且还没有人能够帮助我们的时候,那就要保护好我们身体的重要部位,例如眼睛、面部等或者用手抱住头身体蜷缩起来倒在地上，让欺凌者伤不着我们身体的重要部位。

第二，及时报告。当我们受到欺凌时，尽量在第一时间告诉老师和家长，或者自己信赖的人和机构。寻求支持我们的力量，帮助我们解决问题。

第三，不炫富，不带过多的钱。实施欺凌的同学当中有一部分是向其他同学索要钱物，当他们知道或看到某位同学家里有很多钱或者携带不少的钱时，那我们就会成为他们的目标，所以上学时不要带过多的钱。

第四，不到人少的地方，要结伴而行。欺凌者在实施欺凌行为时多数是担心老师或者其他人知道，一般都会选在人少的地方进行，所以我们尽可能少到偏僻、人少的地方，避免成为他们的目标。

第五，远离网吧。在网吧上网人员结构非常复杂，并且多数是有欺凌习惯的同学和无业人员，学生很容易成为他们敲诈勒索的目标。

第六，与同学友好相处。一般情况下朋友多的同学不容易遭受其他同学的长期欺凌，因为当有人欺凌我们时，朋友会给我们很多帮助，使其他同学不敢欺凌我们。

（2）实施欺凌的同学应当如何反思

第一，尊重不同的同学。有些同学由于各种原因可能和我们不一样，但我们要尊重他。每个人都是世界上独一无二的，都有跟别人不同的地方，我们不应该去嘲笑别人的外表和个性，要试着去欣赏他好的地方，更多地接纳他们。

第二，知法守法。任何暴力都是违法的行为。《刑法》第二百三十四条规定："故意伤害他人身体的，处三年以下有期徒刑、拘役或者管制。犯前款罪，致人重伤的，处三年以上十年以下有期徒刑；致人死亡或者以特别残忍手段致人重伤造成严重残疾的，处十年以上有期徒刑、无期徒刑或者死刑。"

第三，学习心理状态调节。根据自己的情况学习一些心理调节的方法，当心情不好时可以调解。比如跑步、爬山、轻音乐、打球、游泳等，也可以找心理老师说说。

（3）旁观者能做什么

第一，进行劝阻。这个需要判断，我们是否能够劝阻住，如果可以，那我们就毫不犹豫地上前劝阻。如果我们不能，那就赶紧找其他同学一起阻止。

第二，要报告给老师。如果情况比较严重，马上报警，请专业人士来处理。

第三，要对被欺凌同学进行陪伴、关心，让他感到温暖不孤单。

第四，不歧视实施欺凌的同学，应该关心他们，帮助他们改正不良行为。

校园欺凌的发生已经引起了国家领导人的重视，李克强总理也做了批示"校园应是最阳光、最安全的地方。校园暴力频发，不仅伤害未成年人身心健康，也冲击社会道德底线。教育部要会同相关方面多措并举，特别是要完善法律法规、加强对学生的法制教育，坚决遏制漠视他人的尊严与生命的行为"。

2. 讲座建议

让学生知道当发生校园欺凌时应该如何应对，可以当场提问，让学生回答，也可以模拟校园欺凌现场，请学生进行应对。

（六）宣誓"预防校园欺凌，从我做起"

1. 讲座过程

请全体起立一起宣誓："预防校园欺凌，从我做起。让我们从现在开始拒绝校园欺凌，对校园欺凌不再保持沉默！"

2. 讲座建议

誓词也可根据需要自己编写。

三　总结

这次讲座我们了解了校园欺凌的概念、形式、危害以及预防校园欺凌的方法，希望同学们能够将其分享给更多的人，让更多的人知道如何预防校园欺凌。让校园欺凌远离我们，使我们的校园更加安全与和谐。

执笔：梁先波

第三部分　话剧设计

蜕变

一　设计目的

通过描绘校园中存在的语言、肢体等欺凌行为，以及家长、老师对校园欺凌的错误认识，让参演同学以及观看话剧的同学对校园欺凌的概念、形式及危害等有一个更直观的认识，从而引导学生自觉抵制欺凌行为，树立正确的世界观、人生观及价值观，促进学生身心健康成长。

二　剧情简介

小英因为听力不好经常被同班同学冬生欺负，同班小丽、小明经常出手相助，反倒遭到冬生的嘲笑。小英学习成绩下降，不想上学，班主任秦老师对此事却毫不关心，处理方式简单粗暴。新来的岳老师在上第一节课时发现问题，及时与学生及学生家长沟通，最终发现小英听力不好的原因竟是被原来学校的同学推入水中，而冬生也是来自一个缺少关爱的家庭。通过一系列教育措施，同学们互相关心，彼此帮助，二十年后都成了对社会有帮助的人。

三　角色说明

小英：女，五年级学生，耳障、内向、不爱说话，后成为心理咨询师、公益志愿者

小丽：女，五年级学生，长相漂亮，唇毛比较重，被大家戏称"哪吒"，

后成为律师

冬生：男，五年级学生，强壮、顽劣，后成为海员

小明：男，五年级学生，瘦弱、学习委员、性格内向、爱哭，绰号"刘备"，后成为机关公务员

小英妈妈：粗识文字的工厂职工

小英舅舅：警校毕业

冬生父亲：下岗职工，语言粗暴

秦老师：男，班主任、武断、急躁，后退出教师行业

岳老师：女，新来的班主任，清秀、温柔、善良

小丽母亲：公务员，有主见、有修养

学生甲、乙、丙：五年级学生，男，顽皮、刁蛮、盲从，乙、丙为各行业从业人员

犯人甲：一名因上学期间欺凌同学后走上犯罪道路的少年

四　排练要求

演员要吃透剧本，理解剧中人物个性，在自己身上找到剧中人物的共同点或在生活中找到类似的人去模仿。在排练过程中把自然的生活转换到具体的情景里，要充满自信，可以自己设计小的动作或准备和人物性格有关系的道具，逐渐摸透剧中的角色。

五　话剧内容

第一幕　下课

场景

某小学五年级教室

（叮铃铃……下课铃响，班主任秦老师在黑板上留下板书的家庭作业，转身直视学生们。）

秦老师　家庭作业在黑板上，明天早自习前交给小明，完不成作业的明天罚站。值日生课后抓紧时间打扫卫生，下课！

（不待同学们起立，便急匆匆地离开了教室。）

小英 （望着老师的背影缓缓地站起身，怯怯的）老师，再见……（当她重新坐到座位时，发现其他人都在抄黑板上的作业，便赶紧拿出了笔和本子。）

冬生 （三步并做两步跳上讲台）大伙儿都抄完了吧，今天我值日，擦完黑板就可以放学了。（狡黠地扫一眼教室里的同学，没人答话。便飞速地拿起讲台上的黑板擦，在转身的同时用力伸出左臂摇晃着挡住黑板上的作业题，右手中的板擦从下往上急速舞动，瞬间便把黑板上的字迹擦得一干二净，还不忘对着座位上面迷茫的小英吐了吐舌头。）

（同学们纷纷收拾书包准备回家。）

小英 （无奈地又望一眼黑板，看着同桌）我能抄一下你最后一道作业题吗？

学生甲 （故意大声地说）什么？你再大声说一遍，我听不见。

（几个正收拾书包的学生也不怀好意地转向小英，重复着学生甲的话，还有的扮出伸长耳朵听不到的模样。）

小英 （涨红了脸，伸手轻轻拍了拍前桌小丽的后背，悄声说）让我抄一下你的题，好吗？

小丽 好的，没问题，慢慢抄。（小丽将作业本交给小英，同时站起身，瞪着装鬼脸的同学吼）你们几个太不地道了，凭什么这么欺负小英？

（几个装鬼脸的同学先是怔了一下，后又冲着小丽吐了吐舌头。）

冬生 （抄起笤帚在小英和小丽身边的过道掀起一阵尘土）聋子就是聋子，还不让说呀！

（小英委屈的眼泪围着眼圈转，小丽也气得喘着粗气。有一部分学生看了一眼小英，转过身三三两两地走出了教室，好像什么也没有发生。）

小明 （背起书包）放学了，都散了散了，明天一早把作业都交给我。

冬生 呦！刘备还敢指挥上许褚了，也不掂量自己个儿的分量。

小明 你……（欲言又止）我不跟你理论了。

冬生 （用笤帚指着小明）怎么着！刘备长本事了呀，还想去告状是吗？

学生甲 就是，不知道自己吃几两干饭了吧！

小明 （迟疑半晌，眼泪止不住掉下来）我不当这个学习委员了！（捂着脸跑出教室。）

（小丽帮着小英收拾好书包，拉起小英准备向外走。）

冬生 （支起一只胳膊堵住教室门口）嘿！聋子，你再问我一遍，我就告诉你家庭作业啊！（与几个做鬼脸的一起发出得意的笑声）

小丽 （气愤的）冬生！你们别太过分了！

冬生 怎么的，你还真以为你是哪吒长着三头六臂不是？（轻蔑地撇撇嘴）

（小丽狠狠地一拳打在冬生的胳膊上，冬生一疼收回手臂，小英跑出了教室。）

第二幕　回家途中
场景
放学途中

（小丽追上小英，两人慢慢放下脚步。小丽不住地安慰着小英，并让小英取出铅笔盒，把作业题拿出来让小英继续抄。冬生和学生甲、乙、丙等人过来，发现了小英和小丽。冬生手里掂着足球眉头一皱，小声吩咐着学生甲。小英蹲着把书包垫在腿上抄完了作业题，把本子还给小丽，正在收拾文具。小丽刚刚低头装好本子，"啪"的一声，一只皮球重重地打在她身上，身子不由得一趔趄扑在小英身上，小英书包上的铅笔盒掉在了地上，笔也散落出来。）

冬生 让开！让开！好狗不挡道！（学生甲、乙、丙也跟着跑过来，顺势将地上的铅笔盒踢到路边的水沟里，将散落的笔踩折。冬生捡到球后，还不忘扭过脸对着小英和小丽坏笑，然后跟着学生甲等人扬长而去。）

小丽 （扶起小英，盯着走远的冬生等人）真不要脸！

小英 （捡起书包）我的铅笔盒呢？（哭起来）

（众学生三三两两地走过她俩身边，有的打个招呼，有的佯装说笑走过。）

小丽 （从自己的铅笔盒中拿出一支笔）没关系，别理他们，送给你。别难过了，走，我送你回家。

第三幕　家庭作业
场景
小英的家中

（小英坐在书桌前，摊开作业对着台灯发愣。）

小英妈妈　小英，怎么还不写作业呢？是不会做题吗？

小英　妈……我的铅笔盒丢了。（低头）

小英妈妈　铅笔盒怎么会丢呢？

小英　我……放学后，不小心摔倒了，铅笔盒掉到水沟里了。

小英妈妈　那可是你舅舅从省城给你买的呀！怎么这么不小心？

小英　我……（眼泪啪嗒啪嗒地掉下来。）

（传来咚咚的敲门声，小英去开门。）

小英　舅舅！（扑进舅舅的怀里大哭。）

小英舅舅　（抱着小英）怎么了？孩子！谁欺负你了？舅舅给你撑腰。

小英妈妈　张正！你警校毕业了？

小英舅舅　（搂着小英走进屋）姐！是的，我已经正式毕业，正在等待组织上分配工作，今天下午才回来。咱爸咱妈也是放心不下你和小英，所以叫我过来看看你们。

小英妈妈　太好了！你回来我也就有帮手了。你姐夫一年到头的出差，也着不了几趟家，小英的耳朵听不清，还总让你们惦记着。今儿个你来得正好，这孩子回来也不写作业，还把你上回新给买的铅笔盒弄丢了，我一问还委屈得不行。（进厨房倒茶。）

小英舅舅　来，丫头！怎么了？坐下跟舅舅慢慢说。

小英　舅舅！对……对不起！我不该……不小心……丢东西。

小英舅舅　傻孩子！丢了就丢了，等舅舅再去省城时给你买个更好的。不就是丢了个铅笔盒吗？不是大事。

小英　有人……喊我……聋子。（抑制不住大哭起来。）

小英妈妈　人善被人欺，马善被人骑。下次他们再欺负你，你要告诉老师，知道吗？你这个样子，活该受欺负。（端着一杯水从厨房走出来。）

小英舅舅　小英不哭，不哭。舅舅知道你委屈，下次他们再欺负你，你就告诉舅舅，看我不狠狠地教训他们。（帮小英擦眼泪）

小英妈妈　好了，好了，今天也不早了，舅舅先陪你把作业写完，明天还要起早上学呢。

小英舅舅　小英没事，不哭。（从衣服里摸出一支新钢笔塞进小英的手里。）

（小英噙着眼泪看着手中的钢笔，她不知道该不该把今天发生的事告诉舅舅，她更不知道受欺负的日子什么时候才能结束。）

第四幕　自习课
场景
某小学五年级的教室

（自习课上，老师不在，大家都在写作业。冬生却与学生甲互投纸团，不料砸到了小英，纸团里跑出一只虫子，吓得小英尖叫一声。）

冬生　哈哈哈……快看呀！聋子也会出声了！聋子也会出声了！

（学生乙、丙等人也跟着扮鬼脸，众学生放下手中的笔抬头观望，表情各异。）

小丽　（走到小英桌前，抓起纸团就扔回给冬生。）你们太欺负人了！

冬生　（愣了一秒钟后冲上去揪住小丽的衣领）呵，哪吒，你很仗义啊！你能耐了啊！（推搡小丽撞翻课桌，小丽倒在地上，额头渗出血来。）

小英　小丽！（扶起小丽，指着冬生）你太过分了，我不是聋子，只是偶尔听不到、听不清。

冬生　哼，那不也是聋子吗？我早就看你不顺眼了，你就不该来学校读书，你就该在家里待着，当个睁眼瞎！（拎起小英的书包，扔出教室。）

（小英发疯了似的扑上去跟冬生扭打在一起。下课铃响，小明想要拉架，却被其他几个同学给拉开了，只能冲出教室去叫班主任。）

秦老师　（匆匆走进教室）干吗呢？（小英和冬生立刻停了下来）怎么回事？谁挑头滋事的？

冬生　是小丽，她向我扔纸团。

秦老师　是这样吗？小英？

小英　是，但是……是冬生……

（上课铃响了）

秦老师　（不耐烦地挥挥手）好了，都先上课吧，耳朵听不见还不让人省心。

冬生　（瞪了小明一眼，压低声音）该死的告密者，小心点儿，有你好果子吃。

（小英拉着小丽回到座位。）

小明　（悄悄凑过来）我们惹不起他，最好还是躲着点吧！

第五幕　操场上

场景

某小学操场一角

（小英一个人站在操场角落，孤独的影子被拉得很长、很长……经过上次的事后，小英总是做噩梦，不想上学，上课不能集中注意力，也很少主动与其他同学一起交流和结伴同行，整个人更变得沉默寡言。）

小丽　（急匆匆跑来）小英，小英，你怎么一个人在这里，老师不见你人，让我和小明出来找你。

小英　我……（看一眼小丽，呆呆地站在那里，并没有想回教室的意思。）

小丽　小英，你在想什么呢？

小英　我不想上学了，我不想再见到这些人。

小丽　那怎么可以，你爸爸妈妈也不会同意的啊！

小英　我想离开这里，离开这个城市，不让他们再为我担心，也不让你们因我而受辱，我一个人要去遥远的地方生活。（拉起小丽的手，看着小丽）你一定要替我保密啊！

小明　（跑过来）不可以，我觉得你不能走，你没有错，错的是冬生他们那一伙人。

小丽　是啊，你走了，你以为你就不会在别处被欺负了吗？你得坚强，像上次那样猛烈地反击他们。他们都是吃软怕硬的家伙。（抓住小英的手）

小明 （若有所思）其实，冬生爸爸的脾气也很暴躁，妈妈常年卧病在床，听说他因为学习不好也经常在家里挨爸爸的打骂。

小英 怪不得他那么邋遢，原来他的日子也不好过。

小丽 那他就更不应该欺负其他同学，应该好好学习才对。

第六幕　新学期

场景

新学期的第一天，某小学六年级教室

岳老师 同学们好！我是你们新的班主任，我姓岳，大家可以叫我岳老师。现在我来考考大家，了解一下大家对之前所学知识的掌握情况（在黑板上写下一道题），有哪位同学愿意回答吗？回答的同时请告诉我你的名字。

（好多同学举手，小英也犹疑地举起手。）

岳老师 （看了一下全班同学，把目光停留在小英身上）这位同学，那就请你来回答这个问题。

（小英犹豫地站起来，但习惯性的紧张让她的耳障又暴发了。）

岳老师 这位同学！请不要紧张，告诉我你叫什么名字？（一边鼓励一边走近小英，但小英听不见任何声音，只能呆呆傻傻地站在那里一动不敢动。）

岳老师 请告诉我你叫什么名字？（望着小英，眼神中充满了关爱与期待。）

冬生 她是个聋子！

学生甲 老师！她确实是个聋子。（偷笑）

（学生乙、丙等人随即发出窃笑，学生们的目光都集中到小英身上。小英的脸涨得通红，她把头深深地埋到胸前，身子已经不自觉地颤抖起来。）

小丽 报告老师！我叫小丽！她叫小英。她不是聋子，只是有时会因为紧张而听不到声音。

岳老师 （用双手扶住小英，并把目光又转向旁边的小明）这位同学，请你告诉我他们谁说的是真的呢？

小明 报……报告老师！我……我是……是学习委员，我叫……小明。（看了一眼冬生，被冬生狠狠地瞪了一眼）他……他们……说的……都是真的。

岳老师　好了，请同学们都坐下。下课后，请小英、小丽、小明还有冬生到我办公室来一下。下面继续上课。

第七幕　家长会
场景
某小学六年级教室

岳老师　我刚到这个班时间不长，发现了不少问题，今天就是借家长会的机会向各位了解一些情况。（稍停一下）哪位是小英的家长？请介绍一下小英的情况。

小英妈妈　（站起来）岳老师好！我们家小英老实、好学。因为她上小学三年级的时候被比她大一级的几个孩子欺负，推搡过程中不幸掉进河里，耳朵里灌进好些水，事后由于胆小没跟父母讲，着凉发烧后导致听力下降。也正如此，孩子才从一个快乐、爱说笑的状态变成现在这样胆小怕事的样子。之所以从上学期转学到这里，就是希望换个环境，不再受同学的欺负，可现在又听她说过有人喊她聋子……我特别担心，她胆子小，她爸爸又常年出差不在家，还希望岳老师多多照顾。（哽咽）

小丽母亲　（站起来）我听我家小丽说班上有个叫冬生的同学总是欺负新来的同学，有时还给我们小丽起绰号嘲笑她，孩子们都不胜其烦，学校就不能采取点措施吗？

家长甲　对啊，我还听说，这个孩子自己上课不专心学习还专门捣乱，为什么家长和老师不管管啊！

家长乙　我也听说有的孩子还为虎作伥呢！

（一时间会场变得沸腾起来，家长们议论纷纷。）

冬生爸爸　（站起身来）谁说我不管了，你们问冬生，我打过他多少回了。他妈常年卧病不起，我除了挣钱养家，既当爹又当妈，我也不容易呀！而且孩子送到学校，学校不是更应该管好孩子吗？我这个当爹的虽说有责任，但也不能都怪我不是？（声音越来越低）

岳老师 好了,各位家长!我也了解了一些情况,在学生的管理上我们学校确实存在责任,这也是校领导把我调过来担任这个班的班主任的初衷。今天我也代表学校表个态,我会尽全力保护好所有同学,也衷心地希望各位家长与我和学校共同努力,在辅导学生学好文化课的同时,不再让任何一名同学受委屈、挨欺负。

(家长纷纷鼓掌,冬生的父亲也犹疑地坐到座位上。)

岳老师 以冬生同学为代表反映出的问题是简单粗暴不能解决的,学校和我会努力,也请家长再难也要尽到应尽的责任。今年也是小学毕业升入初中的关键一年,我也希望同学们都能升入理想的中学,更希望家长们与学校共同努力,让孩子在德、智、体、美各方面都能健康成长。(把目光转向冬生的父亲)冬生的问题还需要您耐心细致地开导,作为他的老师,我也有义不容辞的责任。但学校毕竟有管理学生的制度,鉴于冬生的一贯表现,学校已决定给冬生一次记过处分,希望您理解。但只要我当一天他的老师,我就不会放弃他,请您也不要放弃他。(冬生父亲的脸顿时红了)另外,我有个不情之请,冬生离家远,我也正好有个儿子,喜欢篮球,如果您不嫌弃的话,每天中午就让冬生和我一起回家。冬生那里我已经问过了,他愿意。现在就看您的意见了。

冬生爸爸 (跑上讲台,紧紧握住岳老师的手)那太谢谢您了!我都不知道说什么好了。(一行热泪从这个粗壮男人的眼中夺眶而出)

岳老师 (目光转向小英的母亲)小英的基础很好,听说他舅舅大学毕业刚参加工作不久,又非常疼爱小英,我也跟小英的舅舅联系过了,他愿意帮着小英把课补上来。

第八幕 少管所的主题教育
场景
某市少管所会议室

张警官 同学们好!我是少管所的管教,欢迎同学们到这里参观。(向师生敬礼)你们岳老师联系我们想在这里进行一次主题教育活动,我们领导非常支持。今天安排大家今天到这里参观,并请我所的被管教人员为大家分享他的惨痛经历，希望同学认真吸取教训。

（这时，一名管教押着一名年龄比在场的同学们稍大的光头少年走到台上，只见他面容憔悴，头也不敢抬地向台下师生深深地鞠了一躬。）

犯人甲　我叫吴世生，今年15岁……

小英　啊！（猛地站起身来，她不敢相信自己的耳朵，她瞪大眼睛看向那个光头少年）你是吴世生？

犯人甲　（抬起头望向小英）你是？

（小英的身子发出明显的战栗，她晕眩着瘫软了身子，幸亏身边的小丽和起身过来的岳老师将她扶坐在凳子上，然而泪水却如决堤一样流淌下来。现场一度失控，岳老师牢牢地抱住小英，耐心地安抚，并呼唤她的名字，而小英却又一次什么也听不到了。过了一会儿，小英终于缓缓地平静下来，渐渐地她又能听到台上传过来的声音了。）

犯人甲　就是因为我总变着法地欺负同学，而那些受了欺负的人又不敢反抗，我的胆子就越来越大了。记得有一次放学，我和几个哥们儿看见一个低年级的女同学穿着漂亮的裙子还哼着歌从我们身边走过，我就看她不顺眼了，从地上抓了把土往她身上扔。可能是因为我们几个平时欺负人欺负惯了吧，她裙子脏了也不敢把我们怎么地，只是哭个不停。当时我就特别有成就感，便又和那几个哥们故意用身体撞她，她躲来躲去可最后还是被我们几个给推进了路边的小河。看着她在水里扑腾，裙子也都弄脏了，我们就开心得不得了。直到听见她喊"救命"，担心有人发现我们才跑了。后来才知道她因为耳朵里灌进了水，听力受到了影响。但后来她就转学了，这件事也就根本没往心里去。

小英　哇！（又一次抑制不住地哭出了声）

犯人甲　（猛地清醒了似的，冲着台下的小英深深地鞠了一躬，头重重地撞在桌面上，愧疚地大喊）我对不起你！（用双手狠命地扇自己的耳光，被张正和另一名管教严厉地制止。）

（台下的学生也惊得目瞪口呆，特别是冬生和学生甲、乙、丙等人，头都不由自主地低了下去。）

犯人甲　后来因为手头缺钱，知道一个同学家里有钱，就学电影上的情节把他骗到城外一个我们几个人常去的破窑场给绑了，让他写信跟家里要钱。他不写，我们就用砖头打他。看他死活不写，我们就找了张纸写了，还用他头上的血按了他的手印，趁着天黑塞进了他家的门缝里。（台下鸦雀无声）再后来，听说那个同学因为失血过多成了植物人，我们也一个个被警察给抓了。因为我不满15岁，法院判我收容教养，家里承担赔偿责任。我爸跑运输的大货车也给卖了，还欠了一屁股债。我对不起我爸妈！我对不起同学啊！（哽咽起来，不停地把头撞向桌面）

（管教人员急忙上前把他带了下去，而台下的冬生等人此时已经呆若木鸡。）

第九幕　同学聚会

场景

20年后，某小学原六年级教室

（小学毕业20年同学聚会上，大家亲热地互问彼此近况。已经退休的岳老师也被请来了，大家热情地向老师致敬。）

小英　岳老师！您好！您还认得我是谁吗？（眨眼睛）

岳老师　（扶了一下镜框，仔细辨认，又看向周围的同学）你是小明，我认出来了，还是小时候那种沉敛的性格；这个快人快语的是小丽，听说现在当律师了，比小时候漂亮了，但是那股子泼辣的劲还在。（又看着小英）可是，我还真没认出你是哪一个？谁能告诉老师她是谁呢？原谅老师老眼昏花了呀！

小丽　她呀！就是当年那个回答问题声若蚊呐，作文写得特别优秀的小英啊！岳老师，你快好好看看！

小英　岳老师！我就是那个被您一直鼓励、有些耳障的小英。

岳老师　哦，噢，看出来点当年的样子了，身材还是那么苗条，但是整个人的精神与当年完全不一样了。看来是真的长大了，听说你大学毕业去了外省，你现在从事什么工作啊？

小英　我现在在机关工作，业余时间自学了一些心理学的专业知识，现在还是一名心理咨询师。同时，我也加入了"白丝带"反暴力运动，是一名志愿者。周末和晚上会与一些志同道合的朋友在学校、社区和公园做一些公益活动，为受欺凌的孩子、受家暴困扰的家庭做一些心理辅导方面的工作。

岳老师　（深情地拥抱小英）好孩子！真的长大了！

　　（小英自信的神态也赢得了一众小学同学的赞赏，大家纷纷向她竖起了大拇指。）

　　小明　老师，您还记得冬生吗？

　　岳老师　那个臭小子啊！当然记得了。他今天没有来吗？他现在日子过得怎么样？除了小英，我就惦记着他。（在人群中扫视着）

　　学生甲　老师不用找啦，他现在是远洋舰队的海员，这次没能赶回来，现在还在太平洋上漂着呢！

　　众学生　要不是您老对我们的谆谆教导、循循善诱，恐怕我们有人还在大牢里蹲着呢！

　　岳老师　（满眼泪花）都发展得这么好！好事啊！做老师的看到你们个个都成材了，心里高兴啊！（若有所思）

　　（场景拉向过去，20年前，小学校的操场上。）

　　冬生　小英！我不知道你曾经的遭遇，我错了！向你郑重道歉！其实我之前也被高年级同学欺负，看到你天天不说话只是学习，以为你清高，从外校转来看不起我们，所以我才看你不顺眼，才欺负你的。以后我们和解了，好吗？

　　小明　对啊！小英，你那么努力，学习成绩一定会赶上来的，我们一起努力好不好？

　　小英　真的吗？你们说的都是真的吗？（满眼泪花）

　　小丽　不用担心学习成绩，还有我呢，咱们结伴一起学习吧，我就不信我们考不出好成绩。

　　（远处，岳老师露出了欣慰的微笑。）

六　剧后感言

　　• 作为教师，一言一行至关重要，关系到学生的一生；在校园欺凌事件中，教师的态度对事件的发展起着关键作用。

　　• 原来以为起个外号、打打闹闹并不是什么大事，没想到会给他人和自己带来这么大的危害。

　　• 通过参演，对欺凌有了更深的认识和理解，从我做起：对一切暴力说 NO。

• 人生是个大舞台，扮演好自己的角色，对孩子、家庭、社会尽到应尽的职责。

• 以前只关注孩子的成绩，现在发现身心健康比什么都重要。有时候成绩退步背后可能有影响孩子一生的痛，作为家长不能只盯着成绩看，要多与孩子交流。

执笔：宁凌昀

宿舍里的噩梦

一 设计目的

通过话剧描述真实的事件，展示校园欺凌的不同表现形式。使参演者和观众认识到校园欺凌事件的危害以及各角色在事件中发挥的作用，掌握校园欺凌的有效应对方式，树立反对校园欺凌、对暴力"零容忍"的意识。

二 剧情简介

本剧是根据真实事件改编而成的：寄宿制小学学生小白、小航长期遭受同班小赖等同学欺凌，后因没有按小赖要求做事，而在宿舍遭遇被开水烫屁股，造成重伤。事发后，小白和小航因害怕被报复，不敢告诉老师和家长，直至疼痛无法忍受。

三 角色说明

小白：三年级学生，内向，不爱说话，第一个被开水烫的孩子。

小航：三年级学生，第二个被开水烫的孩子。

小赖：三年级学生，开水烫屁股事件的带头者。

小高：三年级学生，开水烫屁股事件的跟随者。

小赵：三年级学生，开水烫屁股事件的跟随者。

小吴：三年级学生，开水烫屁股事件的跟随者。

小李：三年级学生，开水烫屁股事件的跟随者。

小舒：六年级学生，开水烫屁股事件的跟随者。

小 A：三年级学生，听到小赖等人的计划，犹豫要不要告诉班主任，最后因害怕惹上事，选择保持沉默。

小 B：三年级学生，听到小赖等人的计划，胆小怕事。

小 C：三年级学生，内向、不爱说话。

小航外婆：六十多岁，农民。

班主任：寄宿小学学校班主任。

小白母亲：离异，跟着同乡在珠海打工。

小航父亲：农民。

小赖父亲：出租车司机，平时特别溺爱儿子。

四　排练要求

在排演过程中，同一学生可体验不同角色，通过表演体验校园欺凌中的施暴者、受害者、旁观者，感受不同角色的心理状态。由于剧情比较简单，所以演员要在熟悉剧情内容及台词基础上，尽可能多地理解并投入感情，进入角色。

五　话剧内容

第一幕：食堂风波

场景

哗哗哗的流水声，食堂里的水池旁。午饭后三年级学生小白正在洗自己的口缸。小赖走过来。

小赖　（命令式语气）小白，给我洗口缸！

（小白侧过头看了看小赖，脸上写满不情愿，但没有说一句话。洗完自己的口缸后，低着头躲开小赖，走向门口。）

小赖　（很气愤）妈的，不洗是吧？看我不收拾你！

（小白回头看了一下小赖，心里不由得咯噔了一下，一言不发地离开了……）

第二幕：厕所密谋

场景

男厕所

小赖　我要收拾小白，你们帮我出个主意。

小吴　怎么了？

小赖　这小子竟然敢不听话，不给我洗口缸。

小赵　放学后我们六个人一起收拾他……

小舒　拿开水烫他，看他还不听话！

小赖　好，就这样办！

（六位同伙离开厕所后）

小A　我们要不要告诉老师？

小B　万一他们知道了是我们告诉老师的，对付我们怎么办？

小A　好吧，咱们不管了。

第三幕：宿舍行凶

场景

405 宿舍

（下午放学不久，小赖和同班同学小高、小赵、小吴、小李以及六年级学生小舒凑到一起。看到小白离开教室，六个人急忙尾随小白进入宿舍楼，宿舍楼里基本没人，其中三个把小白架着胳膊拽进了 405 宿舍，小C 正在宿舍休息。）

小舒　小C，出去！

小C　你们要干啥？我肚子不舒服，要休息。

小舒　一会儿再回来，现在我们要修理这小子，赶快出去！

（小C 默默地出去了。宿舍里只有他们几个人，小舒拴住门，站在门口把风。）

小白　（惊慌状）你们干什么？

小赖　收拾你！

小高　（命令状）蹲下，给爷们儿蹲马步！

小白　（挣扎着以沉默应对。）

小赵　还不听话是吧？！揍扁他！（几个人拳打脚踢）

众人　叫你硬！看是你骨头硬还是大爷我的拳头硬？看你硬到什么时候？

小白　（开始哭骂，还手）王八蛋们！你们全是王八蛋！

小赖　哟嗬！还骂人，还敢还手是吧？！拿开水来，给爷摁住，浇开水！

（六个人把小白摁到床上，一个人用被子捂住头，一个人固定手，一个人固定脚，一个人脱下裤子，一个人拿过暖瓶，揭开瓶塞，冲着小白的裆部浇开水。几个人死死地按着，看着小白的阴囊、大腿部皮肤发红，迅速起了很多水泡，许多水泡被磨破了，渗出血……）

小白　不要！不要！（拼命挣扎，哭着喊着叫着，但因为头被捂着几乎听不到声音。）

（过了很长时间，小白嗓子喊哑了，力气几乎被耗完了，几个人才松开他。）

小赖　（一边用手拍着小白的脸一边恶狠狠地说）臭小子，警告你，今天的事不许和任何人说，不然我们灭了你！如果老师和同学们问你就说是自己不小心烫伤的！

（小白只是抽噎着，忍痛自己把裤子提起，抹着眼泪挪步离开405宿舍。）

第四幕：变本加厉

场景

第二天，405宿舍

小赖　哈哈，小白那臭小子还真是胆小鬼，跟谁也没说咱们欺负他的事！

小舒　以后看谁不顺眼，我们就用开水浇他！

小赖　我老早就看小航不顺眼了，我们现在就练他！

众人　好！

（六个人找来小航，如法炮制，还是分头行动，直接把小航按到床上，捂住头、固定手脚、脱掉裤子。这次浇的热水更多，小航觉得就像到了地狱，叫天天不应，叫地地不灵，疼痛得几乎要晕过去……终于，酷刑结束了，小航汗水泪水也快流完了，连说话的力气也没有了，几个人才松开他。）

  小赖 （恶狠狠地说）不许说出去，否则要你好看！

  （小航不敢吱声，委屈地默默忍痛地提起裤子，一瘸一拐地挪着出去了。）

第五幕 揭开真相
场景
周五，小航在教室

  （几乎所有家长都接到了孩子，唯有小航外婆迟迟不见小航。）

  小航外婆 （边自言自语边来到小航班级推门）这孩子怎么回事，还不出来！？小航，小航……

  小航 （见到外婆，眼泪掉下来）外婆，我自己不小心被开水烫伤了，走不了路了，好痛！你带我去挂水吧！

  小航外婆 （惊慌状）怎么那么不小心？！外婆看看，……你怎么脸色这么差？你吃饭了没有？

  小航 我已经两天没有吃饭啦……呜呜……

  （外婆带小航去附近的卫生所看病，医生说伤口已经感染，病情严重，必须到县医院就诊。辗转到了县医院后，医生说还要再转院。外婆赶紧给远在珠海打工的小航妈妈打电话。）

第六幕 班会课
场景
小白、小航在教室，两人康复回校的第一天

  班主任 各位家长、各位老师、各位同学，前一段时间我们班发生了一起非常恶劣的事件。小赖等同学用开水浇小白和小航，给两位同学的身心造成了严重伤害。事发后，学校及时报警，公安机关依法对他们进行了训诫，责令监护人对其严加管教，履行监护人的监护义务并支付医疗费用。学校管理层一再开会讨论，最终决定给予小赖留校察看处分，给予小高、小赵、小吴、小李以及小舒记过处分。

小赖父亲 老师、同学及各位家长，对于小赖的不良行为，我在此给大家致以诚挚的歉意。但是，我也非常希望大家能原谅小赖，他毕竟是个孩子，三年级的小娃娃们能有多大仇恨，不过是闹着玩儿的。

班主任 小赖父亲，之前我们都进入了一个误区，觉得孩子之间都是闹着玩的，所以对此类事件不够重视。这次要不是热水放了一段时间，温度有所降低，才没造成生命危险，否则，这件事情将成为我们在座所有人的痛。

小白母亲 是呀，老师！小白害怕小赖他们还要报复，根本不敢跟老师和我们说，要不是疼得不行了，我们可能到现在都发现不了，看到孩子屁股烫成那个样子您不知道我有多心疼啊！（哽咽）

小航父亲 是的，孩子们不仅仅是身体受到伤害，心理创伤的修复需要更长时间。到现在小航还是几乎每天晚上会做噩梦……

小 A 老师，其实最早的时候我和小 B 听到了小赖他们说要收拾小白，当时害怕他们报复，没敢告诉老师。我们现在特别后悔，如果当时及时告诉老师，小白就不会受伤了。

小 C 老师，我也看见小赖他们架着小白进了宿舍，让我出去，他们人多，我没敢反抗也没敢告诉别人。以后，我一定要勇敢，不能这样看着同学受伤害。

班主任 同学们，从今天开始，希望大家都努力和他人友好相处，不随便欺负他人；但如果有人欺负我们或者看到别人被欺负，一定不要忍气吞声，要第一时间报告老师和家长。不能让校园欺凌事件再次发生在我们的校园里。

众同学 好！

六 剧后感言

- 一旦我们成为欺凌的受害者，一定不要忍气吞声，一定要勇敢地站出来，第一时间告诉老师和家人；受害者要和施暴者斗智斗勇，避免受到更大的伤害。
- 如果你是校园欺凌的旁观者，绝对不要袖手旁观，而是要为受害者提供力所能及的支持与帮助，及时通知身边的同学、老师以及其他可以提供帮助的成年人来积极应对。
- 如果有时老师或家人没有意识到问题的严重性，忽略了你的告知，一定不要放弃，要反复提醒他们注意，直到找到可以提供帮助的成年人为止。

•同学们要多交朋友，倡导所有校园欺凌的受害者和旁观者团结起来，组成"反校园欺凌者英雄联盟"，并且可以相互交流心得；告诉所有的欺凌行为的实施者们，你们欺凌弱小的行为并不"酷"；相反，你们的行为很"low"，只有懂得尊重别人、与别人友好相处的强者才最"酷"。

•作为老师，要经常关注学生的动态，多和学生谈心、了解近况，不能只关注学业成绩，还应关注学生的生活和人际关系。

•作为家长，要多与孩子交流，关注孩子的近况，发现反常现象及时多询问或与班主任老师联系。

执笔：赵钧

蝴蝶效应

一 设计目的

通过呈现同一场景中不同人的应对方式及由此而产生的结果，对比相同情景下不同处理方式的结果，了解校园欺凌事件的发展过程，帮助学生学习和掌握校园欺凌的正确应对方式，激励学生尝试从不同角度解决问题。

二 剧情简介

本剧改编自安徽省怀远县火星小学发生的真实事件。[①] 故事讲述了城郊火星小学六年级唯一一个班的副班长小赐凭借着自己可以检查作业和课文背诵的权利，从跟同学要零食到要钱最后发展到让同学吃屎喝尿的故事。同样的情景一遍遍地发生，小赐的"权力王国"越来越岌岌可危。

三 角色说明

小赐：火星小学六年级（1）班副班长，有帮老师检查作业和课文背诵的权力，特别讨老师喜欢。

小东：火星小学六年级（1）班班长，学习成绩好，但比较内向，不爱说话。

---

① 苟明：《安徽小学生被逼喝尿事件调查 六个孩子的"王"》，2015年5月，华西都市报（http://wccdaily.scol.com.cn/shtml/hxdsb/20150521/287181.shtml）。

小运：火星小学六年级（1）班学生，活泼外向。

小然：火星小学六年级（1）班学生，学习努力，但成绩不佳，父母特别严厉。

小江：火星小学六年级（1）班学生，学习不好，长得胖，常被老师批评。

小岩：火星小学六年级（1）班学生，父母都有正式工作，家庭条件较好。

小邢：火星小学六年级（1）班学生，上学最晚，已经17岁了。

小静：原火星小学六年级（1）班学生，班里唯一的女生，文静，后转学。

顾老师：火星小学六年级（1）班班主任，工作懒散，却觉得自己不该这么平凡地教着六七个小学生，每天得过且过。

李老师：火星小学老师。

王校长：火星小学校长。

小岩妈妈：县小企业会计。

小岩爸爸：县政府公务员。

小静妈妈：小超市老板，开朗外向，平时大大咧咧。

小静奶奶：农民。

小东爸爸：出租车司机。

小然爸爸：农民，对儿子期望较高。

其他家长：火星小学六年级学生家长，多为本地居民。

四　排练要求

该剧展现的是同一情景中某一环节发生微小改变后，结局巨大的转变。在排练过程中，演员要反复体会每一幕的变化，以及这一变化对结局的影响，在表演的过程中尽量凸显每一幕的变化。如果条件允许，教师还可和学生探讨在整个故事中，还有哪些环节经过什么样的改变可以影响结局，可尝试着拓展话剧内容。

五　话剧内容

第一幕　丢失的钱包

场景

小岩家，小岩妈妈和小岩爸爸面色沉重地坐在沙发上，盯着墙上的时钟。

（时钟指向七点，小岩拎着书包和轮滑鞋推门进来。）

小岩妈妈　钱包呢？

小岩　（瑟瑟发抖）我……我不知道……（低头）

小岩妈妈　那你衣服口袋里的五十块钱是哪来的？

小岩　我……（突然想起早上换衣服时忘了掏口袋。）

小岩爸爸　你说说，你这是第几次了？你拿那些钱干吗了？你不是讲过你再拿钱就自己断一只手吗？这次怎么办？

小岩　（低着头，不敢看爸爸妈妈的眼睛，双手手指头相互搓捏着，翕动着嘴唇，却没能发出声来。）

小岩妈妈　（痛哭）这孩子没救了啊，呜呜呜……从前年开始，你就偷偷拿家里的钱，上个月你拿了一千，你用这些钱干吗了啊？生活上爸爸妈妈什么时候亏过你，你想要什么只要你告诉我们，合理范围内的，我们什么时候没满足过你？你倒好，还偷到邻居家去了，隔壁王阿姨平时对你多好啊，有什么好吃的都给你留着，你……你这是要气死我们啊！

小岩　妈妈（大哭），爸爸妈妈我错了……我以后再也不敢了，再也不敢了……

小岩妈妈　你少拿这些话来糊弄我，就这几年，这话你说过多少遍，有用吗？你今天要不给我一个说法，以后就别叫我妈妈，我也没有你这个儿子，你愿意上哪儿就上哪儿去，我就当没养你！（痛哭）

小岩　（缩成一团，佝偻着背搓着手指。目光锁定在手上，不敢移动，偶尔瞟瞟父母，又迅速低下眼皮。）

小岩爸爸　（安抚小岩妈妈，五分钟后）小岩，你是不是有什么难言之隐？你告诉爸爸，只要你说出来，以后不再犯，你还是爸爸妈妈的好儿子。

小岩　（浑身颤抖）爸爸，我不能讲啊！我讲了就不能活了啊。

小岩爸爸　（惊讶）你跟爸爸讲讲，你讲了与不能活有什么关系呢？

小岩　这钱是给副班长小赐保管的，我如果说了，他就不要我活了。

小岩爸爸　你拿王阿姨的钱到哪里去了？

小岩　我星期一要背书，如果不准备两百块钱，我书就背不过。

小岩妈妈 （震惊）那这几年你偷的钱，都干什么去了？

小岩 都给了小赐，如果不给，我作业和背书就不过，就要喝尿、吃屎，还要挨打……

小岩爸爸 屎尿怎么能吃得下？太荒唐了，不可能吧？谁让你吃屎喝尿啊？

小岩 小赐。不喝就要挨打，背书写作业就不能通过检查。

小岩妈妈 你们这么大的人了，他让你们喝就喝？

小岩爸爸 你说你吃屎了、喝尿了，可有人看见？

小岩 全班六个人，除了小赐都喝过。

小岩爸爸 你净胡扯，你们一般大的孩子，你们怎么会怕他？再说小东不是你们班长吗？也被小赐欺负？

小岩 小东虽然成绩好，但是比较内向，也不爱说话，顾老师也不喜欢他，所以班里都是小赐说了算。

小岩妈妈 除了小然，你们班谁都比小赐高大，你们怎么可能都怕他？

小岩 小赐有检查作业和监督背书的权力，老师基本不检查我们的作业，也不听我们背书，只听小赐汇报的结果。所以小赐说不过，我们就过不了，过不了老师就会让蹲马步，让其他同学用扫帚打背、打屁股，狠狠地打。

小岩爸爸 我问问小东爸爸（拿起电话，拨通小东爸爸的电话，一阵交流，面部表情凝重。）

小东爸爸说，小东也有拿家里钱的情况，打过也骂过，可……哎，他去问小东了。（一家人陷入沉默，电话响了，小岩爸爸再次拿起电话，说了十多分钟。）确认了，小岩说的是真的，我们商量明天把几个孩子的家长叫到一起，到学校问问去。

小岩妈妈 孩子啊！你怎么不早点跟爸爸妈妈说啊？（一把拉过小岩，抱在怀里。）

场景

第二天早上，火星小学校长办公室。除了小赐家长，剩下六个孩子以及孩子们的家长都到了，家长们都很气愤，小岩爸爸首先跟校长描述了情况。

王校长 （惊讶）怎么可能有这种事情？

小东爸爸 王校长，我们一开始也不相信，但几个孩子在分开的情况下，说法几乎一致。如果不是真实发生，怎么可能会说出一样的话呢？

小然爸爸 之前发生过一件事，当时也怪我大意。有一次小然回家后，我就按老师布置的督促他写字，写了整整两个本子，我也检查了。可次日，就接到顾老师的电话说我家小然作业又没有写！200个字，就有180个字写错！我不信，说自己亲自督促儿子做了作业，都检查过了，不可能。于是顾老师就让我去学校看，我还蛮有自信地跑到学校，让儿子把作业本拿出来，但儿子却拿不出来。我让他好好找找，可他把书包翻遍了，也没有。我被顾老师狠狠地批评了一顿，觉得一头雾水。直到昨天，我才知道，原来是因为小然没拿到足够的钱给小赐，小赐在检查他作业的时候，直接撕了扔了。（气愤地握拳）

小岩爸爸 （摸小岩的头）小岩说他每天醒来第一件事，就是焦虑到哪里去找钱。所有的心思，都放在给小赐筹钱上！这些年，因为他偷钱，我和他妈妈不知道毒打了他多少次，可是即使我们这样打，他们也不敢讲出在学校所遭受的屈辱。唉！（一拳捶在桌子上）

顾老师 （冲进门）王校长……各位家长，小东……你们？发生什么事了？（疑惑）

王校长 顾老师，你们班的情况，你了解吗？

顾老师 我们班？

王校长 家长和这些孩子们反映，你们班小赐仗着自己是副班长，有检查作业和监督背书的权力，在班里为所欲为，让这些孩子吃屎喝尿，还向他们索要钱财。

顾老师 哎呀，我当什么事呢！之前听一个学生给我提过一次，这么大的孩子，怎么可能那么有心机嘛，都是小孩子，闹着玩的，别当一回事！谁家娃娃平时没有打打闹闹的呢！（哈哈笑）

众家长 小事！什么混蛋老师！（有人上去揪着顾老师要打，被王校长和其他家长拦住了）

小岩爸爸 大家冷静一下，今早来之前，我已经打电话向县教育局和市教育局反映了这一情况，对方说会尽快派人来调查。如果情况属实，一定会对相关人员进行严肃处理，我估计马上就会有结果，我们先回去，不要在这里废话了。

（众家长听后，愤愤地看了一眼顾老师和王校长，陆续叹气离开了。）

（一周后，县教育局很快认定了部分事实，并做出处理：撤销班主任顾老师的教师资格，调离火星小学；撤销王校长职务，调离火星小学；小赐被送往工读学校进行矫治和接受教育，并被要求返还向同学勒索的所有财物并补偿经济损失。）

小赐　（指着班里其他六个同学）你们狠，看我不弄死你们！

小运　你要找人打我们吗？

小赐　你们给我等着！

小岩　我们再也不怕你了，有本事你来打，我们等着！

小赐　（拎起书包走出教室）

小东　你们说我们是不是傻，为什么不早点告诉家长发生的事？可能我们就不用偷家里钱，也不会挨那么多打了。

小岩　我们应该第一次被欺负时就站出来保护自己，真不知道那时候有什么好怕的！第一次……（小岩陷入沉思）

第二幕　匿名信

场景

一年前，火星小学五年级教室。

小赐　（拿着一个冰红茶瓶子，正往里撒尿）小东、小运，过来！

小东　（回头看了一眼，没回答也没过去。）

小赐　（气愤地）叫你们呢，过来！

（小东、小运默默走过去。）

小赐　给，拿着！（把冰红茶瓶子塞到小运手里）往里撒尿！

小东　我不！（扭头就走）

小赐 嘿,皮痒痒了是吧?想挨打?你今天课文还没背吧?

小东 (走回去,接过瓶子)你想干吗?

小赐 叫你尿,你就尿,哪那么多废话!小运,你也往里尿。

(小东和小运往瓶子里撒尿。很快,一瓶子尿满了)

小赐 你们都过来!

(小然、小邢、小江、小岩陆续走过去)

小赐 (把瓶子递给小岩)来,一人一大口,把这个喝了!

小运 小赐,你别欺人太甚!

小赐 胆肥了你,你今天作业想不想过?都快喝,谁不喝,今天的背诵和作业就别想过!另外,明天每人带200块钱来。

小岩 小赐,你太过分了!走,我们去找老师!(拿着瓶子往外走,其他几个同学陆续跟了出去,小赐见状不妙,也赶紧跟了出去。)

场景

顾老师办公室

(门口传来一阵吵声,紧跟着听到一声"报告"。)

顾老师 进来!

小岩 (七个孩子走进顾老师办公室)老师,小赐拿检查作业和背书不过威胁我们,让我们喝尿!(把冰红茶瓶子递到顾老师跟前)

小赐 老师,你别听他胡说,我跟他们闹着玩呢!

顾老师 这什么呀?!拿开拿开!(推开递到眼前的瓶子)小赐,你作为副班长,怎么能带头胡闹呢?行了行了,我知道了,出去吧!

小岩 顾老师……顾老师!(话还没说完,七个孩子就被顾老师推出了办公室)

顾老师 (对着同事)这些孩子,一天吵吵闹闹的烦死了。你说咱们这个教学点现在人这么少,回头会不会也被撤销或者跟其他点合并啊?

李老师 小学生就这样,吵得很,一点点小事就来告状!都有可能啊,到时候咱们怎么分配还不知道呢!

顾老师 （趴在办公桌上陷入沉思）

场景
第二天早上，校长办公室

王校长 （一推办公室的门，发现地上有一个信封。打开信封，是五年级学生的投诉信，信中讲述了副班长小赐在班里凭借着有检查作业和监督背书的权力，向同学们勒索钱财，昨天竟然还让班里同学喝尿。去找班主任，班主任却不管）竟然有这样的事！（拿起电话）顾老师，你来我办公室一趟！

（传来敲门声）

王校长 进来！

顾老师 （推门进去）校长，您找我？

王校长 顾老师，这是你们班学生写的匿名信，估计是昨天放学后从门缝塞进来的。你看看。

顾老师 （拿起信读了一遍）校长，我们班……

王校长 你先别解释，这会还没上课，我们一起去看看？（走向五年级教室，顾老师跟着过去）

场景
火星小学五年级教室，王校长和顾老师站在教室门口暗中观察着七个学生。

小赐 小岩，钱带了吗？

小岩 没有……我……

小赐 （一个巴掌扇在小岩脸上）你活腻了是吧？你的作业呢？

小岩 （拿出作业本）给。

小赐 （打开把其中几页撕下来，揉了揉，扔进了垃圾桶）这下我看你怎么跟顾老师交代，你就等着挨打吧！还告我的状，你觉得顾老师会理你吗？哼！小运，你的钱带了吗？

小运 嗯。（从口袋里掏出200块钱）

小赐 小东，收起来记下……

王校长 （瞪着顾老师）这就是你选的班长？（转身走了）

顾老师 （冲进教室）小赐！你在干什么？

小赐 （猛地站起来）顾老师，您怎么……来了？

顾老师 我不来还得了？你这孩子看着不大，怎么这么……唉！（冲出教室，去追校长，留小赐愣在原地）

场景
校长办公室

顾老师 校长，我刚严厉批评了小赐，他以后再也不敢了。我回去就把他的副班长撤了，这事赖我，是我对学生了解不够。

王校长 你去把你们班学生叫过来，这个班主任我看你也不用当了。我回头就让办公室给局里打报告，你自行调离吧！

顾老师 校长，我……

王校长 别解释了，去叫吧！

（十分钟后，五年级的学生都来到校长办公室。校长办公室站着一位陌生的老师。）

王校长 小赐，你年纪不大，怎么能生出这样的心思呢？

小赐 （低着头）以前同学们为了让自己检查作业能通过，就会给我点零食。三年级的时候，我喜欢上了打游戏，但是打游戏要买装备，去网吧也要花钱啊，我就想，以通过作业检查和背课文为条件跟他们要。然后他们就几块、十块、十几块的把零花钱都给我了，再后来，我需要的钱更多了，我就例行跟他们要，他们也都给……所以，我就胆子越来越大……

王校长 同学们，你们怎么能任由小赐这么欺负你们呢？你们的钱都是哪儿来的啊？

小岩 校长，我们都是把自己的零花钱给他，后来是饭钱省出来的，再后来他要的多了，我们就开始从家里偷偷拿。我们也想过反抗，但如果搞不倒小赐，那以后的日子更加暗无天日了！

小东 我们之前跟顾老师说过几次，可顾老师不相信我们，还是让小赐检查作业和背书。要不是昨天他逼着我们喝尿，我们……（哭泣）

王校长 同学们，你们的情况我都知道了。这是我的失职，顾老师呢，有她个人的一些事情，所以以后啊，就让王老师给你们当班主任，以后遇到什么问题自己解决不了，还是可以通过各种方式告诉我，我一定给你们做主！（看向旁边的老师）王老师，你带学生们回去吧，好好安抚一下。

（众人离开，留顾老师站在原地。）

场景
火星小学四年级教室

王老师 同学们，大家好！我是大家的新班主任，当然，大家可以叫我王老师。以后，大家再也不用担心作业检查和背诵了，鉴于之前的表现，小赐的副班长职务暂时撤除，所有同学的作业和背诵都由我亲自检查。只要你努力学习，认真完成，作业和背诵就不会过不去。

众同学（小赐低着头，其他人都特别兴奋）好！

王老师 同学们，虽然咱们班只有七个人，但是，大家一定要互相尊重、互相爱护。当然，如果有同学被欺负了，也一定要勇敢地反抗，不要畏首畏尾，家长、老师还有学校都是你们的有力后盾。我听王校长说，三年级的时候，小赐就开始跟你们要钱了，你们那会儿就应该想办法去解决。大家一定要记住，如果不在第一时间反抗，一味地忍让，只会让事情越来越严重。

小东 老师，我们班那会还有同学因为实在受不了小赐的欺负，转学了，唉，要是当时……（小东陷入沉思）

第三幕 转学的秘密

场景
三年前，火星小学，三年级教室

小赐 小静，下午带五十块钱来，听到没？

小静　（看一眼小赐，低头，没说话）

　　小赐　跟你说话呢，你聋啊！

　　小静　我真的没有钱了……

　　小赐　你们家开小超市，你妈妈老让你收钱，你还能没有钱，你骗鬼呢？（狠狠揪了下小静的辫子）要想明天不挨打，你最好乖一点！

场景

中午，小静家超市

　　小静　（看着父母不在，偷偷溜到柜台里面，伸手从放钱的盒子里拿了一张五十元出来，正要装进口袋）

　　小静妈妈　小静！（冲过来给了小静一巴掌）你还是老毛病不改是吧？

　　小静　妈妈……（低头）

　　小静妈妈　你怎么回事啊（又给了小静一个耳光）不长记性是吧？改不了是吗？我让你改不了。（一个又一个耳光向小静扇去）

　　小静奶奶　别打了，你这是干吗呀？不就是点钱吗？你就是把她打死有什么用啊？（把小静拉到自己身后）

　　小静妈妈　妈！你就老护着她，她就是不长记性！

　　小静奶奶　小静啊，你跟奶奶说，你老拿钱干吗了？

　　小静　（抽泣着，低头不说话）

　　小静妈妈　你看就这个死样子！（伸手过去又要打，小静急忙往奶奶身后躲）

　　小静奶奶　你住手！（推开小静妈妈，转向小静）小静啊，今天你必须得给奶奶和妈妈说，你到底用钱干什么了，要不奶奶也帮不了你了。

　　小静　妈妈，奶奶，我不能告诉你们，我会被打死的！（痛哭）学校的老师教得不好，你们给我换个学校行吗？我保证以后再也不偷钱了，求求你们了！

　　小静妈妈　（诧异）到底怎么回事？

　　小静　妈我不能说，我不能！（大哭）

小静妈妈　你不说，我就去学校找你们老师去！（转身要走）

小静　（拉住妈妈）妈妈，你别去！你别去！

小静妈妈　那你告诉我，到底怎么回事？

小静　小赐跟我要钱，不给的话我作业和背诵就过不了，就要挨打。我每天都要给他钱，我的零花钱达不到他的要求，所以我只能……（大哭）

小静妈妈　什么？怎么会有这种事？走，你别哭了，你跟我去学校！（拉着小静）

场景
顾老师办公室

小静妈妈　顾老师，我们家小静说你们班上的小赐天天跟她要钱，不给就要挨打。这是怎么回事啊？

顾老师　啊？

小静妈妈　我算了算，她前前后后拿的钱至少有七八千了。我那么打都改不了她这毛病，我也纳闷，你说这么大点一个孩子，拿那些钱，我也没见她给自己买什么东西啊，而且每天放学就回家，也没见过她去网吧什么的，那些钱上哪去了呢？今天又跟我说想转学……

顾老师　什么？有那么多？（惊讶）

小静妈妈　对呀！

顾老师　您稍等。我去叫他们来问问。（五分钟后，小东和小赐跟着顾老师进了办公室）小赐，之前就有同学说你跟他们要钱，今天小静的妈妈过来说你跟小静前前后后要了有七八千，这事是真的吗？

小赐　老师，我没拿过她的钱。

顾老师　小东，你说，有没有这件事？

小东　老师，小赐的确经常跟小静要钱，我们也被要过，但没小静那么多。

小赐　（瞪着小东）

顾老师　小赐，到底要没要？

小赐　老师，我……

顾老师 你怎么能这样对同学呢？我觉得你学习好，平时帮我检查检查作业、监督大家背书，你就是这么检查的吗？小东，这事是从什么时候开始的？

小东 之前大家想更容易通过检查，就会给小赐买点吃的或者给几块钱零钱啥的。这学期开始，他就问我们要了，不给就通不过检查，上课就会挨打。所以我们都害怕，不敢不给。结果他越要越多，我们的零花钱不够了，就只能从家里拿……

顾老师 这毛病都是被你们自己惯出来的！小小年纪，就学着贿赂！

小东 当时大家都给……

第四幕　副班长的权力

场景

四年前，火星小学，二年级教室

小然 （拿着一包薯片）小赐，这个送给你！

小赐 啊，谢谢啊！（笑）对了，你的作业呢？

小然 （拿出作业本）我昨天贪玩，还差一道题没写完……你能不能不告诉老师啊？

小赐 （想了想，看了一眼桌子上的薯片）行，就算你过了吧！

小东 没过就是没过，过了就是过了，你怎么能因为送你吃的你就让过呢，那以后不送是不就过不去了？！我要去告老师！

小运 就是啊，小然，我要告你"行贿"！（大笑）

小赐 （拉住小东）别别别！小然，你把薯片拿回去，今天好好写作业，明天别再写不完了。

小然 （拿起薯片，低头走了）完了完了……

六　剧后感言

- 任何环节的改变都可以改变校园欺凌的结果。
- 作为家长，应该多关心孩子，犯了错要问清楚原因，看看背后有没有什么隐情，不能一味打骂。

- 欺凌者一开始只是简单的试探，是我们的一味容忍让欺凌事件愈演愈烈，我们一定要在一开始就制止欺凌事件的发生。
- 作为老师，要多关心学生，多了解班里的情况，不能忽视学生间的打闹，更不能觉得小孩子都是闹着玩，欺凌事件往往就是从打闹演变来的。
- 当你遇到无法解决的问题时，要积极求助，老师、家长、学校都是可以求助的对象，不能因为被一方拒绝就放弃求助。

执笔：罗扬

第四部分　电影教学

《所罗门的伪证》

片名：所罗门的伪证
出品：日本
上映：2015年
片长：260分钟（上下集）
教学适合对象：中学生、教师、家长

一　剧情简介

离开学校二十多年的藤野凉子回到母校，成为一名教师。她与校长交谈，回忆起当年自己14岁时，发生在学校里的一件事。那件事，一直成为这所学校的一个传说，代代相传。

1990年12月25日，圣诞节的早晨，初二A班班长凉子来到学校，意外发现了雪地里柏木卓也同学的尸体。

警方调查，柏木是自杀的。但是，同班一位女生树理却匿名举报同班同学大出俊次等三人杀害了柏木。

校长和警方都认为这是诬告，没有展开调查。

树理将举报信寄给媒体，媒体随后展开了调查。班主任被指责失职，便辞职了。

凉子内心有一段痛苦的记忆：树理和松子是好朋友。一次，大出等人欺凌树理时，松子挺身而出，但同样被欺凌暴打。树理和松子呼救，当时凉子正好看到，但她因为害怕便没有出手相助。而这被柏木看到了，柏木谴责她是说一套做一套的伪君子。凉子被柏木鄙视，曾动过自杀的念头。

事件调查中，疑雾重重。树理其实并没有像她寄出的告状信上所说，目睹了大出杀害柏木，她只是想以此惩罚大出，让他无法再欺凌自己。松子知道真相后，哭着跑去劝树理承认真相，被树理拒绝。松子哭着跑回家时，不幸被汽车撞死。

校长为了保护学生，提出中止调查，否则还会有更多欺凌行为发生。但是家长不满意，学生们也议论纷纷。凉子再也无法忍受，决定在校内组织学生法庭，调查真相。

调查结果出人意料。

谜底虽然解开了，但影片围绕校园欺凌留给我们的思考，却需要细细咀嚼。这部电影无论对于学生，还是教师和家长，都具有教育意义。

二 教学建议

1. 教师教学建议

（1）柏木死后，校长为了"保护学生"，不深入调查；松子死后，校长引咎辞职，并且在校园审判中自我谴责。校长错在了哪里？校长"保护学生"的想法有其正当理由吗？为什么？如果你是校长，你会如何处理校园欺凌事件？

（2）仅因为凉子坚持个人观点，一位女教师便打了她的耳光，引起学生的反弹。这位老师到底是对学生进行"管教"，还是施加了暴力？你的学校是否存在教师对学生施暴的情况？教师对学生的暴力，与学生间的欺凌和校园暴力，存在什么样的关系？

（3）凉子等人举办的"校园审判"，挑战了学校和教师的权威，但学校采取了包容和接纳的态度，一位体育老师更是以辞职支持学生。想一想，如果你是这所学校的老师，你是否能够做到这一点？你会怎么做呢？

（4）影片中有哪些地方表现出了师生间的平等关系？作为教师，你能够做到这些吗？

2. 给家长的教学建议

（1）大出的父亲是家庭暴力的施暴者。父亲的暴力与大出的暴力之间，有什么样的关系？

（2）松子的父母是建议女儿如何对待校园欺凌的？成功在哪里？

（3）树理的母亲是否知道女儿受欺凌？她何时知道的？此前树理在家中的行为有哪些已经透露出了受欺凌的信息？她的母亲是否注意到了？在知道女儿做出不实举报后，她母亲是如何做的？她又是如何处理女儿受欺凌的情况的？您认为受欺凌者的家长，理想的做法应该是什么？

（4）柏木的自杀背后，父母有哪些责任？

（5）全面回顾一下凉子父母和凉子间的关系，反对的时候、支持的时候，以及她受教师暴力对待之后、她组织校园审判前后……看看这对父母有哪些成功之处？

3. 针对学生的教学建议

（1）凉子和神原为什么都对这个事件如此投入？他们分别有什么个人的情结在里面？

（2）同样来自家暴家庭，大出受父亲影响，传承暴力，而神原的父亲也是家暴施暴者，神原却反对暴力，你认为这差别是如何形成的？

（3）树理受欺凌，松子不惜自己也受暴，勇敢地帮助她。但是，树理却对松子进行欺凌。影片中哪些情节表现了树理对松子的欺凌？一些校园欺凌的受害者，会转而欺凌更弱者，他们为什么会这样？

（4）树理因为脸上都是青春痘、松子因为胖，双双被欺凌。想一想，你身边的同学会因为哪些原因被欺凌？他们是否应该因为这些原因被欺凌？

（5）凉子遇到树理和松子被欺凌，不敢出手相助，柏木谴责她虚伪，凉子曾想自杀。凉子为什么想要自杀？她又因为什么活了下来？

（6）想一想，被欺凌的树理和松子，为什么不告诉老师和家长？如果让你给她们一个建议，你的建议是什么？

（7）柏木因何自杀？如果你处于他的处境，你会怎么办？

（8）柏木用恶语刺激神原，说他不该活着，但神原选择活下来，神原的力量来自何处？

（9）大出的暴力深受他父亲的影响，神原的父亲也对自己的妻子施暴。你觉得他们面对父亲对母亲施暴时，应该如何做？

（10）在学校审判中，大出声称欺凌是"开玩笑"。欺凌和开玩笑的区别是什么？

（11）凉子决心要组织审判，是因为她曾作为旁观者被柏木鄙视。说一说为什么多数同学面对校园欺凌会选择作旁观者？

（12）神原作为大出的辩护人，在庭审中却一桩桩抖出大出欺凌的往事，他为什么这样做？

（13）树理被大出等人欺凌，选择"举报"，这既是自我保护，也是复仇。影片中批评了她的做法，为什么她的做法是不可接受的？如果你是树理，你会怎么做？

（14）影片最后，大出主动和神原握手，这意味着什么？

（15）影片中提到，那场校园审判之后，这所学校再无欺凌发生，你觉得最重要的因素是什么？

（16）影片中有女教师无端打学生的场面，如果你遇到这种教师对学生施暴的情况，你会怎么做？

（17）影片通过一场审判，完成了对所有人的救赎。校长、教师、欺凌者大出、受欺凌者及不实举报者树理、旁观者凉子、自责者神原……还有所有身为旁观者的学生……想象你是这所学校的学生，经历了这一事件，当你再次遇到校园欺凌的时候，你会如何做？

执笔：方刚

《学校霸王》

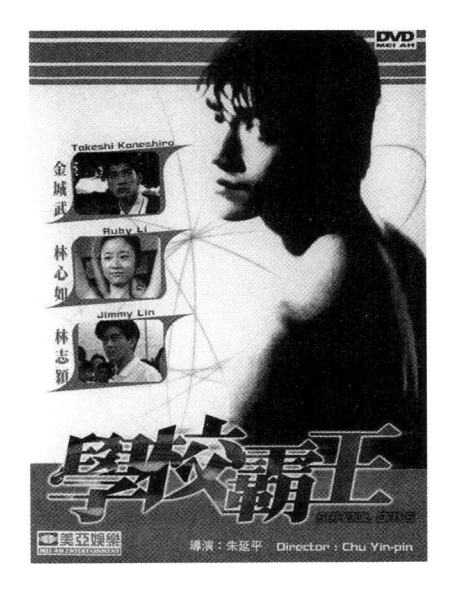

外文名称：School Days
其他译名：校园敢死队
出品：中国台湾
上映：1995年
片长：90分钟
教学适用对象：中学生

一　剧情简介

这部影片中有我们熟悉的演员林志颖、金城武、林心如等。

故事发生在一所高中，班里有一个霸王，外号叫乌鸦。他还有两个爪牙，一个叫恶猫，另一个"财务大臣"叫田鸡。他们不仅向同学收保护费，还强迫一个学习好的同学收费给别的同学写作业，再把钱给他们。

每逢新学年，他们都到新生班中公布收保护费的事。

高二某班也来了一位新同学，叫小志。小志进班，便受到乌鸦和他的爪牙的"欢迎"，绊一脚、打一拳……

小志被好心的同学告知，不要一个人上厕所，不要一个人在楼梯口，否则，就容易被乌鸦这伙人堵上。

果然，有一次小志上厕所，乌鸦三人进来，其他同学纷纷逃避，乌鸦等人向小志索要钱财，威胁说不给就出不了校门。

不久，又来了一位新同学老鹰。乌鸦等人还想故技重演，可是想绊他，脚被他狠踩；想打他，拳头被他拦下。原来，老鹰曾因打架进过18次派出所，传说中他还打死过人。乌鸦一伙欺软怕硬不敢惹老鹰，而老鹰保护小志，乌鸦等人很郁闷。

于是，乌鸦便叫来社会上的闲散青年铁牛一伙，暴打了老鹰。老鹰没有还手，因为他向亡父起过誓，再也不打架。

铁牛一伙要求乌鸦在学校收保护费交给他们，还绑走了乌鸦喜欢的女同学公主要强奸。乌鸦在这个过程中逐渐悔过、改变，不再欺凌同学。

关键时刻，小志、乌鸦、老鹰站到了一起。他们将铁牛一伙打败，彼此也尽弃前嫌，成了朋友。后来，他们还一起被学校记了大功两次。

校园平静了。

二 教学建议

观影后讨论：

（1）乌鸦要向小志收保护费，小志说："我回去问我爸，钱是他的。"乌鸦等人要打小志时，他看到了教官走过来，及时喊"教官好"，这些都是很好的应对欺凌的技巧。想一想，如果你被勒索保护费，该如何应对？

（2）小志没有将被勒索的事告诉爸爸。他为什么不告诉父母呢？他的担心是什么？如何可以做到告诉父母，又不让你担心的事发生？

（3）小志至少有两次机会告诉教官发生了什么，他为什么不说呢？想象你是他，你的担心是什么？如何做，才能既得到教官（老师）的帮助，又不使你担心的事情发生？

（4）老鹰帮助小志的时候，采取了哪些方法？如果你想帮助被欺凌的同学，你可以有哪些做法？

（5）乌鸦、恶猫、田鸡、老鼠分别扮演了校园欺凌中的什么角色？同学们扮演了什么角色？小志是什么角色？老鹰又是什么角色？由此了解校园欺凌事件中不同的角色。

（6）小志被乌鸦等人堵进厕所时，其他同学躲了出去，他们为什么躲出去？如果他们不躲出去，可以做什么？

（7）老鹰帮助了小志，却受到乌鸦的嫉恨，被他找来校外的混混铁牛毒打。帮助别人，自己反而受害，如果你是老鹰，你会怎么想？怎么做？

（8）影片中，乌鸦曾对教官说，自己是在和小志开玩笑。玩笑和欺凌有什么不同？

执笔：段清慧

《超人高校》

片名：超人高校
英文名：Sky High school
又译：超人学园、超人世界
出品：美国
上映：2005 年
片长：100 分钟
教学适用对象：小学高年级学生、中学生

一　剧情简介

《超人高校》讲的其实是高中生的故事，被普遍错译为"高校"。

一群具有超能量父母的孩子，进入了一所"超人高中"，这所高中是悬在空中的一个神秘世界。怎么看都像是一部好莱坞版的《哈利·波特》。

男主人公威尔和小伙伴们刚进校门，便出来两个野蛮的男生，向每个新人收 15 美元。校园欺凌就这样开始了。

负责分学院的体育老师也很不讲道理，声称不许学生问"为什么"："我的话就是铁律，不许质疑！"在这样的气氛中，这所学校普遍存在霸凌就没什么奇怪的了。

每位新学生被依据他们超级能力的强弱，分到"英雄学院"和"跟班学院"。主人公威尔和他的小伙伴们蕾拉、光爵、水男孩、鼠女等纷纷进了跟班学院，他们的命运就悲惨了。所学习的内容都是如何为前者服务，当好"跟班"，午餐时连吃的饭也不一样，比如，不能点"英雄三胆治"。

威尔青梅竹马的小伙伴蕾拉很反感这种二分法，她是主动选择去跟班学院的。

还是那两个拦住新生每人收钱的家伙，在校园里各处欺负新同学。这时，威尔都会伸出援手。

威尔的爸爸是超人领袖，他的妈妈也是著名的女飞人。人们都认为威尔一定也具有非凡的才能，但是，他什么超常能力也没有显示出来。一番自责和内疚之后，威尔接纳了自己的平凡，他的父母也接纳了他的平凡。

不久之后，威尔的超能力开始显现，他便被调到了英雄学院。他和跟班学院的小伙伴们在一起吃午饭都变得不可能了。

有一个叫小磁的美女，从威尔入学第一天就主动接近他。其实，她是一个坏人。得到威尔的信任后，她混进了他家的秘密基地，偷走了奶娃枪。在校友舞会上，小磁用奶娃枪将所有超人都变成了婴儿，并且要进一步毁灭超人学校。

最危急的时刻，威尔识破了小磁的阴谋，和她斗争。这时，威尔显示出了更多的超能力。重要的是，跟班学院那些不起眼的小伙伴们的能力也都用上了。大家一起努力，最终才得以战胜小磁，拯救了超人学校，也将那些被变成婴儿的超人们复原了。

影片最后，威尔的爸爸将一个年度超人奖杯奖励给了跟班学院的伙伴们。

二 教学建议

1. 观影前

提醒学生在观影中注意如下问题：

（1）影片中有哪些校园霸凌的场面，分别是哪种形式的霸凌？

（2）在影片中，哪些人成了霸凌的对象？为什么会是他们？

（3）当霸凌发生时，威尔和其他同学分别采取了什么态度？结果怎样？

2. 观影中

在下述情节出现的时候停下来，问学生这些问题：

（1）体育老师分组时，蕾拉说，她反对依据超能力的大小将人进行二元划分。她因为不想大家被分为不同的群体，所以自愿地选择了跟班学院。你如何理解她不想大家被划分这种观点？

（2）身为三代超人世家、超人父母的孩子，威尔在影片开始时没有显示出超能力。当他终于对父亲承认这一点之后，父亲安慰他：你可能是大器晚成。他说：我不在乎，我以支持英雄为荣。你如何看待威尔的这句话？你觉得他是否没有理想？

3. 观影后

请学生讨论，教师引导和评议下面这些问题：

（1）讨论观影前留下的问题，同时思考：如果你是影片中被霸凌的同学，你怎么办？哪种办法最能够有效地制止霸凌？

（2）每个人都有自己的特长，每个人都是独一无二的。即使看起来没有超能力，也同样是重要的。影片哪些情节体现了这一点？

（3）影片中，围绕着校车司机有哪些情节？说一说你对校车司机这个人物的看法。

执笔：方刚

《贱女孩》

英文片名：Mean Girls
其他译名：刁蛮女孩 / 辣妹过招 / 刁蛮掌门人 / 坏女孩
上映：2004 年
出品：加拿大、美国
片长：97 分钟
教学适用对象：中学生

一　剧情简介

女主人公凯蒂从小跟随身为动物学家的父母在非洲长大，接受家庭教育，没有上过学校。在 16 岁这年，随父母到美国定居，并进入高中，开始了人生第一次校园生活。

在新的环境时，她突然发现人与人之间的弱肉强食要比自然界的更可怕。学校里的女孩世界，处处暗藏危机与陷阱。

凯蒂刚进校园，便感受到各种诡异的气氛，新同学很冷漠，很排斥她。幸好有两位同学达米安与珍妮丝主动和她做朋友。

达米安和珍妮丝向凯蒂介绍学校的风云人物：魔鬼身材组。这是一个由三位娇娇女组成的小圈圈，她们不但拥有好身材，服装打扮也很时尚，家世与财富更令人称羡，是许多女学生向往但不得其门而入的三人小组。她们追求的目标都是非常肤浅的（外表、帅哥男友、众人钦羡的目光），就像芭比娃娃一样，外表虽光鲜亮丽，但内在仍是像塑胶般空洞贫乏。

魔鬼身材组的大姐大是蕾吉娜，个性泼辣自私并喜爱颐指气使，大部分同学都被蕾吉娜欺负过。蕾吉娜私底下有一本《麻辣书》，里面一页页都贴着从纪念册上剪下来的大头照，照片旁边则写着不堪入目的坏话，老师与学生都难逃一劫。

学校餐厅也分成各种派，每桌的学生都代表了各自不同的小团体，相互排斥。

意外的是，凯蒂竟然吸引了蕾吉娜等三人的眼光，更应邀成功加入了她们的小组。

向来讨厌娇娇女三人组的达米安和珍妮丝眼见这是个报复的好机会，让凯蒂加入三人组，当内奸，取得她们信任后挑拨离间、恶整蕾吉娜、最终目的是让三人组垮台。

这场恶整行动让凯蒂成为双面人，表面上讨好蕾吉娜，但心里却极力憎恨，因为蕾吉娜抢了她喜欢的男孩。

但诡异的是，突然成为全校最受欢迎的小组一员，看着其他学生羡慕的眼光和自己与日俱增的知名度，凯蒂其实十分享受这样的感觉，她也开始化妆、耍手段，甚至在《麻辣书》上写了数学老师卖毒这样的不实指控。

连她喜欢的男孩都说：你就是蕾吉娜的克隆版。

这样的转变，让达米安与珍妮丝渐渐也开始讨厌凯蒂。

蕾吉娜蓄意将《麻辣书》公开，栽脏给凯蒂，整个学校都掀起了波澜。学生们愤怒地互相怒骂打架，学校顿时变成了凯蒂过去待过的非洲丛林。

影片最后是光明的结局。凯蒂、蕾吉娜等人都得到了同学们的谅解，校园变得和谐了。如果有新生再有拉帮结派、欺凌他人的行为，大家都会集体阻止。

《贱女孩》中所有的复杂整人手段与高中生活成功地让美国人引起共鸣，许多高中学生会觉得很像在看实境节目。

二　教学建议

1. 观影前

请学生一边观影，一边思考这样几个问题：

（1）影片中哪些情节属于校园欺凌？

（2）女生间的欺凌有哪些不同之处？

2. 观影中

（1）凯蒂、达米安和珍妮丝"整"蕾吉娜的哪些行为，也算欺凌吗？你如何看他们为了惩罚欺凌者蕾吉娜而采取的这些行为？

（2）当因为《麻辣书》披露，而引起女生们互殴的时候，数学老师是如何引导学生渡过这一危机的？为什么她做的这些可以让女生们发生转变？

3. 观影后

（1）为什么蕾吉娜等人的拉帮结派也属于校园欺凌？

（2）凯蒂是如何一步步变成她反感的人，又是如何一步步获得新生的？

（3）每人一张纸，匿名写下你所了解的女生间的欺凌的事件，然后贴在墙壁上。大家浏览，老师带领分析，进一步深入认识欺凌，特别是女生间的欺凌，讨论如何应对这些欺凌。

（4）向被你欺凌过的同学道歉，可以找机会当面说"对不起"；也可以主动对她微笑一下，表示友好；还可以悄悄送给她一张匿名的贺卡；……这都是你求得谅解，并且保证以后再不欺凌的表态。

（5）如果你曾受过欺凌，反省一下自己内心的怨恨，对自己的生活有什么影响。放下对欺凌者的怨恨，更不要让这种怨恨使你自己也变"恶"。

执笔：方刚

《本 X》

片名：本 X

原名：Ben X

其他译名：霸王游戏、网游男生、X-宅男

出品：比利时、荷兰

上映：2007 年

片长：93 分钟

教学适用对象：中学生、大学生

一　剧情简介

"本 X"是本在游戏《霸王》里的名字，游戏里他技压群雄、所向披靡。然而现实中的本却是一个患有自闭症的少年，妈妈坚持让他读普通的中学。他学习成绩很好，但是，沉默寡言的他在同学们眼中犹如异类，受尽同学的欺负和侮辱。

本从小到大都被同学欺负，父母很焦虑、很担心他，但是束手无策。妈妈只能一次次地说：别激动……别把这事放在心上……

学校里的老师也告诉他：不要还手……

本在受欺凌的时候也一遍遍对自己说：不要激动，不要生气，事情会过去的，他们会停手的……

有一次，他的嘴上被贴上胶布，被同学各种变着花样地羞辱和殴打。校长发现了问题，责问挑头欺凌本的两个同学，那两个同学却说：我们是在和他开玩笑。校长也没有办法，只能厉喝：以后不许开玩笑！

一天，那两个同学把本的裤子扒下来，还拍了视频。班里只有一两个同学表示不满，说：不要欺负他。但是，没有人听进他们的话，几乎所有同学都在围观、起哄、拍视频……

这段视频被发到网上，还有人发到了本的邮箱，取名"脱衣秀"。

不仅如此，本还收到欺凌者的威胁：告密者必受报应！

有一天，那两个挑头欺负本的学生抢了他的手机，还强行让他服用了一粒毒品。

本时常幻想着自己就是游戏里面的勇士，可是现实的残酷却将一切幻想纷纷击碎。本游走于现实和游戏之间，两者的界限逐渐模糊起来。

游戏中，本可以做任何事情，现实生活中却要面对镜中的自己，他讨厌自己，几次试图自杀。

后来，本在游戏中结识一个叫斯嘉莱的女孩，女孩用她的真诚和勇气鼓舞着本。但是，当女孩子坐着火车来看望本的时候，本却不敢和她说一句话。

火车站，本又一次想自杀，当他正要跳下铁轨的时候，斯嘉莱突然出现，拉住了他。其实，从这时起，都是本的幻觉了。影片中，斯嘉莱一直陪伴在本的身边，观众有时也搞不清楚哪里是真实、哪里是幻想，直到影片结束，才提示我们：从来都是本自己在与想象中的斯嘉莱对话。但是，这个想象中的陪伴，使本实现了自我，走出了欺凌。

斯嘉莱表示了对本的爱，和本一起讨论生命的意义，鼓励本积极地生活下去。最终，本制订了一个计划，要求他的父母和他一起实施。在一条游轮上，他录下跳下大海自杀的视频……

又一个年轻人自杀了，事件引起了媒体和社会的广泛关注，本的母亲在接受电视访问时控诉霸凌，说："一定要有人死，才可能被重视？！"

校长在学校主持本的追思会。突然，屏幕上播出了本被扒掉裤子欺凌的那段视频。人们愤怒的目光投向了欺凌者，而那些旁观者也羞愧地低下了头……

这时，本出现了。原来，他一直没有死。他在臆想中女孩的陪伴下，走上了一条"置之死地而后生"的道路。

影片结尾，本在牧场上和一匹马相伴，同时，继续和他臆想中的女孩子说话……

二　教学建议

1. 观影前

提醒学生在观影中注意如下问题：

（1）影片中有哪几种形式的校园欺凌？

（2）当本被欺凌的时候，同学们分别是什么态度？

2. 观影中

在下述情节出现的时候停下来，问学生这些问题：

（1）校长责问两位欺凌本的学生时，他们说：这是玩笑。那么，他们做的真是玩笑吗？欺凌和玩笑的区别是什么？

（2）本被威胁不要举报欺凌行为，否则会有报复。如果我们是被欺凌者，也受到这样的威胁，怎么办才是对自己最有利的？

3. 观影后

观影后请学生讨论，教师引导和评议下面这些问题：

（1）本为什么会成为被欺凌者？被欺凌者通常有什么特点？

（2）本被欺凌的时候，除了那两位主导的施暴者，其他同学有两种态度，分别是哪两种？如果我们是本的同学，应该采取什么态度？可以再具体做些什么？

（3）影片中有几句台词，值得玩味。你是如何理解这几句台词的：

"每一处尽头，都是新的开始。"

"自闭症不是问题，别人对本的态度才是问题。"

"人们见到马都想骑，没有想过马是否愿意被骑。"

（4）影片中，本以"自杀"、播放被欺凌的视频等方式，唤起大众对欺凌事件的重视，影片结尾暗示他离开了这所学校。这是一个戏剧性的处理，在现实生活中，如果我们遇到这类事件，如何处理才是对我们自己利益最大化的选择？

（5）受欺凌者，有哪些资源可以求助？

执笔：方刚

《韩公主》

片名：韩公主
又译：被转校生
出品：韩国
上映：2014年
片长：112分钟
教学适用对象：高中生、大学生

一　剧情简介

明明是最"轻贱"的生命，却叫公主（有的译本翻译为宫菊），真是讽刺到心塞。

女中学生韩公主，父母离异，在一家商店打工。公主有个好朋友叫桦玉，桦玉的男朋友便是公主打工商店的老板的儿子东允。东允经常被人欺负，韩公主几次仗义帮他。公主和桦玉说，有机会要教训一下这些欺负东允的坏人。然而，她万万没想到，就是东允把她和桦玉推入了深渊。

一天，韩公主晚上回到住所，发现东允和很多人在喝酒。他们又逼迫东允给韩公主和桦玉下药，之后轮奸二人。

这件事情之后，桦玉投水自尽，韩公主被迫转校。

韩公主受伤害后，找到早已改嫁的母亲，母亲却怕她影响自己的生活，劝她不要再来了；父亲为了钱，让她签了对部分施暴者的谅解书；……她在新学校有了一些朋友，她的脸上终于露出了笑容。

突然有一天，没有拿到谅解书的施暴者的家长们到学校找公主，所有人都知道了她的秘密。校长让她回家，住处的房东让她离开，施暴者的亲人还指责她引诱自家孩子……她打电话给新学校的好朋友，她们很同情她，但是，也迟疑着没有接电话……

韩公主走投无路，也像桦玉那样跳水自杀……

但是，韩公主到新学校后做的第一件事便是坚持游泳，这是否能够让她活下来？影片留下了悬念。

影片根据真实事件改编。原事件中，三位女生被43个男生轮奸，他们中只有极少数被起诉……

二　教学建议

1. 观影前

影片中，到新学校的公主和同学们的交往中，总有一些不近人情的表现。仔细观察这些表现，以便在观影结束后总结：是什么原因造成了这些不近人情的表现？

2. 观影中

（1）东允是受欺凌者，公主勇敢地保护他，但是，反成为受暴对象。如果你是公主，将如何帮助东允？

（2）东允由受欺凌者，转变为欺凌者，至少是欺凌者的助凶，为什么？如果你是他，你会如何做？

3. 观影后

（1）欺凌的受害者，心理会受到很多伤害。结合影片中公主到新学校后的表现，试着总结一下影片表现了哪些她心理上的阴影，这些创伤和阴影又是如何影响了她的生活？

（2）影片过了一多半，公主的脸上才露出笑容。是什么使她再现笑容的？

（3）如果我们遇到一位受过创伤的同学，我们可以做些什么？我们可以给他什么帮助？

（4）公主一直学习游泳，为可能自杀的自己留下一次机会，这说明公主虽然内心创伤很大，但她一直热爱生命，渴望"重新开始"。如果我们遇到人生的重大挫折，做哪些事能帮助自己走出创伤，"重新开始"？

执笔：方刚

《告白》

片名：告白

又译：自白、母亲

出品：日本

上映：2010 年

片长：106 分钟

教学适用对象：中小学生家长

一　剧情简介

故事发生在日本一所初中某班，虽然班主任森口悠子老师一直在说话，但全班的同学也一直在嬉笑打闹，仿佛老师不存在一样。这就是所谓的"差班"

吧？但是，森口老师后面的话，让所有学生目瞪口呆。

数月前，森口老师的独生女儿被发现死在学校的游泳池里，最后警方认定是意外事故。而她经调查发现自己的女儿爱美并非死于失足落水，而是因为自己班上的两个学生"想要证明自己"的幼稚理由，故意杀害的。森口恐吓学生们说："在你们喝下的牛奶里注入了含有 HIV 病毒的血液。"

森口辞职了，临走时说："我不会放过你们。"复仇由此开始。

影片中两个杀人少年分别是渡边修哉和下村直树。

修哉的母亲是一位科学天才，从小将渡边作为科学天才培养，要求非常严厉，一旦达不到她的要求，就要责骂。即使如此，这位母亲终于厌倦了做家庭主妇的生活，离开了丈夫和儿子，去寻找自己的人生，后来在一所大学当教授。修哉从小被母亲抛弃，他坚信只要自己努力，靠着科学上的成就，就可以找回母亲。但是，虽然他的科学发明在全国获奖，但获奖的新闻却被一则女中学生杀死全家的新闻冲淡。修哉觉得很不公平，萌生了要通过杀人获得母亲的关注、找到母亲的念头。

下村直树的母亲对他非常溺爱，任何事情都宠着他，他也因此成为一个懦弱的男生，被修哉巧妙地利用了。直树为了"证明自己"，证明修哉做不到的，他可以做到，杀死了森口老师的女儿。

面对森口老师辞职前的威胁，修哉继续上学，直树却不敢出家门了。

森口老师利用了这个班新任的老师寺田，教唆他每周去探访精神近乎崩溃的直树，以及假借告密纸条煽动学生排挤修哉。最后精神崩溃的直树杀害了自己的母亲。

之后森口又设下骗局，让修哉得知了母亲已再婚并怀孕的消息，这令修哉被母亲抛弃的感觉雪上加霜。修哉由此想要做一个大案子——在毕业典礼当天用自制的炸弹，毁灭更多的人，"这样母亲就会注意到我了"。按下开关时修哉意外发现炸弹竟然不翼而飞，此时电话响起，竟是森口打来的。

森口告诉修哉，炸弹已被她转放到修哉母亲的办公室，"炸弹是你做的，也是你引爆的。"修哉于是在自己母亲被炸死的自责中精神崩溃了……

森口完成了她的复仇。

二　教学建议

推荐家长观看这部影片，提示他们在观影前后思考这样几个问题：

1. 影片哪些情节属于校园欺凌？校园欺凌通常是什么样的学生发起的，什么样的学生更容易受到欺凌？

2. 影片中的两位少年凶手的状态，与他们的母亲的教养方式直接相关。分析两位母亲的教养方式哪里出了问题，这两种教养方式会给孩子带来怎样的负面影响，为什么？

3. 如果你此前也是按不好的教养方式教育孩子的，你现在准备做些什么来弥补和改变？

4. 如果你的孩子受到欺凌，你应该如何发现、如何处理？

执笔：段清慧

第三编 被欺凌者适用工具

第一部分 个体辅导设计

引导被欺凌者正确归因

一 辅导目标

1. 与被欺凌的学生建立信任关系；
2. 打破被欺凌者的忧虑，让欺凌者能说出欺凌事件；
3. 被欺凌者能够认识到被欺凌不是自己的错，引导被欺凌者正确归因。

二 辅导原则

1. 教师与被欺凌学生建立信任关系是辅导的前提

在最初接触被欺凌的学生时，会遇到各种难题，其中最主要的就是被欺凌者往往封闭、敏感，不愿将自己的想法告诉任何人，很难去相信别人。此时教师需要首先与被欺凌者建立稳定的、相互信任的关系，为他营造一个安全自由的空间，从而愿意与你沟通；然后教师需要利用各种沟通交流技巧，例如，如何倾听、如何回应、如何询问问题，一点点走近被欺凌学生，让他信任你。同时教师也应相信学生所说的话语，无论学生说什么，教师都应该给予支持与力量。

2. 为了实现让被欺凌者正确归因的目标，教师需要做很多铺垫工作

被欺凌者并不是那么容易敞开心扉，教师必须要耐心细致地做好很多铺垫工作，包括了解被欺凌者不愿说出来的担心有哪些？欺凌事件的经过是怎样的？被欺凌者如何理解欺凌事件等。只有做好这些铺垫，教师才有机会了解被

欺凌者的想法。最后，欺凌者可以用任何原因作为欺负被欺凌者的理由，这一点教师必须要让学生明白。

三　辅导方法

通过观察，多方了解被欺凌者，面对面聊天中充分运用倾听、同理心等技巧，教师与被欺凌者建立信任关系。教师了解被欺凌者不愿意说出欺凌事件的原因，并通过耐心讲解，从而打破被欺凌者的忧虑。

四　辅导过程

1. 获取被欺凌者的信任是一切工作的前提

（1）辅导内容

教师主动与被欺凌的学生接触，逐渐取得他的信任。教师需要收集被欺凌者的各种个人资料，例如年龄、性格、爱好等，当了解到学生的爱好后，就可以利用他的兴趣爱好来和他进行更多的交流，从而让他渐渐对你放下防备心。你可以悄悄对他进行观察和询问他身边的玩伴来获取一些有益信息，也可以在班上找一些你认为信得过的同学来进行询问，同时鼓励他们经常去和被欺凌者沟通交流、一起玩耍，这也有利于对被欺凌者的开导。

在与学生交流时，无论学生说了什么，或是以什么样的方式说，最好的回应就是去引导他跟你交流，然后保持倾听状态。在倾听过程中，教师对学生要保持同理心，适时地提出一些真诚的、探寻性的问题，以便更加深入地了解学生所想所感。无论教师从谈话中获得了什么样的信息，首先需要做的是用鼓励、支持和爱的态度来回应学生的恐惧与痛苦。这时学生需要的是无论他说什么，你都不会认为是愚蠢的。让被欺凌者感受到，他们可以与你讨论任何事情，无论这些事情多么严重，而你作为他们的教师需要做的就是关心他们、鼓励他们、给他们支持。

（2）辅导建议

被欺凌的学生往往比较自闭、害羞，很难会愿意把自己的心声透露给别人，无论是家长、教师或是同学。被欺凌者内心比较敏感，同时可能缺乏安全感，不信任别人能够帮助自己。教师要很明确地了解到被欺凌者内心的想法，并要有耐心，与被欺凌者建立信任可能需要比较长的时间，而且需要和被欺凌者多交流沟通。

教师与被欺凌者交流时，请选择合适的场合，切记不要在很严肃的场合，例如办公室、教室之类的地方。这样一个封闭的小屋子容易使人感到压抑，更加不愿意与你进行亲近的交流。你可以将交流的地点选在户外，公园的草坪是一个不错的选择，最好交流的人员就只有你们两个人，这样被欺凌者才会更愿意讲出他自己的想法。

2. 打破被欺凌者的忧虑

（1）辅导内容

被欺凌者往往为受到欺凌而感到羞耻。许多遭受欺凌的孩子本身是一个正直而富有爱心的人，他们不会去欺负别人，他们很难理解为什么会有人无缘无故地攻击他们。当教师与被欺凌者建立信任关系以后，可以采用直接的方式询问："我猜你遭到了暴力行为或恐吓，因此我相当担心，让我们谈谈这回事吧。"如果孩子不想跟你马上谈，告诉他你随时都愿意聆听，只等他们准备开口。①

但是，被欺凌者因为遭遇欺凌感到羞耻、沮丧和懊恼，他们往往选择沉默，不愿意告诉教师或其他人自己被欺负了。教师需要了解被欺凌者对说出欺凌事件的担忧，给予他们支持。以下列举一些被欺凌者的忧虑②及教师的应对方法：

忧虑1：欺凌者威胁被欺凌者如果将事情说出去就会遭受报复，从而让被欺凌者遵守"缄默法则"。所以，被欺凌者有时不是不想把事情说出去，而是害怕说出去后自己将遭受更恐怖的欺凌。

教师应对方法：教师必须向被欺凌的学生保证，会为被欺凌者所说的话保密。当被欺凌者愿意说出来时，教师要赞扬他们有勇气谈论关于被欺凌的事。同时教师还要再三向被欺凌者保证会保证他们的安全。教师要让学生明白，不讲出来才是他们最危险的时候，因为欺凌者会更加肆无忌惮。教师需要强调，求助大人来解决欺凌事件非常重要，在欺凌行为发生后，我们需要主动让权威

---

① [美] 芭芭拉·科卢梭：《如何应对校园欺凌——从学龄前到高中以后如何打破暴力循环》，肖飒译，华东师范大学出版社 2017 年版，第 162 页。

② 同上书，第 163—168 页。

力量介入欺凌事件，增加对欺凌者的惩罚。因为及时给予惩罚会剥夺欺凌者当时的愉悦体验，让他们产生羞愧自责等负性体验，从而降低欺凌行为的发生频率。同时，为了保证被欺凌者的安全，教师需要跟被欺凌者一起制订安全计划，让父母及其他教师保护被欺凌者免受再次伤害，比如接送孩子上下学、改变上下学的路径，或要求校方留意被欺凌者在学校的安全等。

忧虑2： 被欺凌者们认为没有人愿意帮助他们。当他们把事件上报的时候，他们经常会被告知："换一条走廊行走。""避开那些欺负你的人。""如果你不想在餐厅遇到他们，换一个地方吃饭。""别理他们。"

教师应对方法： 至少，辅导教师需要主动地问候被欺凌的学生，告诉他们，教师会尽最大努力帮助他们。教师可以说："我能帮助你些什么？""你并不孤单，我愿意帮助你。"教师还需要告诉被欺凌者，避免欺凌事件发生并非他们自己的事情，"我们可以一起制定一个有效的解决方案。"随后跟他们一起寻找方法抵抗欺凌者，从而让他们说出欺凌事件是非常有帮助的。

忧虑3： "欺凌是成长的必由之路"这样的谎言让被欺凌者认为这件事并不值得大惊小怪。身边的人总会告诉他们："男孩子都是这样""女孩子就是爱背地里搞小动作啊"，以及"这就是成长的一部分啊"。

教师应对方法： 需要让学生明白被欺凌并不是成长的必由之路，身边仍有许多男孩子、女孩子之间是和谐的朋友关系，而并非像欺凌者所做的这样。

忧虑4： 被欺凌者们被灌输的观念使他们认为"告密"是可耻的、不够酷的、幼稚的行为。

教师应对方法： 教师需要教会被欺凌者辨别"告密"与"告诉"。我们可以使用下面这个简单的规则来区分二者。

告诉：如果告诉我能够帮助你或其他孩子摆脱困境，那么请告诉老师。

告密：如果告诉我会使你和其他孩子陷入困境，那么请不要告诉老师。

如果两者兼有，那么老师需要知道。①

利用这个规则，教师可以帮助学生在遇到任何情况时能辨别要说什么，不

---

① [美] 芭芭拉·科卢梭：《如何应对校园欺凌——从学龄前到高中以后如何打破暴力循环》，肖飒译，华东师范大学出版社2017年版，第168页。

能说什么。教师还可以运用日常活动等各种机会来进一步告诉被欺凌者，把欺凌事件告诉其他人并不代表是告密或打小报告。因为欺凌事件需要得到成年人的介入，如果谁都不告诉老师和家人，那么被欺凌者自己很难应付这件事，就会一直遭受欺凌，所以告诉老师或家人被欺凌的事情，并不是告密，而是为了更好地解决这件事。

（2）辅导建议

在学生没有主动将自己的遭遇告诉教师时，教师需要多花些时间和被欺凌者聊聊他的日常活动。在交流过程中要足够信任他。同时教师也可以参与到他的日常活动中去熟识他的一些朋友，更容易了解他内心的顾虑。在这个过程中，教师需要通过与被欺凌者聊天或其他间接方式，推测出学生身上的顾虑，再运用对应的解决方法消除学生内心的顾虑，以便让被欺凌者能够放心地讲出被欺负的经过，从而教师才能更加仔细地了解事情经过，为后面处理欺凌事件打下基础。

3. 了解欺凌事件的经过

（1）辅导内容

教师通过和学生进行交流，了解欺凌事件的具体情况。在询问孩子被欺凌的事情经过时，可以循序渐进地提问①：

在班上，有哪些孩子做过卑鄙和残忍的事情？

如果有，他们都做过什么或者说过什么？

他们有没有专门针对哪个小孩子做这样的事？

他们有没有对你说过或是做过卑鄙的事情？

在与学生交流的过程中，教师需要学会倾听。无论学生告诉你什么，教师最好的回应就是"跟我说说吧"。教师也可以说："我听到你说的内容了""我始终站在你这边""我相信你""你不是独自在面对这一切"。询问孩子事情经过时，避免在他说出整个事件前就问东问西。在倾听过程中你需要重点考虑他

---

① ［美］芭芭拉·科卢梭：《如何应对校园欺凌——从学龄前到高中以后如何打破暴力循环》，肖飒译，华东师范大学出版社2017年版，第164页。

是否为自己对欺凌者做出回应或没有做出回应而羞耻？他有没有被那些支持欺凌者的同伴们羞辱、抛弃或排挤？同时，教师请参考对被欺凌者情绪辅导部分的内容，在了解到学生的情绪痛苦并加以辅导之后，再开始搜集事实信息。

（2）辅导建议

在倾听具体的欺凌事件过程中，需要对学生经历的欺凌有所了解，包括日期、时间、涉及的孩子，以及事情的细节和这件事对被欺凌者的影响。在他描述过程中，教师一定不要打断他。

4. 引导被欺凌者正确归因

（1）辅导内容

教师要让学生明白在这世界上遭受欺凌的不止自己一人，被欺凌并非自己的错，大部分人都遭受过欺凌。全球各地都存在校园欺凌现象，很多儿童和青少年跟我们一样遭受着欺凌。尽管遭受校园欺凌的儿童和年轻人所占的具体比例在不同国家和不同调查研究中存在差异，但一项对全球 82 项相关调查的综合分析发现，被欺凌的发生率为 23%，[①] 也就是说，大约 1/4 的人遭遇过欺凌，所以，教师需要告诉被欺凌者，欺凌者可以找到任何理由来认定被欺凌者。因为你比较矮小、因为你太黑、因为你戴着眼镜或者牙套、因为你太胖、因为你太笨，又或者因为你太聪明。又或者，欺凌者会指向被欺凌者的一些无法改变的事实，比如食物敏感或家庭经济地位。只是因为被欺凌者在某个方面显得不同，因而受到欺凌者的侵害。所以任何一个人都有可能成为被欺凌的人。

欺凌者在寻找可供他们持续侵害的对象时，被欺凌者身上的不同之处就被认为是实施欺凌的正当理由。这所有的一切都在将欺凌合理化，使孩子们（和很多成年人）不把欺凌事件归咎于欺凌者，反而归罪于被欺凌的孩子。这些都是不对的。欺凌者对你的讥讽、嘲弄和恶行，其实与你、与你的缺陷或行为无关，问题出在他们身上。他们欺负你，或者是因为感觉良好，或者是为了发泄

---

① Cook, C. R., Williams, K. R., Guerra, N. G. & Kim, T. E. (2010). Variability in the Prevalence of Bullying and Victimization: A Cross-national and Methodological Analysis. In S. R. Jimerson, S.M. Swearer & D. L. Espelage (Eds.), *Handbook of Bullying in Schools: an International Perspective* (pp. 347–362). New York & London: Routledge.

怒气，或者是想显示自己有多强大，甚至只是因为闲得没事可干。他们很无聊，欺负你并不是因为你有问题，而是他有问题。对每个关心你、爱你的人而言，你的平安、快乐才是最重要的，所以，你不用费脑筋去想他们为什么要欺负你，而是多考虑怎样才能让自己重获安全感和快乐。

（2）辅导建议

这个环节最主要的是教师的引导，在前两个过程结束后，学生已经完全信任教师，教师也能了解到学生的内心想法。这时教师可以举例让学生们明白被欺凌不是他的错，任何人都会成为欺凌者攻击的目标，教师一定要让被欺凌者认识到责任在欺凌者身上。没有人应该遭受欺凌。

五　总结

如何引导被欺凌者正确归因呢？通过本章节的辅导建议，可以了解到我们需要获得被欺凌者的信任，让他们愿意与我们进行交流，进一步消除他们不愿敞开心扉的顾虑，充分了解他们内心的恐惧与痛苦，从而引导学生能够明白任何人都有可能成为被欺凌者这一道理。正确归因，缓解他们内心的痛苦，帮助他们树立自信。在今后的日子里，希望更多地被欺凌者能够正确归因，走出阴影。

执笔：杨梨　田冬雪

摆脱愤怒，平息情绪

一 辅导目标

1. 让被欺凌者了解并识别自己遭遇欺凌后可能出现的典型负面情绪；
2. 掌握负面情绪的正确处理方式。

二 辅导原则

1. 接纳被欺凌者的负面情绪反应

教师需要抱着"被欺凌学生的任何负面情绪反应都是可以理解的"的态度，不对被欺凌学生的负面情绪反应做出主观倾向性评论，只观察被欺凌负面情绪，并帮助其处理负面情绪。教师要接纳被欺凌者消极的情绪，投入聆听，既不阻止，也不责备。教师在实践中不能简单地否定被欺凌学生，不能以自己的价值文化去批判被欺凌学生。教师以非评判的态度了解被欺凌学生及其问题，在适当的时候向被欺凌学生说明教师的所做所言是帮助他，而不是审视他、评判他。

2. 尊重被欺凌者的尊严和个体差异

教师要以一种关怀与尊重的态度对待被欺凌学生。同时，作为教师要相信每一个被欺凌学生都有独特性。教师应当关注个体差异，重视和尊重差异。每个被欺凌者出现的负面情绪可能不一样，处理负面情绪的方式、能力可能也不一样。教师在处理的过程中尊重被欺凌者的尊严和个体差异，也有利于增强和增多被欺凌学生自我改变和处理自身需求问题的能力和机会，促进他们自身积极参与到改变过程中，努力实现改变。

三 辅导方法

在教师与被欺凌者已经建立信任关系的基础上，采用一对一辅导的方式，帮助被欺凌者了解遭遇欺凌后可能出现的典型负面情绪，帮助被欺凌者学习一些正确处理情绪的方法。

四 辅导过程

1. 识别被欺凌者的典型负面情绪

（1）辅导内容

在教师需要引导被欺凌学生认识到被欺凌后出现负面情绪是正常的，有情绪本身不分好坏，而处理情绪的方式才是造成不同结局的关键。负面情绪也能激励成长，也是提醒人需要做出改变的信号。试图把悲伤的负面情绪掩盖起来，是没有帮助的。

教师需要让被欺凌者说一说最近的情绪感受，并表示不管被欺凌者有着怎样的负面情绪，都是正常的。一定要让被欺凌者感觉到我们是和他站在一起的，而不是一开始就追问"为什么不早点告诉我"，我们所做的一切无非是将他带出被欺凌的身心境遇。

一般来说，被欺凌者表现出的情绪往往是憎恨。被欺凌者可能会说他憎恨欺凌者以及参与欺凌的帮凶、旁边嘲笑他的人、旁观无动于衷的人、转身走开的人，和那些没有阻止欺凌行为的成人，有些人还会将憎恨扩展到教师、学校、社会中那些没有阻止欺凌行为的成人。但是憎恨的背后其实可能包含着愤怒、羞愧和失望这三种情绪，教师需要帮助被欺凌者承认和接纳这些负面情绪。

这时候教师可以问被欺凌者[1]：

---

[1] ［美］芭芭拉·科卢梭：《如何应对校园欺凌——从学龄前到高中以后如何打破暴力循环》，肖飒译，华东师范大学出版社2017年版，第184页。

- 这种情绪从哪里来？（"愤怒从我自己内心而来，并不是欺凌者给我的。"）
- 在这种愤怒的感受之下，有没有掩盖着别的情绪？（"我很受伤。我害怕欺凌者会再伤害我，拿我经历过的事情羞辱我；我对其他同伴的做法很失望，也对成人很失望，因为他们根本不愿意听我在说什么。"）
- 不管怎么样，到底为什么会愤怒呢？（"因为我在乎。如果我不在乎，我就不会生气。我不会为我不在乎的事情生气的。"）

通过以上三个问题帮助孩子初步脱去愤怒的面具。接下来教师可以与被欺凌者一起认识愤怒、羞愧和失望这三种情绪及其产生的原因。

愤怒的产生是因为面对被欺凌的挫折感。被欺凌者有着强烈的摆脱欺凌欲望，而欺凌并没有结束或者第一次被欺凌的影响还在，这就会带来挫折感，接着引发愤怒。愤怒常常表现为怨恨和复仇心理，它是易变且危险的。愤怒也很容易导致憎恨，这会逐渐侵蚀一个人的心灵，进而影响孩子的人格发展。

被欺凌者往往也会因为遭遇欺凌而感到羞愧。欺凌者借被欺凌者的相貌形态、年龄、生理能力、心智能力、家庭背景等故意让被欺凌者感到自己不值得被尊重、不受欢迎、被排斥和羞辱不已。男孩相对女孩来说被欺凌后羞愧感更强，因为我们常常对男孩说的是"要坚强""男儿流血不流泪"等观念；较年长的学生相对低龄学生羞愧感更强，他们在羞愧的状况下，恨不得找个地缝钻进去，或者是希望自己能够隐身。

失望也是被欺凌者的一种常见情绪。被欺凌者丧失反欺凌的信心，希望得到周围人站出来给予自己帮助的愿望没能实现，心理的期待落空，不仅对那些欺凌者失望，还对没有人能够帮助他感到失望。这时候被欺凌者会有很大的无助感，特别是对方人多势众、成群结队、家庭条件较好、父母护短的情况下；而当自己家境不佳、父母对自己不太关心、被欺凌了也不敢说的时候，被欺凌者的失望感更强烈。

（2）辅导建议

教师要多留心被欺凌者，如果表现出神态或行为等方面一反常态，就应该询问一下："你是不是有什么不开心的事，需要老师帮忙吗？"及早发现，减少不可预见性，及早解决。教师要记住先处理情绪问题，再处理事情本身，因为只有被欺凌者的负面情绪问题解决了，他才会愿意与我们一起正视问题。教师一定要告诉被欺凌者，出现任何负面情绪都是正常的，任何人遭遇了这样的欺凌都会出现负面情绪。

孩子将自己心中的痛苦和愤怒的感受表达出来有利于他自我疗伤并进一步从阴影中走出来，教师在这个过程中就要充当一个"树洞"的角色。教师要懂得倾听他们内心真实的感受，相信他，允许他把痛苦和愤怒的感受表达出来。教师首先需要认同孩子的感受，然后引导孩子向自己倾诉，把心中的不快、烦恼释放出来。在学生倾诉时换位思考，设身处地为被欺凌学生着想，这样你才能够制定更为合理的解决办法。在倾听的同时，教师也要注意语言与非语言技巧，看中时机提问，自我揭露，表达同感与合适的表情、动作、姿态。在听他们倾诉过程中，我们也要引导和鼓励他向我们倾诉，从孩子兴趣爱好入手，跟孩子谈谈他所感兴趣的，进而跟他成为朋友，取得孩子的信任，允许他们大胆说出自己的想法，如问他班上"哪个女生最好"等平时没有和他交流过的问题，打开他们的心扉，这样可以更容易了解到孩子内心的想法。

2. 帮助被欺凌者正确处理负面情绪

（1）辅导内容

在被欺凌者已经表达出负面情绪的时候，教师要与孩子共情，给被欺凌者力量。当被欺凌者说出负面情绪后，教师要对被欺凌者表达同理心，让被欺凌者获得支持，愿意继续认识和面对自己的负面情绪。以下几句话是教师表达同理心的重要参考：

"如果我是你，我也会愤怒（生气等）"。第一时间让他感受到教师的情感支持，这样才会把孩子内心真实的一面打开，不接受他的过激行为，但一定要接受他的情绪。

"我理解你……（某些具体的感受）不过如果你可以……就更好了"。孩子在得到共情后，接下来就是想要倾诉，这是教师去聆听孩子内心真实想法并且对他为什么会有如此这般情绪的最好机会。

"你一直是我的好学生，我是爱你的。"被欺凌的孩子是没有安全感或者有被世界抛弃的感觉的，我们任何时候说这句话都是合适的，说得再多也是可以的。

"你是可以……""你有能力……"教师的肯定对被欺凌的孩子尤其重要，被欺凌者会从教师的肯定里获得最大的自信。

然后，教师需要教会被欺凌者识别自己的情绪。以下是识别情绪的三个重要步骤①：

感受，让他自己去发现他的身体是如何在用特别的方式表达着愤怒。

观察，如果被欺凌学生可以观察他自己的感受，他就可以"做出去回应它而不是反击它的选择"。

允许，不去抵抗愤怒，而是接纳它，让它在身体中流动。这样的做法会让孩子的情绪逐渐平息，头脑逐渐清醒。如此，他就有能力来思考他需要做什么，或者他需要从欺凌者那里获得什么了。

但是，当我们面对欺凌者时，需要尽量克制自己的情绪，即便委屈害怕，也尽量不表现在表情和语言上。因为欺凌者一旦感受到他的行为能给你带来负面情绪，让你感到不好受，他们反倒会产生愉悦感、价值感，会感到"欺负他真好玩""我们都想欺负他"，甚至会产生"我们每次都想欺负他"，从而满足自身的愉悦感等心理需要。但是，这并不是说，被欺凌后不能有负面情绪，或不能处理自己的负面情绪，只是我们需要选择不会加重欺凌行为的处理负面情绪的方法。

因此，教师需要向被欺凌者介绍一些处理负面情绪的具体方法，让被欺凌学生的情绪发泄出来。情绪一旦生成，就一定要有一个发泄，不以这种方式发泄，就以那种方式发泄。这里有两个点：一是这种发泄不能伤害他人，二是这种发泄不能伤害自己。教师应该给被欺凌学生点拨一些方法自我治疗，让他们自己摆脱负面情绪时有"法"可依。

教师可以介绍几种简单的发泄方式：

第一种就是用打枕头的方式来帮助被欺凌者释放自己愤怒的情绪，这样不会造成被欺凌者伤害到自己，同时，又能把心中愤怒的情绪很好地释放出来，无疑对孩子是很合适的一个发泄方式。

---

① ［美］芭芭拉·科卢梭：《如何应对校园欺凌——从学龄前到高中以后如何打破暴力循环》，肖飒译，华东师范大学出版社2017年版，第185页。

第二种是通过画画的方式来释放情绪，在纸上把不高兴的事情画出来，然后又把它划掉。

第三种是让孩子到户外进行跑步、玩耍、唱歌等活动，教师也可以跟着他一起参与，在该过程中和他谈心。

第四种是通过大声哭出来，甚至教师可以和学生一起大声哭出来。

第五种是深呼吸、放松，告诉孩子在自己感到情绪不对时，要保持身心放松，想一些开心的事，尝试做一些深呼吸分散注意力。

（2）辅导建议

上述方法中，教师要根据学生的年龄特点，换位思考地站在学生的角度处理事件，看准时机结合使用。教师可以与被欺凌者一起练习这些处理情绪的方法，同时也可以让被欺凌者自己一个人时练习，这需要根据被欺凌者的性格和需要确定。当自我调节和教师的帮助仍然很难让被欺凌者走出负面情绪状态时，教师需要推荐学生寻求专业心理咨询师咨询，因为他们可能需要更专业的力量来帮助其走出消极情绪状态。

另外，被欺凌者的情绪调节也需要监护人的陪伴和保护，因此教师还应和被欺凌学生家长形成同盟，经常交换对孩子近期情绪的看法，并对使用方法的改进交流意见。

五　总结

在辅导被欺凌者过程中，教师与被欺凌者建立信任关系之后，就应该帮助被欺凌者处理情绪问题。首先，教师要和被欺凌者一起认识愤怒、羞愧和失望这三种被欺凌者常见情绪的表现和产生的原因。其次，教师再推荐给被欺凌者一些处理这些负面情绪的合理方法，从而让被欺凌者学会面对与处理负面情绪。最后，必要的时候，教师还需要推荐学生寻求专业心理咨询师咨询，以更好地帮助被欺凌者解决情绪问题。

执笔：杨梨　胡磊

学习榜样，自我成长

一　辅导目标

1. 让被欺凌者了解曾经遭受欺凌但最后成功面对欺凌的榜样们的故事；
2. 通过榜样故事，让被欺凌者从榜样们身上学习积极应对被欺凌的成功经验；
3. 通过榜样故事，给学生建立心理支持，增强其面对校园欺凌的信心。

二　辅导原则

1. 教师要把握辅导方向

教师指导学生向榜样学习。学生听了教师分享的案例后，每个人都会有不同的看法与观点，其中肯定会存在对立的观点，如不赞成被欺凌者进行反抗，不相信自己能够做到像这些榜样这样行动，等等。教师在进行辅导的过程中，应细心观察每个同学的反应，对负面的观点进行积极引导，让学生看到校园欺凌事件中的这些榜样也只是平凡的人，重点在于引导被欺凌者认识到自己不会永远成为被欺凌的对象，自己可以努力改变被欺凌的现状，引导被欺凌者学习榜样们的成功经验。

2. 教师要指明成功应对欺凌并非易事

榜样故事可以用来鼓励被欺凌者，但是教师要明确告诉被欺凌的学生：第一，榜样们今天看起来是成功了，但实际上过去他们也经历了非常痛苦的过程。而且我们分享他们的故事并不是要求你们必须跟他们一样成功，因为要走出欺凌并不容易，但至少我们能从他们的故事里看到走出来的可能。第二，他们能够成功应对欺凌一定不是他们自己一个人的力量，这一过程中他们的父母、家人、教师、同学、朋友都给予了他们积极的支持。我们所处的环境可能不太一样，但是老师愿意成为支持你们的一员，我相信随着大家对校园欺凌的了解，会有越来越多的人加入支持你们的行列中。所以，希望你们面对欺凌时，能够向信任的人求助。

三 辅导方法

教师与被欺凌的学生一起了解曾经的受欺凌者成功走出来的故事，从而给予学生一定的心理支持。建议教师针对几个相互熟悉的被欺凌学生开展小型的故事分享会。

四 辅导过程

1. 他们的故事，你知道吗

对学生辅导前熟悉案例（见附件），并对案例有一定的剖析，分享会上向学生讲述案例，突出强调榜样的作用。

（1）辅导内容

我们在面对校园欺凌的时候，可能会感到无助，也可能会因此而自我否定。你不是一个人面对问题，因为世界上还有无数的学生与你有相同的遭遇，就像谢恩·科伊赞和米拉·比斯特和小女孩 Femke，但他们从被欺凌的艰难中走出来了，他们不仅成功地摆脱了被欺凌的问题，而且让自己的人生也获得了意义。

教师把案例故事发给被欺凌者阅读。

（2）辅导总结

他们都在反抗，你也可以。故事里的主人翁的共同特点是：当他们经历校园欺凌时，没有放弃，而是努力用自己的力量向校园欺凌说"不"。而且，他们中有的人还加入反欺凌的队伍，帮助更多被欺凌者走出阴影，找回自我。他们都在用自己微弱的力量反抗校园欺凌，他们都可以做到，你也可以，请相信自己。对校园欺凌说"不"，找回一个自信的自己，相信你可以。

你不是一个人，我们都在你身后。案例中这几个人为何能成功地面对欺凌？他们获得了很多人的支持和帮助，比如 Milla 的父亲、Femke 的父母、心理老师、学校教师、同学等。所以当你们被欺凌时，请相信一定会有人愿意跟你站在一起面对这件事。

你的教师在身边。不论是在身体上还是精神上，你可以选择信任我们，你也以尝试把自己的问题告诉教师，他们作为经验丰富的"过来人"，在一定程度上可以感同身受你的苦楚。

你的同伴在身边。你的朋友也是你身边的支持者，如果你的一些秘密无法对教师诉说，那么亲密的朋友无疑是你最好的选择。你们之间年龄相仿，志趣相投，有相近的思维方式和价值观，同伴也是最能体会你的感受的群体。

你的父母在身边。家庭永远是你身后最强大的支持，把你的经历倾诉给父母，作为拥有几十年人生经验的父母，他们经历的事情肯定会比你多，校园欺凌这种事情，或许也曾发生在他们的身边，此时父母就是我们最好的教师。他们会毫无保留地把他们的经验传授给你，教授你如何面对校园欺凌事件。

你的同行者在身边。世界上有无数与你有相同经历的孩子，他们同样在经受着校园欺凌。所以你不要害怕，你不是一个人沦陷在校园欺凌的旋涡中，有很多人和你一样，你无须为自己的遭遇而感到羞愧，并且犯错的人又不是你。

（3）辅导建议

这个环节主要是教师的引导，让学生知道正向抵抗校园欺凌的案例。通过讲解那些在校园欺凌事件中从被欺凌者变成反抗者的故事，给予学生一定的心理支持，树立榜样的力量。

2. 他们的故事，你怎样看

（1）辅导内容

听完刚才的故事，大家会对此产生共鸣。谢恩·科伊赞和米拉·比斯特和小女孩 Femke，他们不仅是校园欺凌的被欺凌者，还加入反对校园欺凌的行动中，他们用自己的行动证明了校园欺凌是应该被遏制的。那我想知道你们如何看待这些故事：你是怎样看待故事中主人公的？你从他们的故事中学习到了什么？如果你遭受到了校园欺凌你会用怎样的态度去面对？

（2）辅导总结

你如何看待。在上面的案例分享中，很多在校园欺凌中的被欺凌者转身变成了反对校园欺凌的积极行动者。他们用自身的行动告诉我们，校园欺凌应该被终止。案例中的主人公用自己的方式对抗着校园欺凌，是我们的榜样，他们用自己的行为书写了一个个坚强的故事、一个个真实可见的故事。

你学习到了什么。看了案例中不同主人公反抗校园欺凌的故事，你从中学习到了什么呢？从中我们可以看出，每一个案例背后都是一个孩子坚强反抗的不屈精神，他们都是没有成年的孩子，却已经用自己幼小的身躯去支撑生活的压迫，这不是所有的孩子都可以做到的，所以，他们称为榜样。榜样的力量就是学习的方向。

我们在故事中了解到他们是校园欺凌的被欺凌者，他们在被欺凌之后做了什么呢？

首先，他们懂得寻求帮助，借助家长、教师、同学还是社会组织的力量。在自己无法完成的事物面前，我们都是弱小的一群人，我们需要他人对我们提供帮助。

其次，他们懂得找回自信的自我。大多数遭受校园欺凌的孩子，因为被欺凌而缺少自信，他们倾向于将错误归因于自身，认为是自己的某些不完美造成了现在的这一局面。而自信可以给一个人意想不到的力量，让我们相信自己，我们不是生来就要被欺负，我们可以改变被欺凌的状况。

最后，他们懂得拒绝，懂得说"不"。一个自信的孩子，懂得如何说"不"。面对欺凌者的百般刁难，我们要学会说"我不喜欢你弄我的头发""我不喜欢你嘲笑我"。要让这些欺凌者知道，他们的行为是被人厌恶的，不要让欺凌者对自己的行为充满骄傲与自豪。

如果你是正在遭受校园欺凌，你是怎样的态度呢？一味地忍让，还是像案例中的主人公一样反抗？如果我们正在遭受校园欺凌，不能一直忍让，这样会让欺凌者得寸进尺，一点点地享受他们的暴力成果。我们要学会说"不"，让他们知道他们这种行为的不合理性。我们要机智地寻求外部资源的支持与帮助，共同抵抗校园欺凌。

（3）辅导建议

在这个部分，要让学生自己自由讨论，更多地表达出自己对校园欺凌的看法。但是，不是随意的畅想，教师要引导学生用正向的态度去看待校园欺凌事件，即我们有些人经受了校园欺凌，但是仍然要积极面对生活，从这些案例中汲取养分，鼓励我们从一个被欺凌者转变成为一个积极面对欺凌的人。

教师也可以倡导学生成为抵制校园欺凌的呼吁者，但是，不要给学生压力。重要的是，辅导的目标是关注他们自身的疗愈。

五　总结

在全球的各个角落，校园欺凌每时每刻都在上演，每天都有无数的孩子在经受着这种欺凌。孩子不像成人一般，懂得如何游刃有余地处理人际关系、建立心理支持。在大多数孩子的眼中，被欺凌的只有他一个人，他的世界也只有他自己在苦苦挣扎。但是他们不知道，世界上有多少相同的孩子都经历过这样的事情。其中一部分人可以走出来，并积极地反抗校园欺凌，从被欺凌者到成功面对欺凌，甚至成为反欺凌项目的发起人。从校园欺凌的当事人，成为抵制校园欺凌的呼吁者，他们可以做到，你也可以。面对欺凌，不要自己一个人独自面对强大的对手，因为你不是一个人面对问题，你还有教师、同学和家长。

附件：案例

（一）谢恩·科伊赞向世界发声

谢恩·科伊赞（Shane Koyczan）参加了 TED 演讲，他就是 2010 年温哥华冬季奥运会上朗诵诗的那位胖小伙，当时他在台上声情并茂地朗读了代表加拿大精义的诗作 *We are More*。而这次在 TED 演讲台上，他朗诵了 *To This Day*，这是来自他发起的同名反欺凌项目"To This Day"。

谢恩幼年被父母离弃，祖母将其拉扯大。童年期间因身体胖，同学给他起了外号"Pork Chop（猪排）"，并经常欺负他。而十几岁时他自己成了欺凌同学的一个"学校小霸王"，这些经历的阴影一直伴随着他。

在 2011 年他完成了"To This Day"的朗读诗歌，而后他不断收到大量来信和反馈，被欺凌者诉说自己在学校的遭遇，甚至成年后留下的心灵阴影。

为唤起更多人对欺凌现象的关注，谢恩邀请更多人参与"To This Day"反欺凌项目。2013年他获TED邀请做了"To This Day：for the bullied and beautiful"的演讲[①]，引起了很多人的共鸣。

(二) 9岁女孩参加特种兵挑战赛，积极反抗校园欺凌[②]

9岁的小女孩米拉·比斯特（Milla Bizzotto）完成了一系列许多成年人都无法想象的挑战：58千米的马拉松长跑、8千米长泳、25项障碍穿越等一系列海豹突击队的魔鬼挑战。

米拉身高1.2米，体重48斤，她是这次挑战中唯一一个年龄还不到十八岁的挑战者。而在这场由海豹突击队所举办的"24小时障碍挑战"中，参赛者必须在24小时内完成重重关卡，这对米拉来说，绝非易事。

为了挑战自己，小小年纪的她每天都坚持锻炼四个小时，一周要锻炼五次。虽然年纪小，但是她的毅力很大，超乎常人，即使有时候很累很痛，她也会默默地坚持下去，每天天还没亮、别人家的孩子都在睡梦中时，父亲就带着她出来锻炼了。

就是这样，小女孩在一年的时间里面完成了很多人都无法完成的高难度项目。很多人都不解为什么这个父亲要让她小小年纪就做这些运动。

原来，米拉小学的二、三年级是灰暗的，经常受到同学的欺负，几个人一直推搡她，取笑和欺负她。一直到三年级的时候，他们对她的欺负一直没有消停，还变本加厉。她再也受不了了，意识到自己再也不能这样下去了。但是她锻炼和参加这个节目不是为了报仇，而是为了告诉那些跟她一样受欺负的人们，自己拥有反抗的意识才是最重要的，他们也能做到自己想做的事，成为自己想要成为的人。参加比赛的基本上都是成年的壮汉，她这个瘦小的小女孩显得特别与众不同，小小年纪的她出色的表现惊呆了所有的观众。她可以自由地穿梭、攀爬，在钢丝网下匍匐前进，在夜间靠意志力完成攀绳。

[①] 谢恩·科伊赞TED演讲视频（https://www.ted.com/talks/shane_koyczan_to_this_day_for_the_bullied_and_beautiful/transcript?language=zh-cn）。

[②] 9岁女孩参加特种兵挑战赛，积极修炼反抗校园霸凌！（http://www.sohu.com/a/151496465_230771）

米拉以惊人的毅力完成了整场比赛，成了历史上年龄最小的挑战成功者。

米拉强大的意志力来自遭遇校园欺凌的不幸经历。不是为了报复那些欺负过她的人，但也不能一味地忍下去或消沉下去。她深深地知道依靠什么都是暂时的，只有成为最强大的自己，才能好好保护自己。她说："我做了个决定，每天都要有1%的进步。你呢？"

米拉说："我不希望人们因为不相信自己，而放弃对生活的美好追求。"

（三）小女孩Femke重拾自信[①]

荷兰一个小女孩Femke六岁那年，在学校遭到了欺凌。

有几个同学只要见到她，就用编好的儿歌对其嘲弄："Femke，中国人，黑头发细眼睛，真难看。Femke，中国人，没礼貌，乱吐痰……"

那些孩子撕扯她的头发、推搡她、踢她的肚子。严重时，会把她刚吃的早饭踢到呕吐出来。有时在校园里，趁教师不注意，那伙孩子会把Femke一个人反锁在阴暗的储物间长达半个多小时。

Femke第一次去心理专家那里时，专家让她讲述一下被欺负的经历和自己的感受。

专家问Femke："他们打你，你会应对吗？"

Femke平静地回答："我不做应对。我任他们打，因为我打不过他们。他们打累了就不打了。"

Femke的父母和专家多次交流咨询后，在专家、教师和学校的协助下，多方搜集参考处理孩子被欺凌的书籍和信息后，开始了一段陪伴Femke走出被欺凌经历的路程，其间有起伏波折，好在最后皆大欢喜。

专家给了Femke的父母四个措施来解决这个问题：

措施一：建立自信。

孩子遭遇欺凌，学习强身健体的技能是有用的，但不是最有用的。最有效的方式，是让孩子认识到自己的存在感和建立自信心。为此，要支持孩子多做

[①] 当孩子遭遇校园霸凌，荷兰学校和家长的做法值得借鉴！（http://m9.baidu.com/feed/data/landingpage?s_type=news&dsp=wise&nid=3187359193151376699&p_from=4）

些自己喜欢的事，发掘其爱好和兴趣，更多地了解自己的能力，并去展现它们。跟孩子强调并肯定她的优点和与众不同之处。

当孩子做着让自己愉悦的事情，对自己及所处的外界环境都开始有认识的时候，会呈现出一种气场和自信。柿子都是捡软的捏，欺负别人的人是看人的。当你的自信心提高时，言行举止都会不同，新的自我角色一经建立，欺负你的人就会有感觉，从而不再来惹你。

措施二：理解被欺凌的原因并用抗议表明立场。

Femke 父母和心理专家开诚布公地跟 Femke 聊她的情绪和感受，告诉她被欺凌的原因，分析危险和侵害来自何处。他们跟她讲，那些孩子会欺负她，是因为她与他们不同，和大家没交集。在这个世界里，当你被看成是异类的时候，就容易被抗拒排斥。其实，打压欺负别人的人，并不光彩也不强大，他们反而更需要帮助。

Femke 父母让 Femke 不用怕那些人，不用不理他们或是刻意躲开，要站起来直面一切，用不同的方式应对不同的欺凌。

被嘲笑讥讽时，可以通过语言跟他们交流，问他们"你们叫我中国人是什么意思？你们很讨厌中国人吗？为什么呢？"如果有肢体冲突，就把他们推开，大声制止并用强烈的语气表达抗议："我不喜欢你们这样子做！你们不要再对我这样，我不接受！"大声坚定地表明立场是非常重要的，这是确定你信心和界限的第一步，也是站起来的第一步。

措施三：建立属于自己的朋友圈。

Femke 父母和心理专家鼓励 Femke 结交发展自己的新朋友，能有一些跟自己关系好的同伴。你的朋友越来越多，除增进集体对你的了解接纳外，大家还可以结伴上下学，用友情的屏障将欺凌挡在外面。

措施四：化敌为友。

敌意，很多时候是因为不了解和无知。而任何的挑衅，都可能是一个机会，因为它透露了问题所在。我们可以利用挑衅，去展现自己，给予答案，找到破冰的契机，从而化解分歧。

在实施了这四个措施的一周后，Femke 的情况出现了变化。

当一个小男孩扯坏了 Femke 的头发时，她没有自己扎起来，而是对着男孩子的嬉笑嘲弄说："我不喜欢你弄乱我的头发，因为我要一再地把它扎好。我就这样去上课，让老师帮我扎吧。"她头发凌乱地走过发愣的男孩。有几个女同学问起 Femke 的头发，她指着男孩说："是他弄坏的！"那几个女孩回头对着男孩说："你真无聊！"到了校门口，迎接孩子的教师立马注意到了 Femke 的头发，一边给她重新梳头，一边勒令男孩子给 Femke 道歉。

之后，Femke 会在有人试图接近她时就大声说："你们要干什么？离我远点！"

教师说，她亲眼见到，有一次 Femke 带到学校的加餐饭盒被藏起来了，她镇定地走到那几个人面前说："请你们把我的饭盒拿出来，或者我们叫老师和全班同学一起来找！"于是，饭盒被还回来了。

局面改观了，Femke 逐渐懂得如何应对欺负。并且，Femke 的自信和自我价值逐步建立，成为班里特别受欢迎的人。Femke 的口才很好、反应快、说服力强，学校演说都是选她做代表；她也很会体谅他人、与人为善；她的歌声甜美，舞技曼妙。这些表现，让崇拜她的人越来越多，大家都想跟她做朋友，她就这样一步步摆脱了被欺凌的经历，并且没有留下阴影。

Femke 如今已经 16 岁了，出落成了个亭亭玉立的万人迷，追求者无数。她因为唱跳俱佳，奋斗在成为音乐剧女演员的路上。

执笔：杨梨　赵蕊

学习交朋友的技巧

一　辅导目标

1. 帮助被欺凌者了解交友需求；
2. 帮助被欺凌者学习交朋友的方法；
3. 给予被欺凌者一些交友的外部支持。

二　辅导原则

1. 基于被欺凌者的个性、交友需求提供针对性的辅导

人是有独特性的，被欺凌的孩子尤其如此。虽然被欺凌者身上或多或少存在一些共同点，但是绝对不能一概而论，每个被欺凌者的家庭基本信息、生活阅历、个性、性格都有很大的差异，所以教师在对被欺凌者提供交友辅导的时候要有针对性。

2. 计划并非总是行得通

在进行辅导之前教师会对被欺凌者的基本情况进行一定的了解，在进行一定接触之后，教师会给每个被欺凌者制订不同交友计划。但是这些计划都是在理想化的基础上建立出来的，并不能保证被欺凌者一定可以得到心中想要的友谊。他们可能想要跟某位孩子交朋友，但结果并非总能符合期望。教师要跟被欺凌者解释，有许多无法控制的因素影响了我们交朋友，比如两个人没有共同

点，或者对方现在正面临难题，想独处一阵子；或者虽然过去是好朋友，但是现在因为各自忙碌的事情不同而不再是朋友了。教师要让被欺凌者明白友谊是来来去去的，有些会持续一辈子，而有些可能只维持短暂的时间。教师也可以向孩子谈及自己过去失去朋友的经验以及这件事对你的意义，让被欺凌者不必为失去朋友感到沮丧，我们还可以去交更多的朋友。总之，在现实中若出现变故，教师要与被欺凌者协商，一同更改计划，或者引导被欺凌者在实践过程中自己逐渐摸索，不要过分依赖于计划所制定的内容。

三 辅导方法

采用观察法了解被欺凌者的交友困难，通过面对面聊天、讨论等方式与被欺凌者一起探索自我认识与交友需求，运用角色扮演、情景模拟等方法帮助被欺凌者练习交友技巧。同时，教师可以主动采取行动帮助被欺凌者交朋友，比如，私下鼓励其他同学与被欺凌者交朋友、调换座位、请其他教师多关注被欺凌的学生等。

四 辅导过程

1. 了解被欺凌者交友的基本信息

（1）辅导内容

了解是第一步。被欺凌者都会有不同的现状，因为不同的个体有独特性，每个人都不同，生活习惯、家庭氛围、学校成绩等因素都会影响到被欺凌者交友。所以，在进行辅导的时候，对于被欺凌者基本信息及其交友需求的了解是十分必要的。

被欺凌者可能遭受了攻击和孤立，从而导致被欺凌者性格变得极端，过于抑郁或者过于暴躁。他们在社交中也会存在问题，他们或许想要结交新的朋友，并且用尽了自己想到的一切方法，但是仍然被孤立。其实他们只是不知道有更好的社交方式，这就需要教师引导被欺凌者正视自身的问题，了解被欺凌者的交友信息，找到被欺凌者的社交症结所在，从而帮助被欺凌者解决问题。

所以，在辅导的时候，教师首先应尝试尽可能地与被欺凌者进行交谈，充分了解其个人交友信息，例如，因个人不良的习惯（如用袖子擦鼻涕）吓走朋友；遭到重大家庭问题而无暇顾及其他问题（也包含交朋友这件事）；住的地方离其他同学的家有段距离而无法利用课后或周末进行社交活动；或者本身会欺负其他孩子；等等。其次是观察，在对被欺凌者进行辅导的时候，要注意观察被欺凌者的言语与动作，可以不经意地在被欺凌者的身边待着，观察其交友情况。当其感到彷徨无措的时候，教师可以就自己的观察情况对被欺凌者进行解释，解释他们遭遇这种情况的原因，当作一个故事来给他们讲述出来，相信这些故事也会给他们带来希望。

（2）辅导建议

教师在了解被欺凌者的交友信息的时候，要注意倾听与观察，不仅要动用自己的感官，更重要的是要认真思考，懂得追根溯源，从被欺凌者的语言、动作、交友情况等表面现象进行分析，从而推论出被欺凌者交友困难的症结所在，从而进一步对其进行辅导。

2. 与被欺凌者一起讨论交友

（1）辅导内容

教师与被欺凌者一同讨论交朋友的过程，也会是辅导的一部分。让被欺凌者知道交友需要做什么，不能做什么。教师引导被欺凌者列出心中朋友的要件和朋友对自己的期待，这样不仅让被欺凌者思索心中想要的朋友是什么样子，同时也让他们想想自己要怎么做才能符合朋友的期待。

首先，可以先让他们列出自己的条件，接着再和他们一起讨论。

被欺凌者最后列出的明细表示例[①]：

- 心中朋友的条件：

 对自己和善，没有暴力行为；喜欢谈天、音乐、游戏；两人一起共进午餐，并且一块玩耍；喜欢到家中玩；和善、体贴；不会太过吵闹；喜欢笑……

- 朋友对自己的期待：

 忠诚；放学后一起做一些事情；午餐时一起吃饭；下课时一块玩耍；信任

---

① 李小宁、张大生：《校园欺凌与暴力防止实用手册·上》，红旗出版社2017年版，第366页。

他；一起规划要做的事情；保守秘密；对方遭受暴力时，支持朋友……

其次，教师可以与被欺凌者讨论交朋友的一些技巧，以便让被欺凌者能够在交友中更顺利。附件提供一些交友秘籍，供教师参考。

（2）辅导建议

这个环节辅导的时候，教师要与被欺凌者多讨论，给时间让被欺凌者思考，提出自己的想法，然后教师予以总结，或在被欺凌者提出的想法基础上适当地提出建议。同时，教师要尊重被欺凌者对友谊的不同选择，但要提醒他辨别什么是不好的友谊，如果一些人让你去做一些非法或不当行为的时候，请一定要拒绝，这样的友谊不仅没有价值，而且是危险的。

3. 练习交友技巧

（1）辅导内容

这些被欺凌的孩子的内心原本就比其他人要柔弱一些，类似于交友这件事，或许对于其他人来说比较简单，但是对于被欺凌的孩子而言，这样的活动却是需要被练习的。通过情景模拟来帮助他们练习交友时可以和朋友谈论的话题。

以下是一些如何开始聊天的点子[①]：

"昨晚你有没有看……节目？""你对这件事有什么感想？"大部分的孩子都会看电视，所以这应该是普遍的开端。

"对于老师规定的我们阅读的这个故事，你有什么看法？"

"我喜欢你画的作品，可以告诉我你喜欢画哪一类的内容吗？"

"节日或者周末，你都做些什么？"

"你愿意到那个地方进行这项游戏吗？或者你有其他建议？"

"我可以坐在你的旁边吗？"

---

① ［英］米歇尔·艾略特：《反对校园暴力101招》，新苗编译小组译，重庆出版社2005年版，第100页。

在与被欺凌者进行角色扮演的时候，教师要引导他们提出开放性问题，或者向他们解释，什么样的问题会是开放性的问题，在交友中应该如何运用。

你可以向他们解释"开放"和"封闭"问题的不同之处，封闭性问题是要引导出"是"或"不是"的回答，比如，"你喜欢下棋吗？""是的。"而开放性问题是以"如何""什么""何时""为什么"开头，目的是想引导出较长的回答，以产生更多机会进行交谈，比如，"暑假时，你都做些哪类的活动？""哦，我们会去游泳，而我也看了一些不错的书，事实上，我同时又跟别人去学了打网球，但表现并不出色。"

进行角色扮演时，教师可以伪装成那位被欺凌者想要接近的孩子，而被欺凌者则尝试各种不同的办法与这个孩子交朋友，借此可以提升他寻找、结交朋友的自信心。

教师可以建议被欺凌者采用以下方法（同时也可以参考附件中的建议）：
- 目光接触，向对方表现和善的眼神；
- 聆听对方谈话，每个人都喜欢别人专心听自己说话；
- 看起来友善；
- 建立和对方接触的话题；
- 邀请她一起做某件特别的事情。

（2）辅导建议

在这部分的辅导过程中，教师最应该注重的是对被欺凌者交友技巧的练习。教师应强化自身的能力水平，提升自己的辅导知识与技能，从而帮助被欺凌的孩子在技能练习的辅导上，实现自我突破，促进被欺凌者交友能力的提升。教师在辅导的时候，要注意被欺凌的孩子的个性特点，他们因为受到同伴欺凌，可能对交友并没有信心，加上有的被欺凌者性格比较内向，交友对他们可能并非易事。因此，教师要有耐心，要鼓励被欺凌者先做好练习，学习交友技巧，提升交友能力，在适当的时候就可以运用这些技巧交到朋友。教师还需要注意，虽然大部分孩子都喜欢交更多的朋友，但有的孩子可能只喜欢跟一两个人交朋友，因此，不能强求这样的孩子必须要与更多的人接触和交友。

五　为被欺凌者提供学习交友的支持性环境

除依靠被欺凌者自己的力量交友之外，各个方面的资源支持也是帮助被欺凌者交友的另一个途径。常见的交友支持有家庭支持、同伴支持、学校支持等。教师需要充分链接资源，充分利用家庭、学校、同伴资源，以给予被欺凌者更多实际的支持。

1. 家庭支持

教师可以积极联络被欺凌者的家长，告诉他们被欺凌者正在接受学习交友的练习辅导，需要家庭给予支持。请家长谨慎观察孩子和朋友的互动情形或者尝试交朋友的过程，适时适当地提供协助，比如试着鼓励孩子表现那些可以增进友谊的行为，同时，也慢慢劝导他改掉其他的缺点（一次只针对一点）。假如孩子过于敏感，家长可以温和地跟他谈，尝试交朋友的时候有可能对方并不会那么快回应他，也有可能他误解了别人的意思。鼓励孩子培养新的专长和兴趣，从而能找到兴趣相投的朋友。

2. 同伴支持

教师可以帮助被欺凌者在入学早期就交到一个高年级的朋友。年幼的孩子身边若有一个高年级的孩子"保护"，受到攻击的概率会大大降低。教师也可以鼓励被欺凌者之间相互支持，建立好的友谊。教师需要提醒被欺凌者，当大家在一起时，要将大家的友谊发展为积极、正向的友谊。教师可以邀请被欺凌者们加入教师布置的某个具有挑战性的活动中，让大家在活动中共同完成目标，从而锻炼他们合作、彼此支持、鼓励。这样也能帮助被欺凌者走出自怨自艾或彼此表达对欺凌者的愤怒这样的负面情绪，从而建立健康的友谊关系。

3. 校方支持

仅仅改变座位就可以鼓励孩子结交更多的朋友。教师可以根据被欺凌者交友的一些情况安排座位，同时每隔三周就改变一次。如此，孩子有更多机会认识更多朋友，而培养出新友谊来。

附件：交友秘籍[①]

1. 面带微笑，和善地跟人打招呼。毕竟，亲切的人比较容易接近。

2. 采取主动。主动和其他人打交道，不要总是期待别人和自己问好或要求我们去做什么事。

3. 学习成为一位好的聆听者。每个人都喜欢说话时受他人尊重，这点也是孩子们对友谊最重视的一点。当他人说话时，要看着对方，并且注意听他们讲话的内容。

4. 不要期待他人跟自己一样。事实上，同有个人思想和见解的朋友交往，会比较有趣；如果每个人所想和所做的事都相同，这将是非常无聊的世界。

5. 询问许多问题。让别人明白你对他们有兴趣的好方法是，询问他们喜欢什么、对某些事情的看法。

6. 不要一天到晚悲叹不止。假如你一味地跟朋友谈论自己的问题，久而久之，他们会感到相当无趣。因此，在悲叹的同时，也别忘了说些快乐、有趣的事。

7. 小心不良的朋友。有时，我们会因为没有朋友而跟这种人交往，要留意他们是否会唆使我们去做一些我们不愿意去做或者是"不正当"的事。

8. 不要总是专横霸道或自吹自擂。假如你总是希望主导一切或者一直炫耀自己的优点，长久下来，朋友会觉得跟你交往非常无聊。

9. 试着想出有趣的事来做。跟具有创意的人相处，一定相当愉快。

10. 不要缠着他人。假如他人不想跟你交朋友，就换个目标。要明白，你不可能跟所有人都建立友谊。

11. 向他们表达友善和尊重。

12. 支持和维护他们。

13. 在你的朋友需要帮助和建议的时候，给他们支持。

14. 讲真话，但是要以友善的方式。

[①] 李小宁、张大生：《校园欺凌与暴力防止实用手册·上》，红旗出版社2017年版，第371—372页。

15. 如果你伤害了朋友，向他道歉。
16. 如果你的朋友伤害了你，并且向你道歉，接受他的道歉。
17. 如果你做出承诺，兑现你的承诺。
18. 为你们的友谊做些努力，否则你的朋友可能会觉得你忽视了他。
19. 不要试图改变你的朋友，接纳他们原本的样子。
20. 用你希望被对待的方式来对待你的朋友。

六　总结

受到校园欺凌的孩子或多或少会面临社会交往的问题，他们不懂得如何与朋友交往，怎样才可以交到朋友。而且受欺凌者很多时候都是一个人独来独往，没有朋友支持的被欺凌者很容易成为他人嘲笑的对象，所以交朋友对于他们是重要的事情。对于遭受校园欺凌的孩子来说，他们会对社交有些抗拒。教师要去引导这样的孩子，辅导他们去正确交友，并且去维持自己的友谊。当然，教师也要尊重有的孩子不喜欢交友的性格或习惯。另外，教师还需要争取到被欺凌者的家庭、同伴和学校的支持，为被欺凌者学习交友提供更好的支持性环境。

执笔：杨梨　赵蕊

第二部分 行为训练

坚定地反驳欺凌者

一 训练目标

1. 提供被欺凌者行之有效的应对校园欺凌的方式；

2. 通过模拟校园欺凌现实情景，让被欺凌者的体会更真实贴切，要坚定地反驳欺凌者；

3. 通过照镜子行为训练，让被欺凌者真切感知坚定地反驳欺凌者的有效性。

二 训练原则

1. 教师要提点反驳行为的坚定与消极的差别

在面对面照镜子训练中，教师注意观察照镜子同学前后两次行为表现和语言表达间的差别；在感受分享训练中，教师指导学生积极地分享面对面照镜子训练中的想法与感受，必要时点名让差别表现比较凸显的学生分享感受；引导学生关注反驳校园欺凌行为的坚定与消极的行为和言语的差别，领悟到坚定地反驳欺凌者是行之有效的应对方式，并让学生学到坚定地反驳欺凌者方法。教师需要强调，在面临欺凌者的威胁与暴力的时候，我们内心笃定、坚定地反驳，会散发出一种强大的威慑力，让欺凌者不敢贸然攻击。

2. 教师要指明应对方式不是唯一的

挺胸抬头、眼神坚毅、步伐坚定，果敢地表达自己的同时尊重对方，这些都是坚定地反驳欺凌者的好方法，但它们并不总能成功地阻挡欺凌，而这只是一种被欺凌者可以掌握的应对校园欺凌的方式之一。

应对校园欺凌的方式各种各样，或坚定，或被动，抑或是对抗，不同的被欺凌者的不同性格特质和处理问题的风格，以及欺凌环境不足而一，都是影响应对方式选择的因素。面对来势汹汹的欺凌者小心谨慎更合适；奋力呵斥欺凌者更适合性格坚毅的人；身处人们来来往往的被欺凌环境中，大声寻求帮助更适合；解救自己的最好方法是趁机抽空溜走。应对校园欺凌的方式是灵活多样的，所以被欺凌者面对欺凌现实时千万要保持冷静、从容不迫，不要因为对方来势汹汹就乱了手脚。我们兵来将挡水来土掩，要相信万事的产生必然伴随着应对办法，校园欺凌也不例外。另外，不管应对方式怎样在消极与积极间变换，切记：保护好自己的人身安全是首要的。

三　训练方法

被欺凌者应对教师给出的校园欺凌场景，两两组合"照镜子"，坚定地反驳欺凌者，使被欺凌者生动形象地体会应对校园欺凌的良性方式。

四　训练过程

（一）面对面"照镜子"

教师运用心理学完成形疗法原理，以模拟照镜子的过程让学生充分觉察自己过去应对校园欺凌态度，与坚定地反驳欺凌者这两种方式的差别。

1. 训练内容

（1）学生两两一组（若班级人数较多，每组可增加一名观察员）；

（2）每组随机抽取事先准备好的校园欺凌情景（具体例子见附件）；

（3）小组成员面对面站立，组内决定照镜子和扮演镜子同学的分工（观察员站立位置不固定，方便观察行为训练成员的肢体行为和语言表达即可）；

（4）按照抽取的情景，照镜子同学面向"镜子"做出自己固有的应对校园欺凌的反应，"镜子"跟随着照镜子同学肢体动作和语言表达做出模仿（观察员做好两位组员记录）；

（5）同样的场景再照镜子，同学以坚定地反驳欺凌者方式照"镜子"，同样,"镜子"做出相应的模仿(观察员做好两位组员记录)。

2. 教师小结

(1)"我是你"。运用我们日常熟悉的镜子呈现原理,镜子可以将自己做出的行为反馈回来,看到的镜子中的人就是本人。训练过程中,组员模拟的镜子反射出照镜子者的肢体行为表现和言语表达,照镜子者看见的表现就是自己。相比我们日常熟悉的镜子来说,由同学扮演的镜子会比平面镜子的呈现结果更加立体生动,获取到的信息更加形象有趣。通过镜子的反馈,我们能看清自己面对校园欺凌的言行表现,增强对自我的认识。与此同时,我们以观看别人呈现的自己行为的方式,像是画面回看一样,引发我们以他人视角看自己的内心感受,进而思考自身可做出哪些行为和言语上的改变。

(2)"我是我"。个体是具有多样性的,不管是照镜子的同学还是扮演镜子的同学,对待校园欺凌的反应有不同的感受,相应的应对方式也是不尽相同的。照镜子的同学依照抽取的校园欺凌场景,做出他自己的行为表现,在得到镜子的反馈后会有自己的思考;同样,扮演镜子的同学在面对模拟场景和对方的表现时,会触发他自己的思考,回想自己过往是如何应对校园欺凌的。

(3)"我们要坚定"。两轮照镜子训练,照镜子同学切身体会到前后两次照镜子的差别,思考出现差别的原因所在;同样,镜子同学在反馈行为的过程中,感受到两次状态的差异,思考出现差别的原因所在。第二轮照镜子,要求以坚定地反驳欺凌者的姿态应对,抬头挺胸、目光坚定、脚步稳健,学生感受到坚定、自信带来的力量进而行为表现有差异,这种力量是自己带给自己的。

3. 训练建议

这个环节主要是教师指导说明、学生亲身参与的训练方式,让学生体会自己应对校园欺凌的方式以及态度坚定带来的改变。欺凌环境、欺凌主体客体、欺凌缘由等欺凌条件的不同,会使应对欺凌的方式有所不同,但坚定地反驳欺凌者是行之有效的方式之一,训练旨在给学生学习并练习运用此方式。

(二)感受分享

1. 训练内容

经过两轮的校园欺凌情景"照镜子"训练,不管是照镜子表现反应的同学还是扮演镜子反馈的同学都在其间有些体会，各组照镜子同学和扮演镜子同学对照分享：照镜子同学分别用坚定和消极方式反驳时，有哪些行为表现，有怎样的内心感受；扮演镜子同学两次扮演的肢体动作和言语表达的差别、扮演镜子同学判断照镜子同学第二次照镜子态度是否坚定以及需要改善的地方、应对方式转变带来的行为和内心改变等。

在分享过程中，教师可以从以下三个方面引导扮演者总结和反思。

（1）"说我"。人习惯于从自己的角度看世界，从自我评价中能看出自我认知度，就本训练课而言，自我评价得越全面、透彻，收获到的知识越充分。照镜子同学最能切身体会到两次差别，及时总结反思，分享感知到的两次行为和言语表现上具体的差别，分享这期间的行为改变原因和心理感受，评价是否足够坚定地反驳欺凌者，回想第二次应对不足之处以及还有没有更好的应对方式；其他同学注意聆听，给予发言同学足够的尊重。

（2）"说你"。我们小组是个集体，组内每个成员都是必不可少的部分，三个臭皮匠顶个诸葛亮，共同为如何坚定地反驳欺凌者的应对方式集思广益，共同进步。扮演镜子同学补充说明照镜子同学两次差别所在，同时评价对应照镜子同学在面对情景下的行为表现和言语表达上的长处和不足；其他小组同学思考场景应对策略并给出自己的见解。

（3）"说我们"。零散的东西总得有个人来梳理，教师对学生感受分享进行总结，及时纠正分享中不恰当的做法，澄清正确应对校园欺凌的方式，深化对行为坚定和态度坚定的认识，加深要坚定地反驳欺凌者的意识，激励学生成为有能力反驳欺凌者的人。

2. 教师小结

经过两轮的校园欺凌情景"照镜子"训练，不管是照镜子表现反应的同学还是扮演镜子反馈的同学都在期间有些体会，及时分享训练感受，有助于澄清坚定地反驳欺凌者行为。扮演训练和讨论反思都是为了让学生以后在日常生活中能更好地应用坚定反驳的技巧。通过训练，我们相信，面对欺凌者时学生是有能力反驳的。抬头挺胸、目光坚定、脚步稳健、回应语言铿锵有力，都是正确可行的坚定反驳欺凌者的姿态。

3. 训练建议

这个环节主要是教师指导、学生发表想法感受的训练互动方式，教师需要引导学生思考自己训练中的肢体行为和语言表达情况，并积极地表达出扮演活动中的感受。同时，教师还需要帮助学生明晰两次照镜子行为表现差异，帮助学生认清坚定地反驳欺凌者行为及其有效性。

五 总结

校园欺凌发生时，被欺凌者面对欺凌者的来意不善，或许担惊受怕、惴惴不安，或许因突如其来的境遇慌乱了脚步，或许会忍受惨痛的毒打，或许会听从指令掏钱或做其他事。这个时候，被欺凌者正确的做法是：坚强起来，抬头挺胸、眼神坚定且脚步稳健，坚定地反驳欺凌者。这里的"坚定地反驳"是指有道理、不卑不亢地说出拒绝的理由。照镜子行为训练着重让学生认识到态度坚定的有效性，并反思、练习如何态度坚定地反驳欺凌者。以后如果再遇到欺凌事件，冷静衡量自我和周围环境后，坚定地反驳欺凌者。

附件：校园欺凌场景

1. 你和张某某是同班同学，他一直看不惯你说话娘娘腔，这天见你跟一个女生说话，他就在旁边嘲讽地说道："你还真是妇女之友啊！"

2. 放学回家路上，你被一个高年级的壮汉挡住去路，"把你钱拿出来！"壮汉恶狠狠地向你呵斥道，"要想顺利回家就赶紧把钱给我。"

3. 自从转到新学校，你一直闷闷不乐。在班上没有朋友，所有同学都不喜欢你，甚至一起排挤你；更过分的是，有些人还当着你的面，嘲笑你是娘娘腔，让你觉得很受伤。刚才，小明突然抢走你的书包，并且打你、威胁你不准跟教师说这件事。

4. 在课间休息十五分钟时，你正下楼准备去操场打球时，突然被一位学长拉进厕所暴打了一顿，并且警告你别张扬出去，否则后果会更严重。你认识这位学长，而且回想了一下自己并没有做什么对不起他的事情。

执笔：杨梨 朱周英

树立自信，有效应对

一 训练目标
1. 通过训练，被欺凌者能够对自我肯定，重新树立自信；
2. 让被欺凌者理解应对欺凌的方法多种多样；
3. 为被欺凌者提供面对欺凌时的几种有效应对方法。

二 训练原则
1. 教师需要帮助被欺凌者树立自信

教师需要告诉被欺凌者：无论是面对欺凌者，还是自己离开欺凌现场以后，都要知道，被欺凌并不是我们的错，而且我们还要自我肯定，寻找自己的优点和人生目标，树立自信和自尊。当然，有时候我们的消极自我感受是因为缺乏来自他人的肯定，这也不是我们的错，而是父母、教师或朋友还没有学会鼓励、正向反馈和无条件的爱。此次训练的目的之一，在于通过自我肯定与他人鼓励相结合的方式，帮助大家树立自信，从而有勇气面对欺凌和其他人生中的挫折，并且相信会有美好未来。

2. 教师需要提供几套不同的自救方案

应对校园欺凌的方式各种各样，本书提供了自救方案、逃离方案和寻求帮助方案。每种方案在应对时采用方式有所差别，适用情况也有所不同，需要具体问题具体分析，结合自己的性格、当时境遇和欺凌者的状况等判断适用何种方案。但是，必须熟悉每一套方案中具体如何回应，采用什么语言和行动，这样才能在面对欺凌时有效地选用不同的方案。

三 训练方法

教师采用面对面的方式，为被欺凌者提供具体的训练方法，指导学生练习，从而熟悉不同的应对欺凌的方法。训练由教师与被欺凌的学生一对一开展训练。教师与一个被欺凌者的单独辅导，要注意选择让学生感到安全和舒适的环境，比如心理咨询室或社会工作的个案辅导室，同时前提是教师已与被欺凌者比较熟悉，建立了信任关系。

四 训练过程

（一）自信心训练

自信能给予学生力量。如何才能成为一个自信的人呢？如何在欺凌者面前表现出自信呢？这一环节，教师将提供提升自信心的训练。

1. 训练内容

（1）自我肯定练习

被欺凌者与教师两人一组，互相注视对方的眼睛60秒，不可以躲闪，目光注视表示自信和诚恳。然后开始肯定地做自我介绍，比如"我愿意倾听，喜欢观察植物，功课做得不错"。双方互换角色再进行一轮。接下来双方在注视对方的情况下，以诚恳的态度给对方肯定性的评价，比如"你说话温和，待人友善"。双方互换角色再进行一轮。最后讨论刚才活动的感受。教师可以请被欺凌者思考以下问题：通过这样的活动，被欺凌者在肯定地表达自己和接受别人的肯定性评价时，有怎样的感受？通过活动，被欺凌者对自我的认识有没有改变？有怎样的改变？然后让被欺凌者说出自己的想法。

（2）寻找自己的长处

提前一周请被欺凌者与自己信任的人（可以是父母、教师或朋友）一起讨论，共同列出关于自己的一些长处。首先请列出具体的长处，如视力好、不错的手眼协调能力、喜爱动物等。其次，请被欺凌者带着这些列出的长处，与教师或其他被欺凌者一起，回顾自己在生活中体现这些长处的具体事件，包括时间、大致经历，还可以带照片或图画来分享。最后，请被欺凌者想一想自己的长处如果用在人生规划方面，自己将来可能可以从事什么样的职业，比如喜爱动物，是不是可以考虑当驯养师或兽医。

2. 教师小结

当我们遭遇欺凌时，第一反应很重要。缺乏信心的被欺凌者，会感到害怕，并且如果持续遇到欺负，会越发缺乏自尊心、胆怯和感到孤立。所以，被欺凌者不自信不是因为他们真的没有长处，而是受欺凌事件影响。今天的训练让被欺凌者发现自己是一个可以具有自信的人，有属于自己的长处，是值得尊重的。

3. 训练建议

这个环节主要是通过自我肯定和他人赞赏的方式，帮助被欺凌者树立自信。有时候被欺凌者可能认为自己很差劲，所以开始练习的时候，教师可以通过提供具体的示例，供他们参考。同时，教师需要提前与被欺凌者的父母、朋友沟通，让他们提前收集学生的长处，且一定是具体的、切实存在于被欺凌学生身上的长处。训练最后，教师要引导被欺凌者发现自己的长处和它们对自己未来的影响，从而找到人生方向，这样更有利于建立长期的自信。

（二）自救方案

当面临欺凌时，我们可以通过一些方式回应欺凌者，可能会让自己脱离险境。今天我们就来练习这些自救的方法。

1. 训练内容

（1）有力量的肢体语言

面对欺凌者，我们首先要用肢体语言表达自己的力量。请做以下动作①：

昂首挺胸，不要垂头丧气；

立正站直；

深呼吸，恐惧会导致呼吸急促甚至无法呼吸，你可以通过深呼吸令自己放

---

① ［美］菲利斯·卡夫曼·古特斯坦、伊丽莎白·符迪克著，斯蒂夫·马克绘：《对校园欺凌说不！》，樊伟、周睎雯译，陕西科学技术出版社2016年版，第76页。

松下来；

将手放在大腿两侧，表明你不会主动攻击对方；

保持你的脚、手、头、身体都处于静止不动的状态。

（2）简短、坚定地回应

面对欺凌者，简短但坚定的回应意味着立场坚定。力量强大且尊重对方的回应，可以让欺凌者感受到你的力量，他们可能会放弃欺凌。

被欺凌者与教师两人一组练习以下虚拟情景的回应方式：

欺凌者：哟！快瞧这位大笨蛋。

被欺凌对象的回应：别烦我！

（欺凌者们讨厌这种直截了当的回应，这样做就是向他表明你不是"受气包"，别把你当目标。同时，你那铿锵有力的声音也会引起附近人们的注意。）

欺凌者：你的眼镜片可真厚，你这个呆瓜。

被欺凌对象的回应：所以呢，我戴眼镜可看得清呀。

或者回应：戴眼镜的人可多着呢。（客观真实的回应，让欺凌者们很难反驳。）

欺凌者：你位列"世界上最丑的人"榜单之首，可真是当之无愧。

被欺凌对象的回应：我无所谓呀，那又怎样？（他们就会明白言语不会干扰到你。）

或者回应：我知道，你说那些话只是觉得好玩，但那些话伤到我了，所以请你不要再那样说了。

或者回应：也许你认为你只是在调侃我，但我觉得受到了伤害，别再那样做了，好吗？我真的不喜欢。（表达自己的感受，礼貌指出对方的问题。）

欺凌者：土鳖，你不属于这里。

被欺凌对象的回应：那就更要"感谢"你还这么"好心"地收留我了。（幽默可以缓解紧张的气氛。）

欺凌者拿走你的笔。

被欺凌对象的回应：那是我的笔，请还给我，谢谢。

或者回应：你没带笔很不方便，但是我也要用笔，请还给我。

还可以回应：我不会不经过你的允许就借用你的笔，也请你在借用我的笔之前经过我的允许。（提出"简短"的请求，态度要坚定，但语气要和善。）

2. 教师小结

上述回应中的重点就是让欺凌者明白，你不会对欺凌行为感到害怕或受到影响，从而减少欺凌者继续行动的可能性。如果这是第一次被欺负的时候，请一定记住，此时表现出害怕、恐惧、退缩、逃避等状态，会让欺凌者产生愉悦感、力量感甚至是价值感，从而增加他们未来进一步采取欺凌行为的可能性。所以，如果面临欺凌时，我们能用以上这些回应方式表达直接拒绝，笑着回敬欺凌者"真幼稚"，或在被损坏物品时，在公开场合给予欺凌者反驳，会让对方感觉到在做蠢事。当然，这些应对方式都需要训练才能应用自如，请回去后在家里对着镜子多练习，直到你相信自己能够自然地做到这些肢体动作和说出这些话。同时，提醒大家，即便学会了这些回应方式，还是要非常谨慎小心，切忌在欺凌者面前表现出你的忐忑，也不要直勾勾地盯着对方，或是紧握拳头，直接跟欺凌者争论；如果回应无效，我们可以采用其他方案。记住：打架、用暴力方式自卫的方法根本无效。欺凌者有可能更占据优势主动地位，比如强壮的身体和大个头，因此，保证自身的安全是最重要的事情。而且以暴制暴可能导致受伤更加严重，你也可能陷入更大的麻烦之中。

3. 训练建议

被欺凌者自信、坚定地面对欺凌，是相当困难的。这部分的训练需要被欺凌者反复练习，直到他们自己能从中真正体会到自己的力量，并能够自然地做出这些反应。同时，教师要提醒被欺凌者，这些回应方法主要适用于语言欺凌、关系欺凌等类型，且欺凌者的暴力倾向不太明显的时候。不管什么情况下，如果发现回应无效，我们需要采取逃离方案或寻求帮助方案。

（三）勇敢地走开

勇敢地走开，欺凌行为通常就会暂时停止。但是为了走开以后确保自身安全，我们也需要练习如何更好地离开。

1. 训练内容

两人一组练习，假装自己并不害怕，转过头离开。我们也许内心惊恐不安，但表面上要表现得很有自信，离开的目的在于掩饰害怕。

两人一组制订一个逃离计划。如果担心独自一人时遭遇欺凌，尽可能结伴而行。一般情况下，如果周围有很多人的话，欺凌者就不太可能对我们下手，或者让自己尽可能地出现在许多人的视线范围之内。如果有人向我们靠近要进行欺凌时，请向认识的人发出求救信号，或是向人多的地方跑，当欺凌者看到人多时，他们可能就放弃了。转移欺凌者的注意力，寻找机会逃跑，或者拖延时间等待他人救援。

两人一组练习逃离时可以说的话有：

"好的，我明白了。老师找我呢，我得去见他，回头见。"

"老师来了！"

"我爸等着我呢，我得走了，再见。"

"我很遗憾你有这种感觉，我还有事要去找老师，拜拜。"

"你好像很心烦，可我帮不了你。我朋友还在街边等着我呢，咱们以后再聊。"

在说上面这些话的同时最好提及可能帮助我们的"后援部队"，让欺凌者知道我们的教师、父母、朋友正在等我们，我们若是有事，他们会来找我们；或者他们所做的事情会被人发现，这样对我们安全离开很有帮助。

2. 教师小结

与欺凌者保持距离，是短期内保证自己安全的有效方式。不要认为离开是逃跑，或是怯懦的表现。离开也是一种勇敢，更是我们机智化解危机的表现。同时，离开也并不是那么简单，这个环节就是练习如何勇敢、有准备、有效地离开，从而达到暂时中止欺凌的目的。

3. 训练建议

有的被欺凌者可能会认为走开是怯懦的表现，或者认为过去自己也采用了躲避的方式，但效果并不好，因而对此部分训练有抵触情绪。教师需要说明，这里训练的勇敢地离开是一种有效应对欺凌的方式，不是怯懦的表现。同时，离开也是需要方法的，不是简单的逃离，所以才需要训练。

（四）寻求帮助

要记住，面对欺凌不是我们自己的事情，需要寻求他人的帮助。如果有人对我们实施欺凌行为，自己已经没办法很好地应对这件事，或者回应、走开都无法终止欺凌者的行为的时候，要在能确保自身安全的前提下，立刻通过呼喊求救或事后立即告诉那些可以信任的人们的方式寻求帮助。

1. 训练内容

教师可以举一些例子，与被欺凌者一起讨论可以求助的人及求助的方法。

示例 1[①]：你以前"最好的"朋友们向你施暴，这令你十分难过。

你会：①告诉父母；②打电话向其中一位询问，为什么他们要如此对待你；③设法结交新朋友；④跟父母讨论此事，以及打电话询问一两位朋友，看看是否可以改变他们的行为。这种情况下假如彼此父母也都是朋友，通过他们交谈，有时会有助于改善这种情形，你可以选择第一种方式。同时，如果旧朋友对你这般无情，你可以试着结交新朋友。所以，你还可以同时选择第三种方式。

示例 2[②]：同学在课堂上大声对你做出粗鲁的评论，除了你，其他在场同学也听见了。这件事令你非常生气。

你会：①忽视这项抨击；②和这名同学对峙，并且叫他住口；③向教师报告；④将这名同学殴打一顿。先试试看第一种方法，那些欺凌者就是想要看到你有所反应，他们想看到你害怕、忐忑不安的样子。如果你没有表现出恐惧，且没有理会他们，他们可能就会无趣地走开。所以有时，你可以通过干自己的事情来无视他们的欺凌行为，但事后一定要向教师报告。

可以求助的人：首先要找离发生欺凌事件最近，且可信任的大人求助。比如学校的教师、校长、校医、护士、社会工作者、辅导员、保安、食堂的服务员、管理员等。当然，我们也可以选择先离开，事后再报告家人或教师。

可以求助的方式：除直接口头求助之外，我们还可以运用其他方法：

写一张便条放在教师的桌子上，或者教师的学校信箱里；写一封信，邮寄给学校教师或校长；在课前（课后）以请教问题的方式告诉教师，以确保没被周围人发现；请朋友们帮助告诉大人。

2. 教师小结

通过讨论，我们知道了面对欺凌时，寻求帮助可以采用的办法。我们可以

---

① ［英］米歇尔·艾略特：《反对校园暴力 101 招》，新苗编译小组译，重庆出版社 2005 年版，第 38 页。

② 同上。

在当时自己回应以后求助他人；也可以当时就求助他人，同时，自己也采取一些方法积极应对。另外，我们还讨论发现可以求助的人有很多，可以采用的求助方式也有很多，需要根据情况选择合适的求助对象和求助方式。

3. 训练建议

教师要给被欺凌者足够的时间去思考，让他们提出自己的见解，然后适当地补充和总结，从而让被欺凌者感到寻求帮助也是一个增能的过程。

五　总结

面对欺凌，我们要怎么做？通过本环节的训练，我们知道了首先需要建立自信，只有自信的人才能勇敢面对欺凌者。其次，我们可以在当时采用一些积极自救的方式有效应对欺凌者的不当行为；还可以在情况不对时，及时而勇敢地离开欺凌场景，保证自身安全；当然也可以寻求帮助，获得信任的人的救助。今天的练习时间有限，大家可以自己在家继续练习。最后，希望大家今后面对欺凌时，能根据情况选择合适的方案有效地应对欺凌。

执笔：杨梨

应对网络欺凌

一 训练目标

1. 帮助被欺凌者了解躲避或减轻网络欺凌的方法;
2. 帮助被欺凌者学习应对网络欺凌的正确处理方法;
3. 帮助被欺凌者了解面临网络欺凌时可能的求助途径。

二 训练原则

1. 教师要懂得网络欺凌与传统欺凌的共性和差异

教师指导网络欺凌的被欺凌者时,一定要知道网络欺凌也是欺凌的一种形式,所以网络欺凌与传统欺凌有一定共性,因而本编其他内容大多数情况下也适用于辅导网络欺凌的被欺凌者,包括让他们认识到被欺凌并非自己的错,帮助他们处理负面情绪等。但是教师也必须懂得网络欺凌的特殊性,由于网络无处不在,被欺凌者很难通过回家、不去学校等方式躲避网络欺凌,也很难通过坚定地回应来制止网络欺凌,因而本节的内容就是为了帮助被欺凌者更好地面对网络欺凌的特殊性而设计的。

2. 教师需要确保被欺凌者切实能够应用学到的应对方法

教师需要跟被欺凌者一起练习这些方法,所以最好在网络教室,或者提供手机的情况下开展此行为训练,让被欺凌者实际去应用这些方法。同时,教师还需要做更多的功课，尤其是关于向其他成年人求助这一环节，教师需要积极联络家长、其他教师等，让他们信任被欺凌者，并与你一起加入帮助被欺凌者的工作中来。

三　训练方法

教师面对面教授网络工具的使用方法，并教授面对网络欺凌的处理方法，鼓励被欺凌者实际应用这些方法，情景训练与布置作业相结合，同时推荐网站资源，帮助被欺凌者学习面对网络欺凌。

四　训练过程

（一）训练学生在使用网络软件时注意隐私保护

1. 训练内容

在现实生活中你要保护自己的隐私，在虚拟的网络世界中更是如此。你要把自己的信息像宝贝一样珍藏起来，那是属于你的东西，不要轻易在网络上吐露。你的个人信息、你的照片都可能成为他人攻击你的武器，不要让他人能随意获取你的这些资料。越是了解你的人，会更加熟悉你的弱点，从而将你的弱点放大，对你进行欺凌行为。所以，保护好自己的隐私很重要。

教师将学生带到信息教室进行学习，通过机房电脑远程控制的系统播放视频与模拟操作，向学生展示在网络交往中如何保护个人隐私。随后让他们自己相互之间进行模拟训练。

我们现在的各种手机APP都需要进行用户注册，这个注册过程就是我们信息泄露的根源之一。对网络信息了解较多的黑客很容易通过远程端对信息进行提取，所以在虚拟的网络世界中要注意自己个人信息的保护，及时注销自己的相关账号，清理好自己的个人信息，不要让自己的隐私被他人恶意盗用。另外，在网络社交中也要注意对自己的隐私进行保护，不要随意向他人吐露自己的家庭住址、联系方式等个人的基本情况，以防止遭受来自网络的恶意欺凌。

推荐插件：①手机 BioProtect 1.4-283（更新支持 iOS 8），②电脑：HTTPS Everywhere。

2. 训练小结

如今的信息时代，网络给我们带来便利的同时，也会带来一定风险。我们自己要学会隐私保护，在使用网络的时候，注意网络安全，随时注销账户信息，不随便泄露自己的信息，形成良好的网络使用习惯，以降低自己遭遇网络欺凌的风险。

3. 训练建议

教师在指导学生的过程中，要让学生了解自我隐私保护方法的同时，将保护隐私的行为落实到实处。在进行网络模拟之前，教师要提前收集好相关的资料，做好准备。

（二）使用 SCBT 法面对网络欺凌

1. 训练内容

当你面对网络欺凌时，首先应怎样做？要注意网络欺凌与传统欺凌的区别，面对面的欺凌中你可以通过离开现场、躲避或者坚定而自信地回应来解决，但是网络欺凌中这些方法可能并不有效。所以，我们需要学习专门用于应对网络欺凌的方法——SCBT 法，即停止（stop）、拷贝（copy）、拦截（block）以及告诉一位值得信赖的成年人（tell a trusted adult）。[①] 该方法的具体步骤如下：

（1）**停止**。当面对网络欺凌时，不要回应欺凌者是最明智的选择。因为当我们回应时，很可能会带着愤怒或受伤的心情，而这种回应只会给网络欺凌火上浇油。很多被欺凌者在面对网络欺凌的时候第一反应是顺着欺凌者的路子，一步一步被激怒，再用自己的语言去攻击对方。你知道吗？这样的方式会给予欺凌者满足感，他们乐于见到他们用自己的语言将你激怒，这会给他们带来成就感，而且他们还可能将此类回应通过剪切、复制而篡改成我们在攻击他们。所以，不要给他们这样的机会，而且你的不在意、不回复，很可能会让欺凌者失去兴趣，不再攻击你。

（2）**拷贝**。当面对网络欺凌时，你应该冷静，将你可以想到的证据收集起

[①] ［美］芭芭拉·科卢梭：《如何应对校园欺凌——从学龄前到高中以后如何打破暴力循环》，肖飒译，华东师范大学出版社 2017 年版，第 208 页。

来，要相信你将来会用到，会用自己的冷静换回自己的名誉。将与欺凌者对话的记录、图片、聊天记录、手机短信或语音留言等证据收集拷贝出来，保存下来，以防日后维权需要。

（3）**拦截**。通过即时通信软件的通讯录或电子邮件及其他设置过滤资讯，或屏蔽欺凌者发起的各类信息。你也可以考虑变更电子邮箱地址、账号、用户名、电话号码或者手机的 SIM 卡。当欺凌者发现自己试图对你造成伤害的网络信息根本没办法让你看见时，可能会对这件事感到失去兴趣。同时，当你远离这些信息时，也会让自己更容易冷静下来，不被这些信息激怒。

（4）**告诉一位值得信赖的成年人**。在遭受到网络欺凌的时候，往往是一个人在默默承受来自网络形式的欺凌，而且与遭遇传统形式的欺凌一样，我们往往不会主动去告诉他人自己的经历，认为他人不能理解自己，或者也会如那些欺凌者一样去污蔑自己。但是，请相信，一定有人愿意给你们提供支持。

教师可以提供一些可信任的成人或组织的清单：

（1）**家庭**：向家长求助。家人是你的第一支撑，当遭受到网络欺凌的时候，你可以去请求家人的帮助，他们会给你无条件地支持与帮助。

在这方面的行为训练中，教师对被辅导者开展情景模拟训练。教师随机出题，给出情景与问题，然后让被辅导者进行情景模拟训练。同时让被辅导者私底下自己进行巩固训练，即让被辅导者给自己的家人讲述一个自己的事情，初步和家人展露心声。

（2）**学校**：学校里面的教师和同学都会帮助你面对网络欺凌，学校大环境会给你提供安全的屏障。因为有很多的网络欺凌都是以现实为基础的。学校虽然不会帮助你直接去解决网络欺凌事件，但是学校会加强对校内环境的监控力度，给你营造一个良好的校园环境。

在这方面的行为训练中，教师让被辅导者去留心校园内发生的事情，可以是校园的垃圾分类回收处理不当，也可以是同学在课间上操的状态非常饱满但是动作不够标准，只要是校园内的事情就好。然后要求被辅导者去了解其发生的原因以及影响。将自己的调查结果制作成一份建议书，上交给教师或者投送到校长信箱。这样训练使被辅导者了解如何让学校成为自己护盾的方法与步骤，并熟悉学校这个应对途径。

（3）**网站及其他信息服务提供商**：网站首页一般有"联系我们"的电子邮箱或电话，也可以通过官网查询他们的客服电话或拨打114查询公司电话，向互联网服务提供商或手机通信公司提交投诉。他们作为公司，有责任保证你不会因为使用他们的网络工具而遭遇骚扰。如果需要，你可以通过家人、教师等成人帮助你完成这项内容。当然你还可以通过一些网络来自主学习一些应付校园欺凌的方法，在这些正规的网站上学习，你会遇到志同道合的朋友，给予你心理支持。

推荐网站地址：

①红帽工程 www.RedHoodProject.com。

②防止网络欺凌的网站 www.StopCyberbullying.org。

（4）**警方**：报警也是应对网络欺凌的一种手段。如果网络欺凌已经严重伤害到被欺凌者的人格与生活，则需要请求警方的帮助，让警方协助监督网络欺凌情况，并对欺凌者予以相应的惩处。

在这方面的行为训练中，教师可以采用情景模拟与讲解的方式，邀请几名负责网络监管方面的警察，来配合针对被辅导者的训练，并现场询问警察此类事件的处理方法。注意，要事先与警察进行沟通，尽量不要伤害到被辅导的同学。

（5）**法律仲裁**：法律是面对欺凌最后的武器，如果事情严重到触犯法律时，被欺凌者可以通过法律的程序进行诉讼。但是在进行诉讼前，要考虑司法过程的长期性与经济成本，在了解过后再走司法程序。如果欺凌者的所作所为已经涉及违法违纪行为，那么他们就应该受到法律严厉的制裁，为自己的欺凌行为付出应有的代价。因此，我们需要了解相关法律，知道如何利用法律武器保护自己和惩罚欺凌者。

在这方面的行为训练中，教师可采用案例、视频教学与教授相结合的方法进行。教师与被辅导者讨论或观看此类案件的诉讼视频，在视频播放的过程中，教师从诉讼的申请开始讲解，一直到最后诉讼的结束。其中的程序、步骤、内容，教师要给被辅导者讲述清楚，让被辅导者了解诉讼过程，以便于让被欺凌者抉择是否采取诉讼方式维权。

2. 训练小结

今天我们学习了专门用于应对网络欺凌的方法——SCBT 法（这里可以提问学生，具体保护哪些步骤）。该方法包括四步：停止（stop）、拷贝（copy）、拦截（block）以及告诉一位值得信赖的成年人（tell a trusted adult）。网络欺凌有一定的特殊性，今天训练的方法主要是技术上回应网络欺凌的方法。希望大家能在生活中运用该方法，有效停止和拦截网络欺凌。当然面对网络欺凌，我们同样可能会感到受挫折、出现负面情绪；如果线下、线上欺凌同时存在，我们也面临如何面对欺凌者、如何在网络欺凌环境下交友等问题，这些我们可以从其他训练或辅导中获得帮助。

3. 训练建议

教师需要积极鼓励学生将所学的方法运用起来。同时对学生进行这个部分的行为训练的时候，要积极连接资源，教师需要提前联系家庭、学校其他老师、同学等社会资源，以便于学生在进行训练的时候，能够获得家人、老师或同学的支持。

五 总结

随着互联网和通信技术的发展，全球出现了一种新的欺凌形式——网络欺凌。通过互联网这种虚拟的世界，人们的社会角色会产生模糊，更容易通过文字、图片等网络信息传播形式对他人造成欺凌。被欺凌者可以通过增强网络防护能力（保护自己的隐私），正确使用停止、拷贝、拦截和向值得信赖的途径（家庭、学校、警方等）寻求帮助，应对网络欺凌。

执笔：杨梨　赵蕊

第三部分　团体辅导方案

遇见更好的自己

一　活动目标

1. 帮助组员宣泄情绪，逐渐正确认识自我；
2. 帮助组员认识到被欺凌不是自身的问题，并学会自我保护；
3. 帮助组员掌握面对校园欺凌的有效策略，建立强有力的支持系统，给组员增能，使其增强应对校园欺凌的信心，保持积极心态。

二　团体性质

封闭性、结构式团体。

三　团体对象

8—10人，性别不限，有被欺凌经历的学生（包括正在被欺凌和曾经被欺凌的学生）。

四　成员筛选方式

自愿报名与教师推荐相结合，待说明团体的性质、目的及征询参加团体的动机后筛选决定。

五　团体时间频次及次数

每次 1.5—2 小时，每周一次，共 6 次。

六　理论基础

（1）校园欺凌的表现形式主要有骂（辱骂、中伤、讥讽、贬抑受害者）、打（打架、斗殴）、毁（损坏受害者的书本、衣物等个人财产）、吓（恐吓、威胁、逼迫受害者做其不愿做的事）、传（网上传播谣言、人身攻击）、孤（被同学排挤、忽视与孤立）等。尤其是有的校园欺凌，是看不见的心理冷暴力，形式往往比较隐蔽，教师和家长很难发现，会严重影响孩子们的人际交往及自我认同，导致自卑、孤僻、退缩，甚至自杀等严重后果。

（2）情绪 ABC 理论认为，激发事件 A（activating event）只是引发情绪和行为后果 C（consequence）的间接原因，而引起 C 的直接原因则是个体对激发事件 A 的认知和评价而产生的信念 B（belief），即人的消极情绪和行为障碍结果（C），不是由于某一激发事件（A）直接引发的，而是由于经受这一事件的个体对它不正确的认知和评价所产生的错误信念（B）所直接引起。错误信念也称为非理性信念。据这一理论，心理辅导首先要了解被欺凌者对校园欺凌的认知，改变消极想法，引导学生以积极心态面对和接受现实。

（3）社会支持理论认为，在相同的社会压力情景下，那些受到家人、同学或朋友较多心理或物质支持的人，比受到较少支持的人身心更健康。校园中被欺凌的孩子往往是缺少同学、朋友的，在家庭中也可能较少与父母亲人沟通，较少得到家人的支持，被欺凌后，内心会恐惧、不安、孤独、自卑疑虑甚至是仇恨，很容易造成心理敏感和情感冷漠。

（4）在 Yalom 将团体治疗交互作用的"疗效因子"（therapeutic factors）中曾提到团体凝聚力，指的是成员体验到一种"大家在一起"的感觉，有被接纳及不再和旁人隔离开来的感觉（Yalom, 1995），从团体中感受到安全感，进而通过成员间的相互支持与分享，经由彼此的互动与回馈提升成员及情绪稳定，澄清认知误区，以改善其被欺凌带来的负面影响。

（5）叙事心理治疗认为将问题外化即人是人，问题是问题，人不等于问题。

因此运用黏土雕塑活动使人和"受欺凌"这种感受分离,外化欺凌引发的负面情绪,可以帮助被欺凌者将自己从当时的情景中抽离,将潜意识无法准确言说的内容意识化,为团体心理辅导提供了疗愈空间。

(6)完形学派的治疗者认为,一个身心健康的人是"自我完整"的人,他们往往能敏锐地察觉自己的情感和需要,从而妥当地组织自己的行为,使自己的情绪得到宣泄,需要得到满足,身心功能得到正常运转。有心理障碍的人则往往是因为情感未能充分地表达出来,因而在知觉领域里并没有被充分体验,因此就在潜意识中与鲜明的记忆及想象联结在一起,在不知不觉中被带入现实生活里,从而妨碍了自己与他人的有效接触。根据这一理论设想,完形疗法认为引导团队成员在此时此地体验或再现当时的情景,把潜意识里不明确的联结意识化,在更高的层次上形成统合,即将"未完成的事件"加以"完成"就可以促进心理有效转变。

七 团体单元设计大纲

单元	活动名称	活动目标	活动内容
一	相见欢	1. 教师和组员自我介绍,相互认识; 2. 教师阐述团辅的初始目标; 3. 确立共同的团体目标和遵守的规范,初步形成新团队。	1. 转角遇见你 2. 商定团体契约 3. 我是你的小"天使" 4. 小结
二	情绪纾解	1. 鼓励成员在活动中能够直面曾经遭遇的校园欺凌经历; 2. 认识校园欺凌的形式与特点; 3. 通过活动呈现受欺凌者共有的感觉,让成员了解这些感觉是被欺凌后的自然反应; 4. 引导成员用黏土雕塑这种隐喻方式,外化受伤感受,学习拒绝伤害的正面表达,获得团体其他成员的接纳和支持,强化个人内在力量; 5. 协助受欺凌者辨识自己的非理性信念,帮助摆脱"自我谴责",避免从受欺凌者成为"反击型欺凌者"。	1. 石头、剪刀、布 2. 情绪晴雨表 3. "圆"来有你 4. 黏土雕塑 5. 站队游戏
三	直面欺凌	1. 重温小组成员姓名信息,学生之间建立温暖、安全接纳的信任关系; 2. 练习以冷静、不冲动的态度来处理危机事件; 3. 重写曾受欺凌者小亮的故事,创设没有暴力和伪装的、更健康的替代性角色,鼓励学生积极应对欺凌。	1. 热身:滚雪球 2. 做自己的主人 3. 故事改写 4. 小结

续表

单元	活动名称	活动目标	活动内容
四	营造支持系统	1. 理解支持系统的重要性； 2. 帮助组员建立牢固的人际关系网，可以在被欺凌时得到支持； 3. 帮助组员增权赋能。	1. 热身游戏：神奇的食指 2. 谁是我的"真心英雄" 3. 建立"平静区域" 4. 同"舟"共济 5. 权力宣言
五	助人自助	1. 营造互助、接纳的支持氛围； 2. 自由结伴成互助小组； 3. 积极参加学校反对欺凌项目，主动为被欺凌的同学服务。	1. 穿越火线 2. 共同成长 3. 主动服务
六	告别伤痛结束团体	1. 通过内在积极想象练习，助力成员放下伤痛； 2. 通过表达受伤的感觉，用为过去受伤的自己发声的方式达到自我疗愈； 3. 鼓励受欺凌者表达，促进与欺凌者心理上的分离； 4. 团队成员见证彼此成长，总结自我，激励成员，结束团体。	1. 积极想象 2. 给自己的"情书" 3. 给欺凌者的一封信 4. 致谢"天使" 5. 真情留言 6. 结束活动

第一单元　相见欢

活动目标

（1）教师和组员自我介绍，相互认识；

（2）教师阐述团辅的初始目标；

（3）确立共同的团体目标和遵守的规范，初步形成新团队。

活动名称	活动流程	活动目的	器材
转角遇见你	1. 教师自我介绍及在小组内希望被别人怎样称呼自己（组员姓名、生日、星座、兴趣爱好、在小组愿意被别人怎样称呼等）； 2. 学生重复教师的介绍词，并模仿教师介绍方式介绍自己及在小组内希望别人怎样称呼自己； 3. 其他学生重复前面介绍人的所有内容，并模仿教师介绍方式介绍自己及在小组内希望别人怎样称呼自己。	1	
商定团体契约	1. 教师说明团体的意义、目的及主要内容等； 2. 小组共同约定团体契约； （1）拿出团体同心约定（参考附件内容）； （2）解释制定团体契约的用途，组员逐条讨论通过，根据讨论结果进行修改，小组通过后签名表示同意。	2	彩色笔、附件（大心形纸）

续表

活动名称	活动流程	活动目的	器材
我是你的小"天使"	1. 给每位组员发一张同样的小纸条,将名字写在纸条上; 2. 将写好的纸条叠成同样大小并放入小纸盒内; 3. 组员随意抽签(确保抽到别人的),在之后的活动中保证在对方不知情的情况下,默默给予帮助,支持对方,做好对方的小天使,不要向对方透露,更不要公开。	3	小纸条、笔
小结	1. 组员用一句话总结今天的活动,并说一说对以后的活动期待。(示例:大家好,我是某某某,今天的活动……,活动满意度8分,我希望在这个团队中得到……) 2. 教师总结并预告下一次的活动内容。		音乐

附件:同心约定团队契约

①守时、保密,对外谈论活动内容时,不得透露内容对应的成员班级和姓名。

②对活动内容反馈积极,尊重不同意见,不批评、不指责。

③专注活动中,愿意真诚分享自己的感受与体会,认真倾听。不做与活动无关的事。

④团结每一名成员,没有特殊原因,中途不能退团。

第二单元 情绪疏解

活动目标

(1)鼓励成员在活动中能够直面曾经遭遇的校园欺凌经历;

(2)认识校园欺凌的形式与特点;

(3)通过活动呈现受欺凌者共有的感觉,让成员了解这些感觉是被欺凌后的自然反应;

(4)引导成员用黏土雕塑这种隐喻方式,外化受伤感受,学习拒绝伤害的正面表达,获得团体其他成员的接纳和支持,强化个人内在力量;

(5)协助受欺凌者辨识自己的非理性信念,帮助摆脱"自我谴责",避免从受欺凌者成为"反击型欺凌者"。

活动名称	活动流程	活动目的	器材
石头、剪刀、布	1. 分组游戏，成员两人一组进行"石头、剪刀、布"游戏；游戏胜者组成 A 组，输者组成 B 组。接着，再让 A、B 组内部成员之间两人一组重新游戏，按照游戏胜负者组成新的 A、B 组。 2. 重复游戏 4—5 次； 3. 成员讨论：如果 A 组是心想事成组，B 组是挫折伤痛组。 （1）如果让游戏一直反复进行下去，有没有人能永远留在 A 组？ （2）生活中谁能永远不遭到挫折？遭受创伤如何才能让生活恢复阳光？	1	
情绪晴雨表	1. 带领者宣布指导语（见附件一）； 2. 成员根据指导语出示哭脸和笑脸； 3. 鼓励成员分享和探索自己曾经有过的经历，用"你曾经……请出示笑/哭脸"句式写到空白纸条上； 4. 黑板上按照校园欺凌的种类分为骂、打、毁、吓、传、孤六部分，将写成的纸条分类贴到相应位置。	2	正反为哭脸和笑脸的纸牌数个（附件一）
"圆"来有你	1. 带领者说明游戏规则，请成员围成一个大圆圈； 2. 带领者示范："我很想知道，在我们小组，有谁和我一样，受欺凌后感觉很……"，（如生气、委屈、焦虑、害怕、无助、自责、悲伤、无奈、愤怒），请有相似感受的人往前站一步； 3. 小组内每位成员轮流 2 次，然后分享感受。	3	
黏土雕塑	1. 黏土雕塑外化伤痛； 请成员将自己受欺凌时的感受，用手中的黏土捏出来。例如有学生将黏土放在手心里，捏紧拳头，塑出拳心的样子，说这是自己受欺凌时压抑的愤怒。 2. 邀请成员进行"受伤"演出； 演出规则为：将代表伤害感觉的黏土放在中间，可以对黏土大声说"我不要……"，例如说"我不要被打""我不要被骂"，其他成员可以跟着此成员一起说"我不要……"。成员围成圈，依序轮流进行。 3. 和受伤的感觉分离。 请成员将手中的黏土借由摔或是踩、丢、揉、捏碎、毁坏作为分离的仪式。	4	不同颜色的黏土若干、黏土雕塑工具

续表

活动名称	活动流程	活动目的	器材
站队游戏	1. 请所有组员分别就观点按"支持""反对""说不清"的态度站三队。（站队观点见附件二）带领者应站到人数最少的一队，以免该队队员尴尬。 2. 站队后，带领者请各方分别说出自己的观点，再请反方进行反驳。 3. 带领者让大家"重新站队"，对于在"重新站队"中改变观点的组员，带领者请他说明为什么改变观点。	5	附件二

附件一 带领者指导语

①你有一个好朋友的请出示笑脸。

②你曾有过很关心你的人的请出示笑脸。

③你曾经有过让你很有成就感的事的请出示笑脸。

④你曾经被赞赏过的请出示笑脸。

⑤你曾有过被言语中伤经验（威胁、辱骂、嘲笑）的请出示哭脸。

⑥你曾经有过被同学排斥或恶作剧的经验请出示哭脸。

⑦你曾经被独自关在封闭的空间的请出示哭脸。

⑧你曾经有过在网络上被辱骂或嘲笑的请出示哭脸。

⑨你身体的一部分曾经被取笑的请出示哭脸。

⑩你曾经有过被故意抓、推、打的请出示哭脸。

附件二 站队观点

观点①：别人叫人一起打你，你也叫人帮忙打回去，不能受人欺负。

辨析：除非是极端的情况，否则以暴制暴也侵犯了欺凌者的人权。被欺凌者变成了令人痛恨的欺凌者。

观点②：欺凌者欺负够了，就会停手。

辨析：欺凌者一般不会主动停止，一旦欺凌发生而又没有得到有效的干预，很有可能再次上演。一旦持续时间较长，就会给被欺凌者留下更大的心理创伤。一旦受欺凌，就要及早争取支持、想办法。

观点③：受欺凌者欺凌别人在先，也有错，比如背后说了欺凌者的坏话。

辨析：难道有了错，就应该被欺凌吗？这只是欺凌他人的借口而已。

观点④：有人勒我的脖子，但是我觉得也许他们是在开玩笑吧。

辨析：把欺凌者想象成自己的朋友，这是一种幻觉。大多时候令人震惊的校园恶性欺凌事件往往也都是从所谓的玩笑、恶作剧、捉弄开始，继而升级为冷暴力、辱骂殴打，最终酿成悲剧的。

观点⑤：受欺凌的人也有问题，比如性格懦弱，或是穿着邋遢等"招黑体质"。

辨析：他们并没做错什么，只是看上去有一点与众不同，这不应该成为被欺凌的原因。记住我们都有与众不同的时候，我们希望别人怎样对待我们呢？我们能看到的一个人身体或是着装甚至性格的不完美，这背后当事人为改变现状所做出的努力和自我救赎是我们看不到的，是我们应该无条件接纳的地方。

第三单元　直面欺凌

活动目标

（1）重温小组成员姓名信息，学生之间建立温暖、安全接纳的信任关系；

（2）练习以冷静、不冲动的态度来处理危机事件；

（3）重写曾受欺凌者小亮的故事，创设没有暴力和伪装的、更健康的替代性角色，鼓励学生积极应对欺凌。

活动名称	活动流程	活动目的	器材
热身：滚雪球	1. 团体成员围坐成一个大圆。用"形容词（爱好）+姓名"的方式介绍自己。介绍者重复说出之前所有做了自我介绍的成员们的信息。成员按顺时针方向轮流介绍。如果团体成员不愿用自己的真实姓名，也可以给自己起个昵称。 2. 带领者示范："我是外向的A（带领者姓名）。"那么我旁边的B就应该说："我是坐在外向的A旁边的喜欢听歌的B。"	1	
做自己的主人	1. 成员2—3人分组； 2. 带领者做卡片，上面写上五种欺凌情形。把卡片有字的一面朝下扣在桌子上； 3. 请成员轮流抽取卡片，带领者引导成员思考，若未来碰到相似的欺凌/受欺凌的状况时，可以怎么做？成员设计出两种以上不同的解决方式； 4. 讨论成员所提出的不同解决问题的方式； 5. 鼓励成员将情景和解决方式"演"出来。	2	卡片 （附件一）

续表

活动名称	活动流程	活动目的	器材
故事改写	1. 教师讲小亮的故事：（附件二） 2. 故事讲完后，请在三人小组内讨论： 如果你是小亮，你有哪些情绪？ 如果你是小亮，你怎样做来应对欺凌？ 3. 重新改写故事并在团体分享。 活动建议：我们可以帮助被欺凌者将他们深切关怀性的、温和与敏感的行为方式发展成为自己的优势；至于那些自以为"无辜"的旁观者，我们可以把他们转变成勇敢的见证者、反抗者或守卫者，也就是愿意为被欺凌者挺身而出、以言辞和行动抵抗非正义行为的人。甚至欺凌者控制他人的意图也可以转化成领导力。	3	附件二
小结	经常的讨论分享能促使成员谈论他们在团体中察觉到的影响，学习到自信的应对模式。被欺凌不需要儒弱，需要的是正当合法并且有效地保护自己。逃避可以解决一时的问题，却解决不了后续的成长问题。性格的养成是众多小事件慢慢积累而成的，一个逃避问题的孩子，始终会遇到无法逃避的生活。	1	

附件一：卡片　欺凌情景

情景①：当有人在背后中伤你，且恰巧被你听到时，你会……

情景②：当有人把你的身体某一部分当成笑话的题材时，你会……

情景③：当有人强迫你做你不愿意做的事情时（例如，替他们打洗脸水、洗他们的衣服），你会……

情景④：当有人故意推你或者打你时，你会……

情景⑤：当有人要班里其他人不要理你、孤立你时，你会……

教师总结 Yes—No 守则

Yes ——遇到被嘲笑或欺负的情形，态度要温坚定地拒绝对方。例如，"我不喜欢这样，请你停止。"并且多练习几次。

Yes ——打反欺凌专线。例如，自己学校学工处电话或者是附近派出所电话，或"白丝带"反暴力热线：4000110391。

Yes——请长辈帮忙想办法，和同学一起解决问题。

No ——不要因为身体的特征、成绩、家庭背景等原因被别人嘲笑就很自卑。受到他人温柔对待，是因为这个人好，不是我们自己有多好；所以被人恶待，是这个人不好，不是我们自己不好。

No——不要因为一次的求助失败就放弃。

在尝试中得到成长，你也可以变成校园反霸凌的和平大使。

附件二：小亮被欺凌的故事

自从转学到新学校，这一年时间小亮一直闷闷不乐。他在班上没有什么朋友，而且所有的同学都不喜欢他，甚至还一起排挤他。更过分的是，有些人还会当着他的面嘲笑他是娘娘腔，让他觉得心里很受伤。最开始有人在他背上贴写着骂人话的纸，或者一群人整蛊他，最后大家哄堂大笑。那种时候，小亮的脸涨得通红，上面写满了窘迫；甚至有几次，他眼睛直直瞪着，分明流露出恨意，但这些只换来更满不在乎的笑声。

过了一阵之后，大家厌倦了戏弄人的把戏，便开始自然而然地形成孤立：小亮于大家好像瘟疫一般，他明明在讲话、做事，大家直接当他是透明人；他穿的衣服，大家无故就觉得很脏；他的文具大家都不愿去碰，而且也不会让他碰自己的东西，"被他碰过要消毒"；班干部发作业本的时候，发到小亮的本子，总是非常嫌恶地用两根手指拈起一角，把它丢到他书桌上；"小亮"本身甚至成了一个骂人的词语。没人愿意同桌是小亮，单独坐在讲台旁边的"编外座位"，在"第一排"之前，也不参与每周的座位轮换。

有一天，阿强突然抢走他的书包，而且打他、威胁他不准跟老师说这件事，之后更变本加厉地假借各种理由向他借钱，稍有不从便对他拳打脚踢。小亮感到非常害怕却又不知如何是好，只要一想到每天上学都要面对这些同学，他就觉得生不如死。刚开始小亮偶尔会假装生病或是杜撰各种借口拒绝上学，到了最后，无论爸妈说什么他也不肯去学校了。

第四单元　营造支持系统

活动目标

（1）理解支持系统的重要性；

（2）帮助组员建立牢固的人际关系网，可以在遭被欺凌时得到支持；

（3）帮助组员增权赋能。

活动名称	活动流程	活动目的	器材
热身游戏：神奇的食指	1. 请组员猜测：每人仅仅伸出一个手指，需要几个人合力才能抬起一个人？ 2. 选择一个志愿者和七名参与者； 3. 带领者交代游戏规则，志愿者双脚分开 10 厘米左右站立，脚下垫两片砖头，双臂平举。七个人分别将食指放在志愿者的手心、双脚大脚趾和脚跟，以及下颌处； 4. 带领者带领七名参与者同时发力； 5. 志愿者双脚离地 10 厘米即为成功。	1	两片砖头，或者用 16K 大小的书摞起来，大约 10 厘米厚度即可
谁是我的"真心英雄"	1. 思考：你的朋友以及其他关系亲密的人对你是益是损？因为了解每个人际关系的本质非常重要，因为有时候我们会沉迷在某些"舒适地带"，或者愿意跟某些人相处，但他们对我们并无益处，甚至会给我们带来伤害。 2. 拿出一张纸，列出你生活中最重要的家人、朋友和同学并回答下列问题（附件一）。 3. 教师小结：在核查过每个与你关系亲密的人之后，看看你手里的核查结果。考虑一下，你是否需要跟能给你带来积极影响的人加深关系，因为在他们眼里，你是独一无二的。找到你生命中的"真心英雄"，主动同他们沟通，信赖他们，让他们有机会爱你。	2	白纸、附件一
建立"平静区域"	1. 请回答下列问题（见附件二）； 2. 回答完以上问题，你的感受怎样？ 3. 教师小结：生命中总有这样一些人和事，是你哭泣时的肩膀、软弱时的坚强。你就可以在脑子里建立一个"平静区域"，在遇到欺凌或困难时，将情感和理智撤到"平静区域"里寻求慰藉、积蓄力量，使自己的内心强大起来。	2	附件二
同"舟"共济	1. 整个团体分成人数相等的两队，每队一张报纸。 2. 每队的所有人共同踩在一张报纸上，坚持至少 4 秒钟，方为成功。报纸折得小的队胜出。 3. 增强团体凝聚力，相互提供支持。	2	
权力宣言	请成员们以"我有……的权利"的形式轮流复述权利标语	3	幻灯出示权利标语（附件三）

附件一 列出你生活中最重要的家人、朋友和同学并回答下列问题：
①我们能做到彼此尊重吗？为什么？

②我们互相信任吗？为什么？
③这个人是否给了我支持和鼓励？
④我们的关系会促使我变得更好吗？
⑤我受欺负的时候，这个人会维护我吗？
⑥我能从这个人身上学到什么？
⑦我要跟这个人更亲密，还是跟他疏远？
⑧我想跟这个人长久相处吗？
⑨我们的基本价值观一样吗？
⑩在我们的关系中，双方的地位平等吗？是否有一方更依赖另一方？
⑪这个人是否曾经怂恿我去做有负面影响的事，而这种事是有违我本性的？
⑫我能否跟这个人很自在地谈论自己的真实想法？
⑬在我取得成就时，这个人是为我高兴还是嫉妒我？

附件二　请回答下列问题：
①人们说他们喜欢你什么？
②你的父母、朋友、老师经常称赞你的是什么？
③你最喜欢做的事是什么？
④能给你的精神带来安慰并占据你身心的事是什么？
⑤这些事令你感到充实，给你成就感，那么你该如何围绕它们打造自己的人生？
⑥你想象中的自己最好的未来是什么样子？
⑦谁无条件地爱着你？
⑧哪些音乐、电影、电视、书籍、艺术品、照片、宠物、活动能让你忘记烦恼，心情平静？
⑨有什么事是你愿意把余生都用在上面的？你如何靠这件事谋生？
⑩别人为你做过最贴心的事是什么？你怎样才能为别人做类似的善事？
⑪哪个朋友或家人眼下最需要鼓励？你该如何帮助他们？
⑫在你压力大或者害怕的时候，哪些名人名言或哪句话可以帮到你？
⑬当你最困惑、最难受的时候，你看到谁，能够使你平静并感到温暖？

附件三　权利标语

①我有走在路上觉得安全的权利

②我有权利说"不"

③我有权利让某些人觉得我是特别的

④我有权利拥有自己的空间

⑤我有权利决定和谁做朋友

⑥我有权利生气

⑦我有权利让自己内心拥有平安和喜乐

⑧我有权利被尊重

⑨我有权利大笑

⑩我有权利做适合自己的选择

⑪我有权利犯错

⑫我有权利改变自己的生活

⑬我有权利失败

第五单元　助人自助

活动目标

（1）营造互助、接纳的支持氛围；

（2）自由结伴成互助小组；

（3）积极参加学校反对欺凌项目，主动为被欺凌的同学服务。

活动名称	活动流程	活动目的	器材
穿越火线	1. 分为两组。一组先用眼罩蒙上眼睛，由另一组随机选择对象，一对一带同伴走过教室内的用椅子搭成的障碍，走路途中不可以交谈提示。 2. 回到起点，互换角色。 3. 两人分享彼此的感觉，增强双方的信任感。 活动建议： 通过游戏"穿越火线"，在彼此信任的基础上顺利完成，预示着在两人今后的生活中将能够相互帮助，共同成长。	1	

续表

共同成长	1. 自由结对，签订保密协议。（附件一） 2. 互相了解被欺凌的事件。一方讲述，一方倾听并点头共情； 3. 互相帮助：怎样应对欺凌？ 活动建议： 教师在此流程中，认真观察每一组成员的互动，及时给予支持和帮助，使学生的互助活动在完全被接纳的氛围中进行，并有很好的效果。	2	附件一
主动服务	1. 谈话：现在大家都有了各自的欺凌防御系统，那么你们怎样才能加入呢？（建议见附件二） 2. 小组讨论。 3. 教师小结：只有通过帮助更多的被欺凌者，才能减少欺凌事件。 4. 宣读反对欺凌宣言。（见附件三）	3	附件二 附件三

附件一

保密协议书

同学，你好！

欢迎你加入反对欺凌互助小组，请遵守我们的规定：第一，对于对方的被欺凌事件完全保密；第二，在互助小组中积极努力，认真负责；第三，尊重每一个小组成员，做到真诚、接纳、友爱。

如果同意，请填写下面的同意书。

我阅读了保密协议书，愿意遵守保密协议中的要求。

签名：
＿＿＿年＿月＿日

附件二

活动建议

大家要把反对校园欺凌行动当作自己的使命，对任何形式的欺凌始终保持警惕，并在保证自己安全的前提下尽力去阻止欺凌行为。

跟朋友和同学说说欺凌行为及其给你带来的影响，谈谈欺凌现象。

如果你所在的学校没有反对欺凌项目，那就到网上搜索一下该如何建立一个这样的项目。

与学校管理者和学生会代表进行交涉，在学校里成立反对欺凌项目。

建议你所在学校、团体、俱乐部、社区在此期间播放反对欺凌的影片，广泛了解被欺凌者的痛苦，同时坚定反对欺凌的立场。

号召在网上建立一个欺凌报告系统，这样的话，那些欺凌行为的目击者或受害者就能匿名报告其目睹或遭受的欺凌行为，并因此得到帮助，从而终止欺凌。

附件三

反对欺凌宣言

我宣誓：

我知道自己是什么样子，恶言恶语伤害不了我，暴力手段左右不了我。

我的快乐我做主。

宣誓人：

___ 年 __ 月 __ 日

第六单元　告别伤痛　结束团体

活动目标

（1）通过内在积极想象练习，助力成员放下伤痛；

（2）通过表达受伤的感觉，用为过去受伤的自己发声的方式达到自我疗愈；

（3）鼓励受欺凌者表达，促进与欺凌者心理上的分离；

（4）团队成员见证彼此成长，总结自我，激励成员，结束团体。

活动名称	活动内容与进行方式	活动目标	活动材料
积极想象	1. 准备：成员积极想象前先让身体找个比较舒服的姿势坐在座位上，做几个深呼吸放松； 2. 播放轻音乐，跟随带领者的引导语开始积极想象。引导词见附件一。	1	背景音乐（音乐播放器）、附件一
给自己的"情书"	1. 请成员写一封信给自己，表达受伤后给自己的安慰与鼓励。 2. 完成后，两人一组进行分享，然后将信放进信封里。	2	信纸、文具

续表

给欺凌者的一封信	鼓励成员以一封信的形式，表达他们的感觉。成员参考附件二里的格式完成书写：表达对欺凌者所产生的各种复杂感觉，如愤怒、伤害、恐惧、抑郁等	3	信纸、文具、信封、附件二
致谢"天使"	1. 每个人找到活动中自己的"天使"； 2. 组员在自己"天使"的纸上写上或画出感谢之情； 3. 组员作为"天使"在自己的保护对象的纸上写下或画出自己的鼓励。 活动建议： 此环节为"小天使活动"画上完美句号，并提供被帮助的组员表达协议的机会，使她们共同成长。	4	
真情留言	每人依次谈论参加团辅的感受及收获，其他成员作为见证者见证彼此的成长。	4	
结束活动	在李宇春的歌曲《和你一样》中结束活动。	4	播放歌曲

附件一：积极想象引导词

从现在的内在感受与情绪着手，

这里有增进自我觉察与自我了解的秘密。

我相信真正的自己比现今所活出的自己还要宏伟、睿智、热情。

现在这段休憩的时间，

是沉淀、整理过去的岁月里心路历程的最好时机。

过往生命中，对于那些曾经给予过我爱与温暖、鼓励与帮助的人，

他们的容貌都在心中一一浮现。

而对于曾经给予过挫折、诋毁、伤害的人和事，

心存怨恨给我带来的伤害远比事情本身更加严重。

我有权利为"他们"对我做的事情生气，

此时此刻，我决定放弃这种"权利"，

此时此刻，我决定和所有曾经的伤痛彻底告别。

我打开我紧锁的心灵之门，怨恨恐惧得以释放，

我传送宽恕与谅解的意念，将它们一一送入光中。

在此时此刻我决定将它们一一送走，

我的心又能自由地翱翔。

我要去外面追逐梦想和辉煌。

附件二：给欺凌者的一封信

有些话我一直想跟你/你们说，却始终是在心里默默想过很多次，没有说出口。今天我知道如果我再不告诉你/你们的话，我会_____，所以我决定把我的话写下来。

在你/你们_____我之后，我感到_____，并且变得_____。我想告诉你/你们：_____，有时候我一想到你/你们，就_____。假使我再次遇到你/你们对我_____时，我会_____，而且_____。

执笔：卓衍涛　权莉春　马九福

第四编 欺凌者适用工具

第一部分　个体辅导设计

改变不合理的认知行为习惯

一　辅导目标

1. 与欺凌者建立信任关系；
2. 了解欺凌者背后的故事，比如童年经历、成长环境，寻找欺凌行为形成的原因和不合理的认知；
3. 与施暴者讨论并分析实施欺凌对于自己和他人的影响，欺凌伤人害己；
4. 发展同理心，改变不合理的认知，从而影响欺凌者的情绪和行为模式；
5. 引导欺凌者学会合理的情绪宣泄和情感表达的技巧，鼓励欺凌者改变实施欺凌的行为习惯。

二　辅导原则

（一）与欺凌者建立信任关系是个案辅导发生作用的前提和基础

刚开始接触到欺凌者时，可能会遇到不同形式的挑战，欺凌者往往不会意识到自己的欺凌行为是不对的，也没有寻求辅导的意愿。教师不要急于向欺凌者传递"欺凌别人是错误的行为"类似的信息，这样会在辅导的一开始就在欺凌者心里埋下不被接纳的隐患而引起一系列的阻抗。

教师首先要接纳欺凌者，尊重他，愿意真诚地倾听欺凌者的故事，慢慢消解欺凌者的防备，逐步建立信任关系。

（二）前期要细致地收集资料，才能更好地理解欺凌者和开展后续工作

欺凌者实施欺凌的背后可能隐藏着诸多社会、家庭因素的影响，对于欺凌者全面的了解有助于建立与欺凌者沟通的桥梁，了解欺凌者的真实想法和动机，逐步深化问题的探讨，抓住时机探讨欺凌事件中欺凌者、受欺凌者和旁观者之间的影响关系。

通过资料的收集能更深入地了解欺凌者，同时理解欺凌者实施欺凌的信念和动机，为提出和化解不合理的信念做铺垫。

三 辅导方法

观察并收集欺凌者的信息，包括家庭成长环境、班级环境、朋辈环境等，尽可能全面地了解欺凌者；运用尊重、真诚、倾听、积极关注等技巧与欺凌者建立信任关系；通过与欺凌者共同探讨欺凌行为的原因、经过、感受来进行利弊和影响的分析，从而让欺凌者认识到欺凌是伤人害己的，应该用恰当的方式来表达自己，同时让欺凌者学会正确的归因和认知行为模式。

四 辅导过程

（一）建立信任关系

1. 辅导内容

教师通过与欺凌者的接触来建立交流的契机，慢慢与其建立比较深入的关系，逐渐取得欺凌者的认可和信任。因此在前期的交流过程中，要通过各方渠道（悄悄对他进行观察、询问他身边的玩伴来获取一些有益信息、在班上找一些你认为信得过的同学来进行询问）搜集欺凌者现在及近期的状况、对家庭的看法、早年回忆中印象最深刻的事情、对早期经验的态度、出生和成长的时间、社会基础中交集网和社交的兴趣所在、与其交谈次数最多的人、他们相互之间影响的程度，以及自我描述（优缺点、爱好、想象力、创造性、价值观、理想等）。

当了解到学生的优点、爱好后，就可以利用他擅长的领域或感兴趣的话题来进行更多的交流，从而让他渐渐放下防御。

在交流的过程中，欺凌者可能会说出一些不符合常理的话语，这时教师一

定不要急于贴标签或者纠正学生，或者表现出不耐烦，可以就欺凌者说到的这件事情或这个观点进行探讨，听听欺凌者说这句话背后的想法和这样的经验是从什么地方获得的？要对学生保持同理心，更加深入欺凌者的角色去感受和体验，但同时又要跳出欺凌者的角色去引导和点拨。

无论欺凌者传递出何种信息，都不要立刻做是非评判，而应真诚地一起思考和讨论。

2. 辅导建议

欺凌者倾向于以自我为中心，让他们意识到"实施欺凌是不对的"不是一蹴而就的事情，过分的迫切往往适得其反，教师需要花费较长的时间来与他们建立信任关系，需要敏锐的观察和频度适中的沟通。

教师与欺凌者交流时，要选择适宜的地点，切记不要在过于正式的地点，例如会议室、办公室、教室之类的地方，这样的交流环境给人的感觉太正式，欺凌者可能不愿意与你进行深入的交流。教师可以将交流的地点选在一个舒适的环境里，安静的河边长椅、公园的草坪可能是不错的选择，现场最好只有你们两个人，较少受到打扰，这样欺凌者才会更愿意讲出他最真实的想法。

（二）与欺凌者讨论欺凌事件

1. 辅导内容

教师通过和学生交流，询问欺凌事件的前因后果和过程。在此过程中，教师需要学会等待时机，告诉学生"我愿意听你说这件事"。在学生陈述的过程中也可以回应："我听到你说的内容了""原来当时是这样的""当时你的想法是……是吗？"询问孩子事情经过时，避免在他说出整个事件前问东问西，注意非言语的参与，如点头、关注、身体微微前倾等。在倾听过程中需要观察欺凌者陈述时的情绪情感体验和变化，并在讨论的过程中澄清。

教师在与学生讨论的过程中，一定不要指责欺凌者。欺凌者会很敏锐地觉察到教师的价值观和评判意味，指责一旦出现，前期建立的关系就会随之溃散，还会加深欺凌者的防备心理，教师的辅导就变了有预谋的评判，印证欺凌者在关系建立初期对于教师接近他是有目的的猜测，也会再次让建立信任关系和辅导工作难度倍增。

通常，欺凌者在面对责问时会有这些惯常行为：

（1）否认自己做错了任何事情。

（2）大事化小："我只不过跟她开了个玩笑。"

（3）反击："他突然就对我们'发起神经'来。"

（4）通过痛哭或者指责是其他孩子挑起的争端来捏造自己是受害者的身份。这常常会激怒被欺凌的孩子。

（5）通过把受欺凌者捏造成欺凌者来为自己开脱。

（6）指望旁观者对被欺凌孩子所说内容进行否认和贬低，或为欺凌者的行为进行辩护。

（7）威逼他人附和自己。

虽然我们知道欺凌者通常非常清楚自己在做什么，也会运用各种能力去扮演受冤屈的角色，从而引诱他人串通一气，甚至还会利用成人的情感和偏见。但在与欺凌者沟通的过程中，教师还是不能以主观的判断和认识对欺凌者进行"教导"和评价，这样做只能将欺凌者推得更远。教师要做到尊重欺凌者的感受，同时真诚地倾听和交流，真正去关心欺凌者的状态和变化。这样做并不是认可欺凌者的欺凌行为是对的，教师需要传递出的理念是：每个人都有自我发展的潜力，但也可能犯错，我们尊重和接纳每一位同学，如果有人做错事情了，可以就这件事情进行讨论，但是对于这件事情的讨论并不意味着对于学生价值的贬低或对学生品质的怀疑。相反，如果做错事情能及时地承认和改正，我们认为这样的人更值得尊重和赞赏。

这样一个保持的态度和氛围更有利于学生敞开心扉。当然，即使教师在不做价值评判上做得很好，依然有可能遇到我们上边提到的欺凌者的惯常行为习惯。这些仍然需要教师一一化解和讨论。

（1）否认自己做错了任何事情。

教师应对方法："我相信你在做这件事情的时候确实没有伤害别人的意思，同时也不想评价这件事情的对错。你愿意和我分享一下这件事发生时你的感受吗？"教师以此为缓冲，绕开欺凌者的防御区，换个角度来讨论欺凌的影响。

（2）大事化小："我只不过跟她开了个玩笑。"

教师应对方法："对呀，你可能觉得是个玩笑，但是被开玩笑的同学反应竟然这么大，原来不同的人对同一件事的理解差别这么大。万一那个同学真的觉得不是开玩笑，你会怎么办呢？"

教师通过这样的假设来和学生进行探讨，如果无意间实施了欺凌该如何处理，让欺凌者意识到，对于已经发生的事情，说是一句玩笑不能解决所有问题，从而引发更深入的思考，引起学生的反思，分享被欺凌的同学可能会有的感受和体验，引导学生换位思考和感受，鼓励学生对自己的行为负责。如果别人误解自己实施欺凌，也要真诚的道歉。

（3）反击："他突然就对我们'发起神经'来。"

教师应对方法："哦，那这位同学对于自己情绪和行为的调节能力是不足的，老师相信你一定不会是这样的吧？遇到这样的同学，你有什么让他情绪好转的方法吗？"

在一些情境下，教师的信任和理解往往能激发学生的创造性，即使欺凌者之前从未想过如何去帮助别人，在教师的引导下也可能会提出一些可参考的建议。教师要相信欺凌者有能力化解和处理好类似事件，在与欺凌者的互动当中促发其认知和情感的改变，从而影响欺凌行为的改变。

（4）通过痛哭或者指责是其他孩子挑起的争端来捏造自己是受害者的身份。通过把受欺凌者捏造成欺凌者来为自己开脱。

教师应对方法："如果别人找我麻烦，我也会和你一样很委屈的，是否还有其他的同学也和你一样曾被误伤呢？你觉得是什么原因可能让他们这样做呢？你当时还有什么样的感受呢？有什么老师能帮你的吗？"

欺凌者想要一直伪装成受害者是比较困难的，教师真诚的愿意帮助他反而会让欺凌者不愿意再扮演下去。教师可以借此机会来分享欺凌对于欺凌者的负性影响。

2. 辅导建议

在学生叙述事情的原因及结果时，观察其情绪的状态，请他描述一下当时的情绪及感受。

在倾听具体的欺凌事件过程中，需要对学生的欺凌有所了解，包括日期、时间、涉及的孩子、事情的细节以及为何会这样去做。在此过程中，教师切勿贸然打断。

（三）寻找欺凌行为形成的原因和不合理的认知、发展同理心

1. 辅导内容

欺凌者往往不认为实施欺凌这件事情是不对的，他们可能已经习惯用欺凌来彰显自己的优势地位和控制能力，不觉得这样做会给别人带来痛苦和深刻的困扰。他们只是觉着这样做会很有意思，这件事情是合理和有效的，谁不听我的，或看不惯谁就去整他；对他人实施欺凌也可能是家庭过度溺爱导致的，或者为了发泄心中的怨气、嫉妒别人比自己受欢迎，也可能是家庭暴力的传承和转化等。

在与欺凌者沟通的过程中，可以就欺凌事件进行讨论，语气不能有责备的意味："在这件事情中我想了解一下你的看法，你愿意谈谈吗？"如果欺凌者不想跟你马上谈，告诉他你随时都愿意聆听。

欺凌者在欺凌的事件当中是"获益"的，自我感觉是好的，有控制事情的能力，还会被一些人羡慕和崇拜。教师需要破解欺凌者对欺凌事件的不合理认知和伤害他人的获益。让他们对自己行为带来的影响有新的认识和角度。以下列举一些欺凌者实施欺凌的不合理认知、原因及探讨方法。

（1）不合理信念

我只是在和他开玩笑，没有伤害到他。

教师应对方法：

欺凌者给出这样的说法时，教师要辨别他是确实这样认为还是实施欺凌的开脱。如果是欺凌者真实的想法，他们可能经常会隐藏起自己愤慨的一面，在欺负人时常常觉得那只是在开玩笑。因为有时候开玩笑和侮辱之间的界限连成年人都难以区分，所以要与学生探讨并区分欺凌与玩笑。玩笑是没有伤害性的，而欺凌一定会让对方不舒服，有不好的情绪体验和反应。让欺凌者意识到欺凌对于他人的伤害性与负性的情绪体验是关键的一部分，教师需要告诉欺凌者，有一些玩笑会让对方不舒服，感觉很难过；让欺凌者回忆一件自己觉得没有被尊重的事情，以及当时的体验和感受，进而引导欺凌者去感受被欺凌者会体验到的情绪感受。告诉欺凌者，你以前可能不知道这样做会对别人造成这种不好的感受，但是通过我们的分享和讨论，你知道了这一点，所以以后如果开玩笑，

一定要先想一想这样的玩笑会不会对别人造成不好的影响。如果没有及时地发现自己的玩笑可能对他们造成伤害，就要在事态严重前意识到已越过雷区并停下来。

如果欺凌者能意识到这样给别人带来了痛苦，但还是以此为乐，只是用开玩笑的借口来避免遭到谴责，那教师和欺凌者可能需要更多的时间来打开欺凌者的心扉，探讨这样的行为对欺凌者本身造成的影响。比如，可能导致欺凌者一直延续欺凌甚至暴力的方式来解决遇到的问题，可能会拉远与别人的距离，交不到朋友，如果没有把握好还可能触犯法律，给自己带来不必要的麻烦；同时欺凌会给被欺凌者带来痛苦，影响其身心及学业的发展。这样来看，欺凌对于自己和他人都没有好处。这些观念需要在与欺凌者交流探讨的过程中一步一步地去深化，最好是自然地引出。比如，教师关心欺凌者的个人发展和情绪的疏导、处理，因此来探讨与之相关的问题，这样欺凌者会更容易接纳。

原因1：为了发泄心中的怨气

教师应对方法：

教师应与学生探讨是什么原因让他产生怨气，如果产生怨气了，如何用合理的方式来消解这些消极的情绪是我们应该关注的。其中与同学开玩笑不失为一种转移注意力的办法，但是这种方法在运用的时候应该注意不能有攻击性，让别人感到不舒服、不愿意接受。就像之前讨论到的一样，如果感觉越过了雷区要及时地停下来，反思一下。每个人在生活中都不是一帆风顺的，都会有怨气，自己感觉有怨气，应该找到一个恰当的方式来表达和发泄，开不合适的玩笑可能让自己的怨气发泄了，但别人的怨气却由此产生了。

在这一过程中教师要注重对于学生恰当的处世方式的引导，还要鼓励学生做一个对自己和他人都负责任的人，不能因为自己的一时情绪去伤害别人的感情和利益，这样的处世方式在学校和未来的工作岗位上都是不受欢迎的，还可能给自己带来麻烦。

原因2：过度溺爱

在家里被过度溺爱的欺凌者，在学校也时时处处以自我为中心，不顾忌他人的感受，为所欲为。

教师应对方法：

遇到这种情况的欺凌者，教师需要与学生讨论在哪种情况下，我们的评价和玩笑会变成对别人的欺凌。如果我们是被欺凌的人，可能会有怎样的感受？这样的感受给我们带来了什么？在家里的时候，可能很多事情家人都会予取予求，但是在学校生活中，我们处于一个大团体，每个个体的个性、特点都不尽相同，如果一味地要求别人向自己想象的那样来回应自己，这是很困难的。就像别人要求我们来以他们期望的方式去回应他们一样，我们会感觉不舒服，会觉得受不了。

通过与学生的探讨和交流要让她意识到自己的行为是对别人的欺凌、是不合适的，以前我们不知道，现在知道了要及时地反思和改正。不然这样的相处方式虽然现在自己觉得没什么，别人却很痛苦，而且如果这样的人际交往方式延续下去，会给自己和他人都造成伤害，失去与别人成为朋友和成长自己的机会。随着年纪的增长，还会给自己带来其他的麻烦，比如不会交往、难以发展亲密关系、处理不好工作中的关系等。

原因3：家庭暴力的传承和转化

这样的孩子是家庭中的受暴者，同时在家庭暴力环境中学习和认同了不平等的问题解决方式，在家里受到不公平的对待后，到学校对其他同学进行欺凌。他们一方面是受害者，另一方面是欺凌者。学生的成长环境让其误以为欺凌和暴力的方式是解决问题唯一有效的办法。

教师应对方法：

对于这样的欺凌者，教师在前期了解到学生的背景资料是很关键的一环，对于学生在家庭当中受暴的事情，应引导学生自己说出来，教师要做好对于学生的支持和共情，坚定地站在学生的角度维护他的权益和安全，探讨在家中受暴的感受，"这个时候你一定很委屈吧！""你的难过老师能理解，如果你愿意，学校和老师愿意尽可能地帮助你！"同时也可以建议学生向反对家庭暴力的"白丝带"热线拨打求助电话（4000110391）。学生感觉能被理解和接纳，便会更愿意袒露心声。教师在与欺凌者充分地共情之后，可以引导学生换位思考，"那些被欺凌的同学是不是也会像你在家里被欺负一样难过呢"？这样难过的事情大家都不愿意发生，所以把这种委屈的感觉转嫁到同学身上并不能从根本上解决我们自身问题，我们不喜欢这种被欺负和不公平对待的感觉，同学也不喜欢，所以不能这样去做。还可以就家庭暴力对学生的影响进行讨论，对于自己的学习、生活、处理问题的方式、未来的就业、择偶、家庭关系的建立等一系列的问题都可以与学生进行探讨。当学生能意识到欺凌别人也会让自己受害，还会将暴力传承下去，让自己一直不幸下去的时候，事情就可以进一步发生转机了。教师此时要给予学生支持，鼓励学生改变，分享正常的人际交往的示范和技巧，并在此过程中一直陪伴、鼓励、支持。

原因4：嫉妒别人比自己受欢迎

教师应对方法：

学生在与教师的交谈过程中体现出"他并不比我好，大家却喜欢他……"等此类的信息时，教师要敏锐地捕捉到实施欺凌的原因是出于嫉妒。首先应该对于欺凌者表现好的方面进行鼓励和积极的关注，"我觉得你是很好的，准时到达约定的地点就是守信用的体现，还有……"告诉学生每个人都是独特的自己，我们会因为自己的闪光点被别人接纳和喜欢，这是非常值得开心的事情，但是攻击别人却会给其他人留下不好的印象，也会伤害彼此之间的感情；如果觉得自己在某些方面做得还不够好，要积极地去努力让自己做得更好！老师相信一个更加努力的学生一定会赢得别人的喜爱和尊重的。

2. 辅导建议

对不同的欺凌原因进行分析之后，教师会发现欺凌者的不同特点，针对这些原因和特点来一一化解欺凌者的不合理信念和错误的应对方式是教师应该积极分辨和引导的；教师在与学生的交流过程中要一如既往地表现出尊重、倾听、接纳，以及对于学生做出改变的支持和积极关注，让学生尝试和练习去感受别人的感受、发展同理心，学会对自己和他人负责，不做伤害他人和自己的事情。

（四）引导合理的情绪缓冲、宣泄及表达、促进行为的改变

1. 辅导内容

让欺凌者明白实施欺凌的行为是错误的，但并不是说你是不好的，只是你在这件事情的处理的选择上没有找到一个恰当的方式。找到和学习恰当的表达方式也是我们成长过程中的一项必备技能，老师愿意和你一起来练习这样的处理方式和技能。

当有消极的情绪时，可以选择自我控制，告诉自己要停下来，也可以采取一些情绪调节的技巧来降低消极情绪给我们带来的影响。

（1）冻结欺凌行为的技巧

和学生讨论在什么情况下会让他大怒，借此帮他发现其他应对的方式，比如走开、深呼吸、转过头让自己冷静下来。

（2）放松心情的视觉幻想练习

闭上双眼，想想看到身体的哪一部位会使你快乐。让我假设，你选择的是胸腔。

幻想你来到胸腔的部位，并且感受到快乐的感觉。接着，幻想某种颜色，并体会这种颜色的感觉。让我们假设，你所选择的是黄色和红色。

幻想这种感觉，看起来像什么东西，是水晶、柔柔跳动的流水、白雪或雨滴吗？让我们假设你快乐的感觉犹如水晶，而颜色则为黄色和红色。看看这些闪烁的水晶，设法使它们看起来更加明亮，看，它们正在闪动和发光。

因此，现在你因为联想了水晶和这两种颜色，而感到愉快。下一回，当你感到压力沉重时，请闭上眼睛，想想水晶的模样，放松心情。

当消极的情绪被缓冲之后，再去看之前想要做的事情或者决定，可能就会更慎重，不会随便去伤害别人。

2. 辅导建议

教师可以鼓励欺凌者在遇到消极情绪的时候积极地寻求可信赖的同学、老师的帮助，把自己的情绪说给他们听，比如"我很生气""我想找个地方发泄一下"。在感觉自己要找同学出气的时候，可以迅速离开当时的情境，想一下如果真的这样做了可能又会对自己和他人都造成伤害，还会让这个坏习惯一直都跟随着自己，影响自己的生活。教师得知学生尝试控制和改变自己的行为时，要给予肯定和赞赏。

五　总结

让欺凌者认识到自己这样做是错误的，需要一个很长的过程。当与欺凌者建立信任关系时，不要在时机不成熟的时候讨论欺凌事件，当学生愿意进一步向你敞开心扉的时候再尝试来探讨这件事情；充分了解欺凌者的心理活动及想法之后，再引导学生进行换位思考和受欺凌的体验，通过对欺凌动机的疏解和不合理认知的改变来进一步影响学生行为的改变。同时，我们也要意识到，没有任何方法或策略可以保证改变一位暴力孩童的行为。要改变一位长久有暴力习性孩子的行为通常要花六个月到一年的时间，而实际上他们也需要这么长的时间。必须及早纠正他们，因为早年暴力倾向会带到成人期以后。及时的干预和辅导在帮助欺凌者的同时，也能帮助受欺凌者尽早地回归正常的学校生活，这对于他们双方的影响都是积极而深刻的。

执笔：张琴琴

检视不合理信念

一　辅导目标

1. 与欺凌者建立尊重、接纳的辅导关系；

2. 检视欺凌时产生的"暴力就是强壮""参与欺凌行为可以避免自己受到欺凌"等不合理信念；

3. 引导学生重建认知，从而改变其行为模式。

二　辅导原则

（一）"人文关怀"原则

欺凌者是在行为上有偏差的学生，他们在家庭和学校教育中，更容易受到质疑与指责。因此，他们会更期待获得来自辅导教师的理解、信赖和关怀。在辅导过程中，重点应放到对欺凌者的人文关怀上，接受欺凌者回忆过程中的感受，只探讨与行为有关的信念与合适的方法，不评判品质的好坏。

（二）陪伴、引导原则

教师要起陪伴者、引导者的角色，让欺凌者有机会表达出自己的真实想法与认知，从而有效引导欺凌者寻找有效可行的行为改变模式。

三 辅导方法

通过多方了解欺凌者的家庭环境、成长经历，以及在校的综合表现，在个体辅导中运用倾听、共情、尊重、接纳等技巧，教师与欺凌者打破传统的批评教育模式，建立平等、尊重的辅导关系。通过场景回忆、体验练习等方法，引导欺凌者检视不合理信念，帮欺凌者找到恰当的人际互动方法。

四 辅导过程

（一）建立尊重、接纳的辅导关系

1. 辅导内容

教师需要收集欺凌者的一般资料，例如，年龄、家庭背景、个人成长经历、兴趣爱好等，收集过程可以通过老师、同学和家长等，也可通过观察和直接询问等方式。辅导中注意找到欺凌者可以最轻松的点切入，如最近学校发生的新鲜事、学生最喜欢的明星等，建立温暖而开放的关系。

当欺凌者表达真实的想法和看法时，教师要表达出对他（她）的理解和尊重，无论是语言和身体姿态，都要向欺凌者传递：在这段辅导关系中，他（她）是被尊重和接纳的。

积极地倾听是这一阶段的首要任务。倾听中去共情欺凌者的处境和感受，适时地提出一些真诚的、探寻性的问题，以便获取教师想更深入了解的内容。

2. 辅导建议

欺凌者多数为在校表现行为有偏差的学生，通常情况下，学校教导处和班主任会使用各种办法来"调教"此类学生，包括指责、打骂等。这些过激或不恰当的教育方式，让学生感受到个体是不被尊重且被否定的。因此，当欺凌者第一次与辅导老师见面，会产生不配合或刻意迎合老师等阻抗。此时教师需要通过认真倾听、积极关注来赢得放开的辅导关系。倾听时只共情学生的感受而不评判，尤其不评判道德品质与其思想的好坏，使学生感受到教师接纳自我、尊重自己的辅导关系。

（二）引导欺凌者检视不合理认知

1. 辅导内容

（1）针对典型欺凌者

这类欺凌者往往霸道和冲动，情绪难以自控，倾向使用暴力欺压他人，他们在行为上可能会比其他同学突出，某些方面得到部分同辈的认同，对受欺凌同学缺少同情心。他们会认为暴力和欺凌是"强壮"的象征，甚至某类同学就应该有被欺凌对待的认知，并将暴力当作是获得权力与控制的手段。

教师辅导方法：

这类学生多数自己有过被欺凌经历，或长期生活在家庭暴力威胁下，由于不断经历父母的暴力示范以及父母合理化其暴力行为的动机，他们也将学习到暴力是唯一且正常的情绪表达方式与问题解决途径，甚至慢慢内化了"暴力是正常的"等错误信念，然后进一步反映在欺凌者所展现出的僵化行为模式之上。教师可以与欺凌者探讨：他们自己受到暴力或者欺凌行为时有什么样的感受？引导欺凌者宣泄自己的恐惧和愤怒，同时体会被欺凌者的感受；帮他（她）体会自己遭受欺凌后是不是真正从内心深处认同对方的观点；澄清暴力和欺凌不是真正的"强壮"；引导欺凌者回顾自己最尊敬和爱戴的一位或多位人物，使他（她）理解要想获得真正的尊重和认同，需要做出行为的改变和各个方面的努力，如拥有音乐、绘画、写作等方面的特长，见义勇为、助人为乐的品质等。

（2）针对被动欺凌者

这类学生看见欺凌者的暴力行为得逞，于是协助及附和欺凌者，有些则借此保护自己，免受欺凌。在他们看来，通过加入欺凌行为可以避免自己遭受欺凌，自己会因为加入而变得更安全。如果自己不参与进来，则有可能成为下一个被欺凌者。

教师辅导方法：

在与被动欺凌者谈话过程中，只要对方讲出自己的真实想法，就要肯定和鼓励他（她），赋予他（她）自我肯定的力量。这个过程中，教师可以与被动欺凌者聊聊他（她）害怕的真正原因，适时说出"你觉得不这样做自己也会被欺凌""你很不喜欢自己被欺凌的感觉""你并不想真的这么做"等语言，帮欺凌者看到自己的顾虑，表达出内心的不安。教师在接受他（她）的真实感受的同时，借由生活中欺凌的事例，让其想象欺凌行为的恶性循环，向他（她）传达这种依附并不能真正给他（她）带来安全，只会将自己卷入更易被欺凌的行列。

2. 辅导建议

教师应该不具有威胁性，并明确无意责备。教师应坐在欺凌者的对面，这样双方的眼睛在同一水平线上，可以在平等条件下进行沟通，并能时刻确保进行眼神的交流。无论欺凌者说出什么样的感受和想法，教师都不应指责和嘲笑，要给欺凌者创造一个自由表达和尽情宣泄的辅导环境。当欺凌者情绪激动时，不要立刻制止，而是应帮其释放当下的负面情绪。

（三）寻找正确的人际互动方法

1. 辅导内容

教师通过和欺凌者交流一次具体发生的欺凌事件，让欺凌者角色反转，和教师配合"重现"一遍。之后与欺凌者交流：

在这件事当中，你有什么样的真实感受？

作为被欺凌者，你愿意从内心去接纳和尊重欺凌者吗？

你觉得对方怎么做你更能接受他（她）？

这个过程中，引导欺凌者表达出角色互换后的感受，可以让他（她）将想表达的真实感受写出来。并针对这次欺凌事件，与教师探讨如何想、如何做可以让自己停止欺凌行为，让对方更舒服。教师与欺凌者可以在探讨后继续角色扮演，将交流后的内容"演"出来。

2. 辅导建议

角色互换过程中，认真倾听欺凌者感受到的负面情绪，切不可急于打断进行说教；对欺凌者提出的想法和建议，都要及时给予肯定和认同。对于欺凌者的建议，要适时恰当，不能急于求成。

五　总结

通过本次辅导建议，我们了解到尊重、接纳氛围下的辅导关系，是对欺凌者个体辅导的基础。欺凌者虽然在行为上有偏差，但他们一样需要肯定和关怀。他们需要一个陪伴者、一个引导者，而不是一个高高在上的管控者。只要我们看到他们需要被关爱的那部分，帮助他们重建合理的认知，欺凌行为终会停止。

执笔：杨阿娜

激发和增强同理心

一　辅导目标

1. 与欺凌者建立尊重、接纳的辅导关系；
2. 学习设身处地理解被欺凌的感受，激发欺凌者的同理心，探讨停止欺凌行为的积极策略。

二　辅导原则

（一）真诚接纳、积极关注原则

欺凌者在学校中多数被归为行为偏差的学生，故学校一般会采取指责、说服教育等方法来对待他（她）。在家长和教师眼中，比其他学生更容易受到质疑与指责，因此，他们会更期待获得来自辅导教师的理解、信赖和关怀。辅导过程中，教师保持积极关注的态度，使欺凌者感受到教师的真诚接纳，是辅导中的关键。

（二）正增强原则

每个人都希望被戴"高帽子"，尤其对可能经常受到师长质疑和责骂的欺凌者而言，更需要得到他人的认同与关注。通过在辅导过程中对欺凌者出现的正向认知和积极应对态度的正增强，促使他（她）停止欺凌的动机与行为。

三　辅导方法

通过耐心倾听、积极关注等辅导技巧，建立让欺凌者感到信任和开放的辅导关系。通过聊天、游戏体验、谈论等方法，让欺凌者同理被欺凌者的感受，在平等接纳的关系中探讨如何停止欺凌行为的积极策略。

四　辅导过程

（一）建立尊重、接纳的辅导关系

1. 辅导内容

教师需要提前收集欺凌者的一般资料，例如，年龄、家庭背景、个人成长经历、兴趣爱好等。收集过程可以通过老师、同学和家长等，也可通过观察和直接询问等方式。辅导中注意找到欺凌者可以最轻松的点切入，如最近学校发生的新鲜事、学生最喜欢的明星等，建立温暖而开放的关系。

当欺凌者表达真实的想法和看法时，教师要表达出对他（她）的理解和尊重，无论是语言和身体姿态，都要向欺凌者传递：在这段辅导关系中，他（她）是被尊重和接纳的。

积极地关注是这一阶段的首要任务。倾听中去共情欺凌者的处境和感受，适时地提出一些真诚的、探寻性的问题，以便获取教师想更深入了解的内容。

2. 辅导建议

欺凌者多数为在校表现行为有偏差的学生，通常情况下，学校教导处和班主任会使用各种办法来"调教"此类学生，包括指责、打骂等。这些过激或不恰当的教育方式，让学生感受到个体是不被尊重且被否定的。因此，当欺凌者第一次与辅导老师见面，会产生不配合或刻意迎合老师等阻抗。此时教师需要通过认真倾听、积极关注来赢得放开的辅导关系。倾听时只共情学生的感受而不评判，尤其不评判道德品质与其思想的好坏，使学生感受到教师接纳自我、尊重自己的辅导关系。

（二）尝试同理被欺凌的感受

1. 辅导内容

直接进入主题，可能会让刚建立起的辅导关系动摇，使欺凌者再次戒备阻抗教师接下来的"教育"。教师可通过游戏的方式自然过渡：

提前准备好一盆塑料仙人掌和一个布娃娃。教师把仙人掌放到欺凌者面前，并将布娃娃交给欺凌者，告诉他（她）现在这个娃娃代表的是他（她）自己，要求布娃娃（自己）从仙人掌跟前走过，欺凌者会本能地绕过仙人掌。接下来的游戏中，教师让欺凌者再次"路过"，这时拿仙人掌直接去撞击代表欺凌者的布娃娃。

教师与欺凌者一起探讨：

当布娃娃第一次路过时，看到仙人掌，为什么要避开？

在你看到主动过来撞击自己的仙人掌时，你有什么样的感受？在想些什么？

当欺凌者将自己感受到的惊恐、害怕、疼痛等情绪阐述出来后，教师要及时肯定欺凌者的感受力，对他（她）表达真诚的鼓励。进而引导对方，这些可能就是被欺凌者的真实感受。告诉欺凌者之前可能忽视了自己的欺凌行为可能带给对方的伤害，那并不代表自己会一直出现欺凌行为。现在欺凌者能体会同理到这些感觉，就足以证明自己的欺凌行为是可以改正并停止的。

2. 辅导建议

教师准备的道具可以是塑料玩具仙人掌，也可以是其他带刺的物品，但操作过程中要注意安全，以防自己和欺凌者被道具所伤。游戏过程中注意观察欺凌者的情绪变化（面部、身体、动作等），以备在欺凌者表达出自己的真实感受后，有理有据地帮他（她）肯定自己具有同理他人感受的能力，增强欺凌者的自我认同感，做到正增强。

（三）学会道歉

1. 辅导内容

通过上面的游戏，欺凌者感受到欺凌行为对被欺凌者的伤害，在此基础上，引导欺凌者继续深入觉察：

人无完人，谁都有做错事的时候，当我们发现自己给对方带来伤害时，需要做些什么？

为欺凌者发放纸和笔，让欺凌者根据上面的游戏场景或选择自己亲身经历的欺凌事件，编写一段道歉的话。道歉内容应该包括：

承认自己具体做了哪些行动或行为；

用比较详细的笔触描述该行为对他人造成了哪些伤害、损害或影响；

自己的道歉意图是什么？

对自己的此种行为说对不起；

保证自己对此行为不再继续，停止自己的欺凌行为。

2. 辅导建议

此过程中重点是对欺凌者态度的引导和如何道歉的指导，如果欺凌者不能准确地描述出道歉内容的某一部分，教师不应说教和指责，而是耐心引导，循循善诱地帮他（她）思考。也应告诉欺凌者，道歉是我们对自己行为改正的一种决心，也是一种勇敢者的游戏，它的意义并不取决于是否能得到对方的原谅。

（四）探讨停止欺凌行为积极可行的策略

1. 辅导内容

当欺凌者能同理到欺凌行为给对方的伤害，并能对自己的欺凌行为真诚道歉时，教师就可以与他（她）探讨让自己停止欺凌行为积极可行的策略有哪些：

检视自己对"强壮"的不合理信念，暴力与欺凌不代表强壮；

当看到常被欺凌的同学时，回想仙人掌与布娃娃的游戏中自己的感受，提醒自己是个有同理心并愿意改变的学生；

当自己情绪激动难以自控时，尝试让自己深呼吸并迅速离开事发现场；

……

2. 辅导建议

教师在此起启发和引导的作用，但要注意以欺凌者为主体，当欺凌者每说出一条积极策略时，教师都要报以赞许和肯定。如果教师有更多更好的建议提供给欺凌者，也应以商量的语气进行。整个过程要让欺凌者体验到自我成长的成就感和自我改正的能量。

五 总结

本节辅导建议,是以提升欺凌者的同理心和自我认同感为主要目的,通过对欺凌者同理心的肯定和认同,让欺凌者不再感受到批评和否定,而是认同和增能,作为一种"正强化"的方式,有助于帮他(她)树立纠正自我行为的信心。

执笔:杨阿娜

审视暴力行为带来的伤害

一　辅导目标

1. 帮欺凌者认识到暴力行为对人对己的伤害；
2. 欺凌者在目睹或遭遇暴力中积压的情绪宣泄；
3. 引导欺凌者认知重建，学习正确友善的人际互动模式。

二　辅导原则

（一）平等尊重的原则

欺凌者虽在行为上有偏差并需要教导，但在人格上也需要得到尊重和平等对待。在个体辅导中，教师要以尊重的态度、平等的眼光对待欺凌者，在欺凌者需要得到支持与鼓励的时候，不能因为他（她）的欺凌行为区别对待，应充分尊重欺凌者，不以居高临下、盛气凌人的姿态出现在欺凌者面前。

（二）真诚亲切原则

真诚亲切的态度是在辅导中教师与欺凌者共处的准则。教师要做到真诚亲切，对欺凌者曾有的负性感受，既不能夸张夸大，也不可漠视不理；只有当欺凌者在教师面前感受到真诚，体会到教师亲切温暖的善意和尊重，欺凌者才能在辅导中敞开更多、收获更多、改变更快。

三 辅导方法

欺凌者多数有过被欺凌、被施暴或目睹暴力的经历，因此欺凌是一种习得性行为。既然是可以被习得的，就说明它同样通过认知重建，在新的习得中改变。辅导过程中，通过引导欺凌者检验对欺凌和暴力的不合理信念，看到暴力对人的伤害，帮助欺凌者产生改变的动力；对欺凌者曾经历过的家庭暴力产生的负面情绪，催化宣泄，通过游戏、讨论、头脑风暴等方法，帮欺凌者建立正确认知，探索并学习正确友善的人际互动模式。

四 辅导过程

（一）与欺凌者建立真诚温暖的辅导关系

1. 辅导内容

在辅导前，教师需要提前了解欺凌者的基本信息，如年龄、性格特征、家庭状况、人际交往状况、兴趣爱好等方面。根据了解到的情况，可提前布置一个有欺凌者熟悉或感兴趣的辅导环境，在无形中促使欺凌者降低警惕，然后展开自然状态下的聊天，从而快速打破欺凌者对教师的防御。例如，如果欺凌者对篮球运动热衷，教师则可以选著名球星的海报或杂志巧妙地放在合适的位置，吸引欺凌者的注意，并由此展开话题，进行关系的建立。

2. 辅导建议

了解基本信息时要做到对欺凌者保密原则，不然一切布置都将显得刻意，反而会引起欺凌者的反感和更深的误解，导致建立辅导关系受阻。在交流过程中，要对欺凌者的话题表现出积极关注和共鸣，给欺凌者传递温暖亲切的沟通姿态，但也不可过分夸张，使欺凌者觉得教师在惺惺作态。

（二）帮欺凌者彻底宣泄在原生家庭中经历或目睹暴力时的情绪体验

1. 辅导内容

温暖亲切的关系建立后，让欺凌者在纸上画出自己的家庭关系图，教师根据自己提前了解的情况与绘图，有的放矢地问询：

我发现你画得很有意思，能帮我解释一下你的这幅图吗？

你与妈妈爸爸（图中出现的人物）相处的感觉如何？

家里曾有过暴力出现吗？

能具体说说当时的某一个暴力场景吗？

当时你的感受如何？

你觉得自己算不算是暴力的受害者？

……

引发欺凌者思考后，不要急于追问答案，继续请欺凌者写出自己当时想说却没有说的话，如对施暴人的愤怒和指责、对受暴人的同情和怜悯等。待欺凌者写完，教师鼓励欺凌者大声读三遍，引导他（她）三次的音调越来越大、情绪越来越饱满，帮其释放。

2. 辅导建议

欺凌者通常在家庭中也曾遭受到暴力伤害，或来自赞扬暴力的家庭，这类孩子一般不知如何或不被允许表达情感，因此他（她）本身也是暴力行为的受害者。在本过程中，注重对欺凌者情绪的宣泄是重点，当欺凌者情绪激动时，可适当用非语言状态表达关注（如轻抚欺凌者后背等），但不要试图制止或此时说教。游戏结束时要向欺凌者阐明：父母虽然有暴力行为且伤害过我们，但他们只是缺少情绪管理的能力和管教孩子的方法，他们爱自己的心是真实的。

（三）正视暴力和欺凌行为的危害

1. 辅导内容

提前准备十个钉子和一块黏土，让欺凌者用黏土捏出任意的形状（可以是任何造型和形状），并为制作好的黏土命名（鼓励欺凌者赋予自己满意和喜欢的名字），完成以上两步后，教师让欺凌者往黏土上插钉子。全部插上去后，教师告诉欺凌者："现在钉子决定不再伤害它（黏土被命名的名字）"，要求欺凌者拔除钉子。

引导欺凌者观察黏土的变化，是不是恢复到原样？钉子已经拔出来了，但还有痕迹，在欺凌和暴力事件中，这又让你想到了什么？

基于欺凌者上一环节自身的情感体验，引导欺凌者重视暴力和欺凌事件后的心理伤害。

2. 辅导建议

教师要在上一环节中及时地过渡到本环节，所以提前准备好道具就很有必要。引导中要注意观察欺凌者的反应，抓住欺凌者触动最深的部分进行探讨。整个过程要以欺凌者为主体，不可将要表达的理念直接抛给欺凌者，而是要结合游戏，适时引导。游戏结束时，要向欺凌者传递：暴力行为虽然对人对己都有伤害，但是可以通过学习和练习改变。

（四）探讨新的人际互动模式

1. 辅导内容

既然意识到暴力和欺凌行为会给人带来如此大的伤害，教师与欺凌者讨论：

自己和同学相处中，会去欺凌哪部分同学？

想要欺凌他（她）时自己的想法是什么？

现在的想法是什么？

停止欺凌，如何能做到与他（她）友好相处？

更具体的做法有哪些？

……

教师及时肯定欺凌者对暴力和欺凌行为重建的正确认知，对欺凌者提出的人际互动建议和想法，鼓励并表露出赞许。

2. 辅导建议

教师在此要做到对欺凌者的鼓励和期待。语言及身体状态的肯定和赞许，对欺凌者都非常有意义。在讨论新的人际互动策略时，既要给欺凌者信心，又要使欺凌者明白：行为的习得需要一个过程，在今后的生活中，虽然拥有足够的信心去改变欺凌行为，但对可行建议的练习更为重要。

五　总结

欺凌者自身也是暴力的受害者，因此，通过欺凌者自身经历，更能帮他们认清暴力行为的伤害，体验到被欺凌者的痛苦，从而转变欺凌者对暴力行为的错误认知，建立正确的人际互动信念，在生活中练习运用，最终做到停止欺凌行为。

执笔：杨阿娜

第二部分　团体辅导方案

"绿橄榄护卫队"

一　团体名称

"绿橄榄护卫队"——校园欺凌者团体心理辅导。

二　团体目标

1. 协助欺凌学生认识欺凌行为，明确欺凌与玩笑的区别；
2. 帮助施暴学生体会被欺凌的感受，认识到校园欺凌对自己和他人的伤害；
3. 提升自我认同感，激发同情心和同理心；
4. 学习正确的情绪表达方式和人际互动模式；
5. 检视欺凌产生的不合理信念，引导学生重建认知，从而改变其行为模式；
6. 传递以"尊重、平权、非暴力"为核心的价值观。

三　团体性质

封闭性团体。

四　团体对象

8—10人，性别不限。曾有过校园欺凌行为的，希望通过活动改变人际交往应对方式的中学生。

五 组员筛选方式

采取自愿报名与教师推荐结合。

六 团体时间频次及次数

每次 1.5—2 小时，每周 1 次，共 6 次。

七 理论基础

1. 欺凌行为发生的原因是众多的：家庭暴力、暴力的电视节目，欺凌和被欺凌，家庭教养方式，以及一个鼓励将暴力作为为自己争取利益的最有效方式的文化环境等。欺凌是一种习得性行为，既然是可以被习得的，就说明它是可以被检验的，也是可以被改变的。欺凌者多数自我认同感低，通过欺凌行为来得到他人对自己的认同，同时认为某人是无价值的、低人一等的和不值得尊重的。在欺凌者的心中，通过欺凌，可以凸显自己的重要和被认同感，而被欺凌者是不值得任何的关怀和照顾的。因此，引导欺凌学生自我认知重建，提升自我认同和价值感，传达"尊重、平权、非暴力"的核心价值观至关重要。

2. 同理是指与他人产生共鸣，对他人的感受给予认同、回应或放大。同情是回应对方的感受，将自己的感受与对方的感受相协调，却不完全一致，同理和同情是人类感情纽带的关键要素。越是拥有同理和同情的能力，就越是能够在同伴受到欺凌时以仁慈之心来面对。

3. 青春期的孩子身心发育不完全，情绪不稳定、容易暴躁失控、自我调节能力差是常见的现象，这也是导致青少年暴力行为多发的一个重要原因。更主要的的原因则是青少年对施暴行为的认知出现了偏差。负面记忆通常会扭曲关系的真相，曾目击或经受过欺凌和暴力的孩子，会合理化其欺凌行为的动机，因此，他们也将把欺凌和暴力内化为正常的情绪表达方式与问题解决途径，然后进一步反映在其所展现出的僵化行为模式之上，包括了习惯性地以暴力和欺凌攻击他人。透过不断地强调欺凌是不被允许的表达模式，传达给欺凌学生正确的基本观念，也让欺凌学生可以重整其混乱且偏差的价值信念，从而改变其偏差行为。

4. 根据皮亚杰的认知发展理论，中学时期是认知能力发展最显著的时期，逻辑和理解记忆能力迅速提升，机械和形象记忆减少，思维能力由具体、直观的模式向抽象、逻辑的模式发展，思维更加广阔、独立和深刻，但也存在偏激、片面、容易被他人所影响。情绪两极性表现明显，故需学习合理表达和调节情绪；自我意识提高，对他人的教育、指导、督促、帮助都会表现出一种抵触和逆反，故需要采用更温和、更自由的教育方法；品德进一步发展，但可能出现明白道理却难以自觉遵守行为规范的问题，需要注意榜样教育。因此，富有隐喻的活动和游戏，能更有效帮助学生真实表达感受和重新塑造情感体验。在游戏中，对于欺凌者自身曾经所造成的心理伤害，经游戏的方式使受压抑的情绪和攻击性得以释放。

5. 根据阿德勒的基本概念：一个行为不当的孩子，在其不良行为背后，都映射着个体对归属感和价值感的追求。因此，帮助欺凌学生仔细审视自己欺凌行为背后的认识与想法，增强归属感和价值感，对于改变其欺凌行为有重要意义。

八　团体单元设计大纲

单元	活动名称	活动目标	活动内容
一	护卫秘籍初体验——"火眼金睛"我来练	1. 活跃气氛，打破僵局，加速组员之间的了解； 2. 认识何谓欺凌，知道欺凌包含哪些类型，并对"欺凌"形成正确的概念，了解欺凌行为对自己和他人的伤害； 3. 澄清欺凌者就是强者的错误认知。	1. 相逢是首歌 2. 火眼金睛修炼炉 3. 照镜子 4. 总结
二	护卫秘籍接着练——别样感受我体验	1. 欺凌者之间建立温暖、安全、接纳的信任关系； 2. 引导欺凌者感受被欺凌的感觉；借助游戏疏通自己曾被欺凌伤害的情绪； 3. 引导学生分享曾被欺凌的负向记忆，并能重新以另一个角度来看到欺凌对人对己的伤害，激发同理心和同情心。	1. 能量传送带 2. 疼痛的布偶 3. 情绪感应椅 4. 总结
三	护卫队员"佩利剑"——斩断家暴传递链	1. 活跃气氛，体会行为对人的影响力； 2. 提升欺凌者对原生家庭氛围的觉察，找寻家庭中存在的暴力行为； 3. 帮助欺凌者认识原生家庭对自我的影响，修正欺凌者的暴力能解决问题和暴力合理化的认知偏差，寻找友善的人际互动模式。	1. 声东击西 2. 家庭树 3. 青胜于蓝 4. 总结

续表

单元	活动名称	活动目标	活动内容
四	护卫必杀技——情绪魔法包	1. 能以丰富的语汇或语言描述不同的情绪反应; 2. 帮助欺凌者仔细审视自己欺凌行为背后的认识与想法; 3. 增强欺凌者辨析情绪的能力,练习与他人互动的技巧。	1. 情绪万花筒 2. 转念魔法 3. 魔法练习 4. 总结
五	护卫队员灯塔站——亮光闪闪不一般	1. 体会友谊和协作的乐趣,增强团队成员的归属感和价值感; 2. 增强自我认同感,悦纳自己。	1. 同心协力 2. 闪亮的我 3. 总结正向自我肯定训练
六	橄榄枝叶迎风展,团结友爱满校园	1. 明白欺凌不是解决问题和人际互动的有效方法; 2. 学会尊重他人和自己的差异,练习和谐友善的人际互动模式; 3. 增强团结友爱处理人际关系的信心。	1. 拔钉子 2. 求同存异 3. 为爱宣言 4. 总结

第一单元 护卫秘籍初体验——"火眼金睛"我来练

活动目标

1. 活跃气氛,打破僵局,加速组员之间的了解;

2. 认识何谓欺凌,知道欺凌包含哪些类型,并对"欺凌"形成正确的概念,了解欺凌行为对自己和他人的伤害;

3. 澄清欺凌者就是强者的错误认知。

活动名称	活动流程	活动目的	器材
1. 相逢是首歌	1. 组员围成一个圈,播放音乐; 2. 大家在这个圆圈里自由走动,边走边与同学握手、问声好;然后再与别的同学握手问好; 3. 当咨询师说"停"时,每个人都必须要与人握住手、面对面。这时握住手的两个人,就是你的新朋友,然后双方做详细的自我介绍; 4. 从步骤2重复游戏。	1	音乐播放器
2. 火眼金睛修炼炉	观看《拒绝校园欺凌》视频 讨论: 1. 视频中出现的欺凌行为有哪些? 2. 视频中的暴力行为属于违法行为吗? 3. 你认为欺凌与玩笑的区别是什么? 4. 除了视频中的欺凌行为,生活中你所见到的还有哪些属于欺凌行为?	2	附件一、附件二

续表

活动名称	活动流程	活动目的	器材
3. 照镜子	1. 播放轻音乐，让学生跟着音乐放松； 2. 想象眼前的白纸是一面镜子，回顾出自己曾经想要证明自己又强又厉害的事件； 3. 再次明确校园欺凌的概念； 4. 讨论：欺凌行为能收获真正的友谊和尊重吗？身边人的感受是什么？还愿意跟自己待在一起吗？ 5. 强化施暴欺凌不代表强者，反而是处于被孤立的状态。	2、3	轻音乐、纸张、笔
4. 总结	1. 什么是欺凌？校园欺凌行为有哪些？ 2. 欺凌带给人的感受。		

附件一：

《拒绝校园欺凌》视频，网址：http://www.iqiyi.com/w_19rsqiyket.html。

附件二：

一　欺凌的形式

1. 叫受害者侮辱性绰号；指责受害者无用；粗言秽语、喝骂；

2. 对受害者进行重复的物理攻击，使用身体或物件；拳打脚踢、掌掴拍打、推撞绊倒、拉扯头发；

3. 干涉受害者的个人财产、教科书、衣裳等，损坏或通过它们嘲笑受害者；

4. 欺凌者明显地比受害者强，而欺凌是在受害者未能保护自己的情况下发生的；

5. 传播关于受害者的消极谣言和闲话；

6. 恐吓、威迫受害者做他（她）不想要做的事，威胁受害者听从命令；

7. 让受害者遭遇麻烦，或令受害者招致处分；

8. 中伤、讥讽、贬抑评论受害者的体貌、性取向、宗教、种族、收入水平、国籍、家人或其他；

9. 分派系、结党，孤立、杯葛或排挤受害者；

10. 敲诈，强索金钱或物品；

11. 画侮辱受害者的画；

12. 网上欺凌，即在网址或论坛上发表具有人身攻击成分的言论；

......

二　玩笑与欺凌的区别

玩笑：我和你一起欢笑，而不是我笑你。

欺凌：我笑，你不笑；以欺负对方为目的，并让对方感到难过和痛苦。

第二单元　护卫秘籍接着练——别样感受我体验

活动目标

1. 欺凌者之间建立温暖、安全、接纳的信任关系；

2. 引导欺凌者感受被欺凌的感觉；借助游戏疏通自己曾被暴力伤害的情绪；

3. 引导学生分享曾被欺凌的负向记忆，并能重新以另一个角度来看到欺凌对人对己的伤害，激发同理心和同情心。

活动名称	活动流程	活动目的	器材
1.能量传送带	1.组员围成一个圆坐好，与遇身边的组员相互拍手两个八拍； 2.听咨询师口令，同时做：双手放平互碰；手腕相互碰；大拇指交叉相碰；右手抱拳击左掌；左手抱拳击右掌；双手擦擦耳朵； 3.组员闭上眼睛，深呼吸； 4.将自己的手放在相邻的组员手的上方，手心相对，感受彼此的温度和热量。	1	椅子
2.疼痛的布偶	1.播放轻柔音乐，组员放松，闭眼； 2.请学生冥想生活中所面对的最难过（或害怕）的一件事； 3.组员在咨询师的引导下，捏出一个自己觉得很可怕的魔鬼； 4.在咨询师的引导下，让学生在"怪兽"上面装上"刺刺"； 5.请学生坐好，然后一手布偶、一手扎满刺刺的"怪兽"，用"怪兽"去触碰布偶； 6.请学生分享进行此活动时布偶的感受； 7.邀请学生各种方式用力摔打"怪兽"； 8.邀请组员安慰、呵护布偶； 9.请学生分享进行此活动时的感受。	2	布偶、剪好的刺、黏土、CD

续表

活动名称	活动流程	活动目的	器材
3. 情绪感应椅	1. 两人一组站立，面前放两把椅子； 2. 彼此讲述自己被暴力或欺凌伤害的经历和感受； 3. 咨询师引导两人都坐到椅子上； 4. 其中一组员坐在自己的椅子上，想象对面组员是欺凌者，对他（她）讲出自己一直想讲但没讲过的话和委屈； 5. 欺凌者扮演者说出他（她）当下的想法和感受； 6. 组员说出听了"欺凌者"的话后自己的想法和感受； 7. 咨询师引导反复沟通几次，直至组员觉得委屈的感受不再强烈，体会欺凌者其实跟自己一样对情绪失控的无能为力； 8. 角色互换体验。	3	椅子
4. 总结	被欺凌伤害是痛苦的、受伤的、害怕的、恐惧的，任何暴力和欺凌都是错误的、会让人受伤的。		

第三单元　护卫队员"佩利剑"——斩断家暴传递链

活动目标

1. 活跃气氛，体会行为对人的影响力；

2. 提升欺凌者对原生家庭氛围的觉察，找寻家庭中存在的暴力行为；

3. 帮欺凌者认识原生家庭对自我的影响，修正欺凌者的暴力能解决问题和暴力合理化的认知偏差，寻找友善的人际互动模式。

活动名称	活动流程	活动目的	器材
1. 声东击西	1. 组员坐在椅子上，咨询师面向他们； 2. 要求组员必须全神贯注观察咨询师，然后听口令； 3. 咨询师喊口令的同时做与口令不符的动作。如口令喊"请你跟我拍拍肩"，动作却要抬头； 4. 组员思考并分享：为什么第一反应都是跟着咨询师的动作，而不是口令？ 5. 明确：行为对人的影响力大于语言。	1	
2. 家庭树	作画： 1. 引导组员回忆自己对家庭的感觉、看法，画出一棵树； 2. 让组员选择一种颜色代表家庭带给自己美好的感觉，然后涂成背景； 3. 让组员再选颜色画出代表家庭成员的果实，每个果实的分布与大小代表家人对自己而言的心理位置和关系。	2	彩色笔、图画纸

续表

活动名称	活动流程	活动目的	器材
2. 家庭树	4. 选择一种颜色代表家庭中曾给自己不好的感觉，涂在代表家人的果实上。 分享： 1. 谈谈对自己家有什么样的感受； 2. 谈谈家庭成员之间的相互关系； 3. 谈谈画中那些不好的感觉来自何种事件，这些事件多以什么样的形式出现； 4. 谈谈对自己的影响最大的一次家庭中暴力事件。	2	彩色笔、图画纸
3. 青胜于蓝	讨论： 1. 父母（或其他主要抚养人）的暴力行为是否得当？ 2. 父母（或其他主要抚养人）的教养方式，对自己产生什么影响？ 3. 自己应该如何面对其教养方式。 在纸上写出： 1. 我最喜欢父母（或其他主要抚养人）的地方； 2. 我最不喜欢父母（或其他主要抚养人）的地方； 3. 我与父母（或其他主要抚养人）最像的地方； 4. 我在哪些方面还需要调整，才能让自己的人际互动更健康与友善。	3	纸、笔
4. 总结	家庭对我们的影响巨大，我们应对问题的方式，总会在不知不觉中成了父母（或其他主要抚养人）的翻版。带着觉察来认识我们的家庭，将家庭中曾带给我们对暴力的错误认知和不好的人际互动模式找出来，并用我们的行动去打破它，定会青胜于蓝。		

第四单元 护卫必杀技——情绪魔法包

活动目标

1. 能以丰富的语汇或语言描述不同的情绪反应；
2. 帮助欺凌者仔细审视自己欺凌行为背后的认识与想法；
3. 增强欺凌者辨析情绪的能力，练习与他人互动的技巧。

活动名称	活动流程	活动目的	器材
1. 情绪万花筒	1. 出示表情图片； 2. 请学生将这些表情所表达的词语放在一起； 3. 找出哪些是正向情绪，哪些是负向情绪； 4. 写出平时让你"喜、怒、哀、乐"的最常见原因，并把当时的表情脸谱画下来； 5. 说说哪些是我们在实施欺凌时出现的情绪，并给自己实施暴力时的情绪从1—10赋分（1是最低分，10是最高分）。	1	附件一、二，情绪图片，以及表示这些表情的词语卡，A4纸、笔

续表

活动名称	活动流程	活动目的	器材
2. 转念魔法	1. 组员回想自己最近出手（出口）伤人的一件事； 2. 完成"真相"卡和"转念"卡； 3. 组员相互分享； 4. 讨论：同一件事，为什么转念一想后结果发生了变化？你更喜欢哪种结果？	2	附件三
3. 魔法练习	1. 两人一组； 2. 将"转念"卡中自己的故事演出来； 3. 换对方的故事演。 （表演的时候咨询师注意引导组员表达当下的感受。）	3	
4. 总结	欺凌行为中藏着我们的真实需求，有时候我们想要得到认同、友谊、关心、赞扬……当我们的需求没有被满足、被看到，大脑就会欺骗我们，做一些不当的行为。有需求、有期待没有错，但欺凌行为绝对是错的！使用转念魔法吧，同一件事，改变我们的想法，就可以改变我们的行为。		

附件一：情绪语汇表

爱 —— 爱好、喜欢、关心

喜悦 —— 高兴、愉快、快乐、快活、开心、有趣、欣慰、兴奋、满足、振奋、陶醉、自豪、幸福、轻松、得意、松了一口气

伤心 —— 忧郁、绝望、无望、不快乐、悲哀、悲伤、难过、苦恼、痛苦、烦恼、失望、沮丧、生气、羞愧、愧疚、罪恶感、丢脸、后悔、孤独、寂寞、挫折、灰心、不安、困窘、遗憾、同情、委屈、担心、忧虑、无助

恐惧 —— 害怕、惊慌、恐怖、震惊、屈辱、焦虑、紧张、忧虑、不自在

惊讶 —— 惊讶、怀疑、疑虑、尴尬、忐忑

生气 —— 气愤、烦躁、不满、不高兴、愤怒、挫折、生气、震怒、悲痛、讨厌、愤慨、懊恼、厌恶、轻蔑、羡慕、困扰、嫉妒、不情愿、怨恨、痛恨、仇恨、残忍

附件二：喜 怒 哀 乐

队员们，请写出平时让你"喜、怒、哀、乐"的最常见原因，并把当时的表情脸谱画下来：

1. 我高兴　　　　2. 我生气
因为：　　　　　因为：
脸谱：　　　　　脸谱：

3. 我难过　　　　4. 我快乐
因为：　　　　　因为：
脸谱：　　　　　脸谱：

附件三：
"真相"卡
橄榄护卫队队员：_____
事件发生的起因是：_____
事件发生时我的想法（感受）：_____
当时身体上的感觉有：_____
事件最后的结果是：_____
事件结束后我的感受是：_____
"转念"卡
橄榄护卫队队员：_____
事件发生的起因是：_____
如何想会让自己可以停止不当行为：_____
1._____
2._____
……
如果是上面这种想法，我的做法可能是：
1. _____
2. _____
事件在行为改变后的结果是：_____
改变后的结果给我的感觉是：_____

第五单元 护卫队员灯塔站 —— 亮光闪闪不一般

活动目标

1. 体会友谊和协作的乐趣，增强团队成员的归属感和价值感；
2. 增强自我认同感，悦纳自己。

活动名称	活动流程	活动目的	器材
1. 同心协力	1. 将组员分成两个小组； 2. 每组先派出两名组员，背靠背坐在地上； 3. 两人双臂相互交叉，合力使双方一同站起； 4. 以此类推，每组每次增加一人，如果尝试失败需再来一次，直到成功才可再加一人； 5. 看哪组用时最少加完。 讨论： 1. 你能仅靠一个人的力量就完成起立的动作吗？ 2. 怎么样才能促使这个任务更快完成？ 3. 刚才你是否想过一些办法来保证任务的顺利完成？你在这个任务中重要吗？	1	
2. 闪亮的我	1. 每人发放一个小镜子； 2. 咨询师引导组员观察自己，问：我是谁？ 3. 用陈述句写出自己对自己的认识（可以是独特之处，也可以是缺点、欺凌行为或优点）； 4. 轮流将自己的优点和独特之处大声分享； 5. 客观认识自己的缺点和欺凌行为，轮流做"虽然我……，但我……"的语句练习； 6. 制作"闪光卡"：自己先填，交给其他组员轮流做补充； 7. 轮流分享。	2	小镜子、纸、笔、附件
3. 正向自我肯定训练	1. 两人一组，相互注视对方眼睛50秒，肯定地看着对方； 2. 继续（1）步骤，其中一人很肯定地将"闪光卡"中的内容说给对方； 3. 肯定地给双方好评价（赞美）； 4. 对方肯定地接受； 5. 角色互换，重复以上步骤。	2	
4. 总结	欺凌，只是我们在错误认知下做出的一种错误行为，请不要给自己贴上"坏孩子"的负向标签。只要相信自己可以有选择正确行为的能力，你的闪光点必将越来越多，越来越亮。		

附件：

_____ 的闪光点

我欣赏的我：

我喜欢我（　　　　　　　　　　　　　　　）

我喜欢我（　　　　　　　　　　　　　　　）

我喜欢我（　　　　　　　　　　　　　　　）

我喜欢我（　　　　　　　　　　　　　　　）

我喜欢我（　　　　　　　　　　　　　　　）

我喜欢我（　　　　　　　　　　　　　　　）

我喜欢我（　　　　　　　　　　　　　　　）

……

别人欣赏的我：

我的优点还有（　　　　　　　　　　　　　）

我的优点还有（　　　　　　　　　　　　　）

我的优点还有（　　　　　　　　　　　　　）

我的优点还有（　　　　　　　　　　　　　）

第六单元　橄榄枝叶迎风展，团结友爱满校园

活动目标

1. 明白欺凌不是解决问题和人际互动的有效方法；

2. 学会尊重他人和自己的差异，练习和谐友善的人际互动模式；

3. 增强团结友爱处理人际关系的信心。

活动名称	活动流程	活动目的	器材
1. 拔钉子	1. 每人十个钉子、一块黏土； 2. 用黏土捏出咨询师要求的形状（可以是任何造型和形状），并为制作好的黏土命名； 3. 咨询师喊"钉子行动"的口令，组员往黏土上插钉子； 4. 咨询师做引导语："钉子扎在了黏土的身上，突然它后悔了，想要不再伤害它（黏土被命名的名字）。"组员拔除钉子； 5. 组员观察黏土的变化，是不是恢复到原样了？ 6. 分享感受。	1	钉子、黏土

续表

2. 求同存异	1. 每人发一张大小相同的纸； 2. 咨询师发指令，组员要独立完成，不许相互交流与询问； 指令：上下对折；再左右对折；在对折好的纸的左上角剪掉一个直角边长为2厘米的等腰直角三角形；再左右对折；再上下对折；在右上角剪掉一个半径为2厘米的扇形；打开。 3. 观察自己的形状和其他组员的是否完全相同？ 4. 讨论：同样的指令，为什么图形不一样？ 5. 轮流分享：既然每个人对语言的理解都会有差异，那生活中还会有其他的行为差异吗？当差异出现时，欺凌是解决问题的最佳方法吗？ 6. 谈论：我们应该怎么做，才能折出相同的图案？ 7. 分享：我得到的启示是什么？	2	A4纸、剪刀
3. 为爱宣言	1. 将旗帜展开，全体组员面向旗帜； 2. 齐读宣誓词； 3. 在旗帜上签自己的名字。	3	一面印有绿橄榄的旗帜、附件
4. 总结	没有相同的叶子，更没有相同的人，每个人都有自己的长处和不足。欣赏自己的优点，改善自己的不足，接纳他人的不同，是我们共同的成长主题。欺凌行为，是阻挡心与心交流的绊脚石，当我们停止欺凌行为，开始向外播散友爱的种子时，哪怕是一个微笑、一句谢谢、一个动作……定会收获满满。相信自己 —— 你是最好的友爱护卫队员！		

附件：

宣誓词

橄榄枝是和平的象征，校园是团结友爱的港湾。我是一名光荣的绿橄榄护卫队员，我相信，我会成为最棒的护卫队员！此刻起，我会用自己的行为去维护友善和团结！

宣誓人：

执笔：杨阿娜

第三部分　其他工具

针对团伙欺凌的辅导

一　辅导目标

1. 帮欺凌者认识到欺凌行为对被欺凌者的严重伤害；
2. 确定欺凌问题，帮助欺凌者承担责任，共同努力寻求解决欺凌问题的办法；
3. 给欺凌者以及团伙支持者提供机会进行正面的行动，通过个体发言并重新收回他们的个人力量，打破"团伙"的力量，控制和制止团伙欺凌。

二　辅导原则

根据皮卡斯的观点，欺凌团伙的想法和感受较之欺凌个体成员而言更为简单，他们具有共同的心理特征，因此，团伙的行为是可以预见的。教师参与欺凌行为的讨论与阐述，但不评判，与欺凌者共同关注欺凌行为，控制形势并找到解决办法。

三　辅导方法

通过与欺凌团伙各个成员的会谈与讨论，共同关注欺凌行为和可行的解决办法，促进欺凌者信赖教师并进行配合的方法。

四　辅导过程

（一）与欺凌团伙成员的初次会面

1. 辅导内容

教师首先要与团伙的头目谈话，然后与其他可疑的聚众闹事者谈话，每人谈10—20分钟。这些会面必须连续并同时进行，这样所有牵涉进来的个体就不能够相互交谈。重要的是，在所有的欺凌者都被面谈之前，不要对受害者进行面谈，以避免欺凌者想当然地认为是受害者在搬弄是非。

面谈内容：

（1）"我想跟你谈谈，是因为我听说你对同学有恶毒行为。"

这是一种观点明确的事实陈述。它不是指责性的，旨在挖掘事情的真相。说话的语气带有同感而没有生气。

（2）"关于这件事，你知道些什么呢？"

第二个问题的意图在于让欺凌者谈论欺凌事件。大部分的人此时会自由谈论欺凌。如果在几次试图开始一场对话之后，仍然没有任何进展，那么辅导员应当结束会话。

（3）"好啦，我们已经谈论够长时间了，继续下一个议题。"

这时教师获得了足够多的信息，重要的是愉快而明确地推动事情的进展。如果讨论非常困难，并没有取得任何进展，那么这个阶段可能是整个过程中的关键点。这一陈述强调了一个事实，即对欺凌进行干预的要点在于寻找解决方案，而不是进行责备或惩罚。

到目前为止，有关于欺凌的足够信息可以用于问题的解决方案。当明确没有责备或惩罚藏在拐角处时，会有一种如释重负的感觉，紧张气氛也得以舒缓。

（4）"你能做些什么？你的建议是什么？"

正是在这个阶段，关于欺凌行为的讨论结束，欺凌者对下一步如何开展行动提出建议。这可能会以一种阻止欺凌的解决方案或承诺的方式出现。

（5）"很好，我们会在一周内再次见面，那时你可以告诉我进展如何。"

最后的陈述是为了强化教师和学生间已经建立的联系，并且确认师生会共同努力寻求解决欺凌问题的办法。教师跟欺凌者说再见，然后一个接一个地会见欺凌团伙的成员。

初次会面的最后阶段强调了欺凌对受害者影响的严重性，而不是聚焦于责备或惩罚。给欺凌的肇事者（们）以及支持者（们）提供机会进行正面的行动，作为个体发言并重新收回他们的个人力量。通过这种方式，"团伙"的力量被打破，并且团伙"共同的心理特征"也变得不确定。尽管没有说明，但头目被带出教室将表明有些事情不对劲，他重新回到教室传递了两个信息：对于聚众扰事的同伙而言，"没有问题，我不得不处理这件事情，你们也同样如此"；对于被欺凌的受害者而言，"可能我会对你们友善一点"。消除处罚使报复的可能性减少，并化解了紧张氛围和行为的攻击性。

2. 辅导建议

教师应该不具有威胁性，并明确无意责备谁。他或她应当强调受害者因遭遇欺凌而感到痛苦。每一位欺凌者都被问到怎样做才能使受害者不那么难过。教师坐在被面谈的孩子对面，这样他们的眼睛在同一水平线上，可以在平等条件下进行沟通，并能时刻确保进行眼神的交流。

这是进展过程中最为重要的部分，它旨在帮助欺凌者承担责任，同时不会感到羞耻或对受害者表示不满。关键是要强化此人的回答，并询问进一步的问题，以便使程序朝着共同关注方法预设的目标发展。

这种共享强调的是互动：欺凌问题被确定并且它应当共同来解决。应当推动一种预期的形成，即能够建立一个解决方案。在这个过程当中，教师将建立同感和支持作为典范，但是并非过于友好（或屈尊俯就）。

（二）与受害者会面

1. 辅导内容

与被欺凌者进行面谈，并鼓励他谈论关于欺凌的事情。了解欺凌事件的详细过程，以确定受害者是被动受害者还是挑衅型受害者。因为不同类型的受害者，如同不同的个体，其欺凌问题的解决方法存在差异。挑衅型的受害者可以针对他们能如何改进提出自己的建议；对于一个被动型的受害者，教师可以用一种更为全力支持的方式开展下一步活动。

2. 辅导建议

即使受害者挑衅激起了欺凌行为，这并不意味着欺凌情有可原，但是这意味着他们的行为是欺凌的促成因素。这需要被果断地承认，教师不能进行责备或评价。

（三）与欺凌团伙成员的再次会面

1. 辅导内容

与欺凌成员进行一系列进一步的会面，看看事情进展如何。通常，欺凌成员并没有按照他们在第一次会面当中同意的那样去做，但是他或她通常不去烦扰受害者。如果情况不是这样，教师需要重新审视初次会谈中可能出现的问题，确保激发学生的承诺，去完成他们之前同意做的事情。教师和欺凌者应当决定再次见面，看看有何进展。

2. 辅导建议

因为这种方法依赖于后续行动，教师必须致力于欺凌者对欺凌问题的重视。欺凌者可以从正在发生的欺凌事件来思考，并重新调整在一段时间内他们将如何行动，并使他们感受到：他们同样有机会纠正自己的行为而不受到惩罚。

（四）团体会面

1. 辅导内容

当欺凌的团伙已经很明显改变他们的行为时，他们必须与教师再次见面并巩固他们已经改变的行为。对于他们而言，讨论正遭遇欺凌的人，并对他或她做出积极的评论，这是至关重要的。当受害者（们）感到安全时，应当邀请他（们）参与会面。椅子应该摆放成圆圈形，受害的孩子能够进来并坐下，而不会受到严厉的批评（可能最好是坐在教师的旁边）。

团伙的成员从一种消极的境况当中创造了一种积极的境况，这应当受到表扬。如果有关于受害者的积极陈述，那么做出这些陈述的学生被要求重复叙述一遍。

2. 辅导建议

即使存在成功的解决办法，出于多种原因，此次会面都是必要的。它使事情圆满结束，并尝试着将那已经遭遇欺凌的人重新融入团体当中。同样重要的是，要承认欺凌情况已经变得完全不同。教师可以问大家，能够做些什么使新的欺凌动态变成一个长期的状态，并取得来自团体的想法和承诺，受害者也同等地参与此次尝试。

五　总结

阿纳托尔·皮卡斯的共同关注法作为一种有效地处理欺凌行为的方法，得到了广泛称赞。在这个方法中，团伙的行为是可以预见的，因此，当欺凌行为被牵涉进来时，控制形势并找到解决办法是可能的。按照共同关注的方法，灵活且有创造性地应用，团伙欺凌行为定会得到有效制止。

执笔：杨阿娜

协同式问题解决法

协同式问题解决法是协同法在实际生活中的应用，是一种非对抗性的争端解决方法，在家庭法领域应用最多。协同法的概念于 20 世纪 90 年代由明尼苏达州的律师菲尔·韦布（Phil Webb）提出，保利娜·特斯勒（Pauline Tessler）进一步发展的（Tessler，2009）。协同法以当事人为中心，充分披露事实，并有意达成对双方公平、透明且可接受的解决办法，带来双方的合作。在此过程中，每位当事人都有一个教练（学生群体中这一角色称为导师）协助参与问题解决过程中的每一个阶段，确保所有相关信息都拿到台面上，并使双方得到恭敬对待。

一　辅导目标

1. 帮助欺凌者承认欺凌行为，为自己的行为承担责任，补救过失；
2. 帮助欺凌者探讨欺凌的影响、结果并学会为自己责任；
3. 被欺凌者的声音需要和感受得到清晰的聆听，恢复被欺凌者、家庭以及团体生活的平衡。

二　辅导原则

（一）借鉴恢复性司法的原理

借鉴恢复性司法来处理欺凌所带来的影响，试图创建一种解决方法，能够建设性地恢复欺凌所有意打破的平衡，使欺凌者和被欺凌者都得到尊重和公平对待，并在这一过程中学会对自己和他人负责，修补欺凌所带来的创伤，降低危害性影响。

（二）在辅导开始及整个过程中参与者必须清楚自身的角色以及他们将要遵循的四级结构和七步程序

协同式问题解决法的参与者及其角色包括：校长、教导主任（HSD）、协同式问题解决导师、学生参与者。这些参与者需要在辅导开始及整个过程中都很清楚自身的角色以及他们将要遵循的四级结构和七步程序（该内容将在辅导过程中详细论述）。

（三）协同式问题解决导师秉持支持、建议、信任的准则

导师们是协同式问题解决法实施的中枢，他们带领分配给他们的学生经历整个过程。其关键作用是建立并维持与学生们之间的信任，并始终奉行"支持、建议、信任"的原则来保障协同式问题解决应用的有效性。

三　辅导方法

辅导方法采用协同式问题解决法。该方法以接受过训练的心理学家或是辅导员担任成年导师的角色，他们具备对实践有益的工作框架，具备良好人际交往技能，并且能够创造性地回应对抗和挑战。协同式问题解决法的核心在于在收集并筛选尽可能多的信息的基础上寻找公平的、具有建设性的解决方案。

在问题解决的过程中，要求每一方都认真听取并采纳对方的观点、论据和经验，过程公平、透明，使情况得以充分发掘。在此基础上牵涉的各方对于互惠互利的结果都很满意。

四　辅导过程

辅导过程就是协同式问题解决的四级结构和七步程序的应用过程。当欺凌被发现时，首先要制止欺凌，然后处理潜在的问题以及被欺凌者和欺凌者的需求。以下介绍四级结构和七步程序如何发挥作用。

（一）四级结构

1. 校长

学校的总负责人，当欺凌问题被报告时，校长是第一个被联系的人。接着消息被转到教导主任处（通常是一名副校长）。

2. 教导主任

教导主任处理学校欺凌问题，并负责协同式问题解决的过程。

辅导建议：教导主任是代表学校的"声音"的正式角色，对学生和善却具有权威性，发现欺凌首先要制止，然后评估各方需求，安排问题解决的相关人员（主要是导师）。在后续导师解决的过程中，如果协同式问题解决的约定被破坏，那么事情会重新回到教导主任处得以执行。如果该过程不起作用，教导主任将主动启动反欺凌政策的下一阶段。

3. 协同式问题解决导师

协同式问题解决的导师由教导主任沟通并安排，负责管理并运行整个过程。被欺凌者和欺凌者每人都有一个导师。导师辅导内容包括：

（1）管理

①制定并运行一个以学生为中心的工序。

②向分配给他们的学生讲授这套工序。

③鼓励透明和分享信息及观点，了解并弄清楚学校的规章制度以及任何相关的法律问题。

④成为这个过程当中学校和学生的交接点。

⑤劝阻对抗型的方法并鼓励合作型的方法。

⑥为会议设定议程并对程序进行解释，建立一个保持记录的过程。

⑦准备并组织与分配给他们的学生进行有建设性的一对一会面，并大力支持和参与其他学生和导师的四人会议。

⑧在四人会议之前或之后，与其他导师会面，以讨论开展工作的合适方法，这些讨论的性质和内容应当向学生公开。

⑨与合作导师配合，推动过程的开展，这一过程将带来一个公平且相互都能接受的解决办法。

⑩进行监管,维持适当的保密性。

(2)支持、建议、信任

①行动专业化且道德化,维护被指导学生以及相关其他方的最佳利益。

②为他们的学生当事人做好各个步骤的准备。

③为被指导的学生提供对可能会出现的各种不同观点和看法的建议和咨询。

④与学生一起致力于确立事情的真实情况,并协助学生清楚地阐明他们的观点,且充分了解对方的观点。

⑤组织一个安全的程序。

⑥表明合理且可能的结果。

⑦与被指导的学生建立一种相互信任且融洽的关系。

4. 学生参与者

学生参与者包括:被欺凌者、欺凌者、旁观者。这些参与者将在导师的指导下参与协同式问题解决的过程,在被尊重的前提下发出各自的声音,监督过程的公平性和透明性,并最终达成终止欺凌和对自己行为负责的协议。

(二)七步程序

1. 确定协同式问题解决方法是否适用该欺凌事件

(1)学校教导主任进行调查,首先要制止欺凌;

(2)对于考虑中的事件是否适用协同式问题解决法做出决定;

(3)如果协同式问题解决法得到有效实施,它可能会找到解决欺凌的建设性办法。教导主任通知双方家长,学校决定主动采取协同式问题解决法来处理欺凌,解释此方法所包含的内容。

2. 启动协同式问题解决法,任命协同式问题解决导师

(1)教导主任和导师们与被欺凌者会面;

(2)教导主任和导师们与欺凌者会面。

教导主任介绍协同式问题解决法,并征得他们的同意,同时签署协议。他们被介绍给自己的导师,并且了解教导主任的作用在于树立学校的权威并运用反欺凌政策,导师的作用在于为学生提供支持,并带领他们运用协同式问题解决法。

3. 一对一的会面

在欺凌者与被欺凌者会面之前，导师们在一起讨论（一个小时），为第一次与学生个体会面做准备。

导师们负责共同组织此过程，对发生的事情做好记录并且为每次会议设定议程。最初的会面主要为分享最新的消息并决定根据安排谁应当做些什么。

学生与导师首次会议议程：

（1）介绍（导师和学生进行自我介绍）；

（2）协同式问题解决方法如何运用（导师）；

（3）导师的作用（导师提供详细资料，学生如实进行反映）；

（4）欺凌的性质与程度（学生提供信息，导师如实进行反映）；

（5）下一次会议的议程（学生和导师）。

导师们与学生们的第一次会面促进了对协同式问题解决目的的理解，收集了关于欺凌的深层次信息；并开始建立相互间的信任。导师们的目的在于准确地收集信息并仔细地聆听。学生们对于已经发生的事情有强烈感受，需要进行表达和探讨；每个人的视角不同，需要进行调查以便了解到事情的真相。重要的是寻找尽可能多的关于所涉人员的真实感受，这与事情真相一样重要。无论哪个参与者所说的内容都可能带来其他的线索，例如，"欺凌事件是如何开始的？""开始之后，立刻又发生了什么？""还有谁参与了欺凌？""他们是如何被牵涉进欺凌的？""欺凌是什么时候发生的？""发生的频率有多经常？""欺凌的本质是什么？""你还有没有其他的内容想告诉我的？""感受如何？"

第一次单向会面为四方会面及过程的持续做了铺垫。导师们之间的后续会面（半小时到一个小时）需要对和学生们开展的首次一对一会议进行思考，并考虑是否安排第二次会面。在第二次会面中，欺凌问题将得到更为深入的探讨。

四方会议之前，导师们之间会面（半个小时）并明确导师们认为他们如何指导两名学生找到解决办法，为首次四方会议做好准备。

4. 首次四方会议举行

首次四方会议需要学生们和导师们见面讨论欺凌问题（一个小时）。

首次四方会议的议程：

（1）讨论对规则的约定：不许使用不良语言，不许奚落，彼此尊重。

（2）讨论欺凌：由被欺凌者开始，欺凌者随后，每个学生将描述发生的事情并不受打断地得以倾听。他们会重述自己所听到的内容。

（3）导师们将对所说的内容做出分析，并将提供的信息纳入考虑范围：所有的四位参与者将讨论这一情况。

（4）回顾一系列的解决办法。

（5）讨论应对偶发事件的计划：如果被极端地打断或是任何学生选择退出，采用暂停和终止进程法。

在四方会议前，进行充分的准备对于协同式问题解决法发挥作用是至关重要的，比如，制定议程、建立规则和预期。之前的事实调查和仔细聆听会减少突发情况的可能性，将有助于形成双方学生的安全感。同时也创造了一个寻找建设性问题解决方法的环境。

首次四人会面希望能在所测试的内容之间建立界限和程序，并且开始讨论和协商。它也意味着要建立一个公平的过程，让所有的参与者都能够从中受益。有效的准备是一次有效的会议的关键。从被欺凌者的角度出发，当见到欺凌者时，恐惧和愤怒会增加。该名学生的导师需要从情感和事情的具体细节两方面让学生做好准备。重要的是，采取措施确保被欺凌者在欺凌者在场时不会受到再次的伤害。欺凌者同样需要描述所发生的事情，并且留意情感效果和社会效果，将此作为承担责任的一种方式。

5. 四方会议之后的后续行动

导师们及分配给他们的学生之间的一对一会面（一个小时），收集学生在四方会议的感受、反馈和认识，并作为下次会议议程的基础和条件。

导师们之间的后续会面（半个小时到一个小时），交流双方反馈的结果，总结在会议进行中欺凌者和被欺凌者需要注意和被支持的地方。

6. 第二次四方会议举行

四个人会面决定需要做些什么（一个小时），运用恢复性司法，当事学生会被要求回顾一下各自对于所发生事情的观点以及目前可获得的结果和选择，然后根据做出何种选择来得出议程的内容。议程结束后导师们要停下来总结并策划第七步（半个小时）。

7. 最后的会议召开、结束及后续的问题

（1）结束协同式问题解决方法的过程（第三次及最后的四方会议，半个小时）；

（2）导师们之间的最后会议（约一个小时），总结问题解决的要素与转折点，制订定期的督导计划。

五　总结

协同式问题解决方法由导师来进行准备和指导，但它的设计当中还包括显现学生参与者的声音：它是一种以学生为中心的方法，首要目标在于对事件达成清晰的认识，其次是清楚地了解欺凌的影响。对于校园欺凌问题的解决，没有立即可用的答案，但是学校在利用协同式问题解决法处理问题时，有机会制定一个自我检查和采取进一步行动的步骤。

协同式问题解决法进行到最后阶段，如果欺凌者同意停止欺凌，那么问题就得以解决，然后签署一份协议以达到这一效果。如果欺凌者不进行反省或不同意停止欺凌，那么欺凌者或是推动欺凌的学生可能还需要由导师进行会谈。当主要的欺凌力量无法工作时，更广泛的同辈群体的相互影响也会失效。而当欺凌被建设性地、生态化地处理时，同辈群体的相互影响会促进学校文化的整体健康发展和社会健康状况提高。

执笔：张琴琴

第五编 家长适用工具

第一部分 讲座设计

不做制造暴力的家长

一 讲座目标

1. 帮助家长认识什么是欺凌；
2. 通过认识欺凌的危害，加强家长对欺凌的重视；
3. 了解家庭教育与孩子欺凌行为的关系，不做制造暴力的家长。

二 讲座内容

（一）导入：案例反思

1. 讲座过程

2016年，"中关村二小欺凌事件"闹得沸沸扬扬，四年级男孩在学校被两名同班同学欺凌，同学将装有厕纸、尿液的垃圾筐扣到孩子头上并嘲笑。事发后，孩子自我清理，未向老师报告。孩子回家之后出现晚上无法入睡、厌食、易怒、恐惧等症状，并拒绝上学，后被医生诊断为急性应激反应。后来家长了解，其中一个孩子长期给自己孩子起绰号，并因家庭经济等原因嘲笑孩子。事件发生后，家长立即联系学校，要求处理欺凌孩子，并要求欺凌者向孩子道歉。但学校并未认为这件事有多严重，其中一位欺凌者家长认为是孩子们开玩笑，拒绝道歉。

被欺凌者母亲在网上发表文章《每对母子都是生死之交，我要陪他向校园霸凌说NO》，当中写道：

"第二天，我和先生带着孩子一起到了学校，除了对方学生家长，还有班主任和四年级教研组长。事情经过核实，两个孩子供认不讳，伸手扔垃圾筐的孩子有点害怕了，吭吭哧哧说不出几句完整的话。

倒是那个没动手的孩子（长期给被欺凌孩子起绰号，嘲笑他的孩子），思维清晰、言语准确，并支持着动手的孩子：'你就放心大胆地说，有什么说什么，你在这儿是安全的，他们不敢把你怎么样，你就说去！'

小小年纪，我真佩服他的勇气，在老师和家长的面前如此镇定，包括解释垃圾筐里装的是带'翔'的纸，并以嘲笑的口吻给我解释'翔'就是屎的意思。

问他当看到垃圾筐砸下去的时候他在做什么，他说自己在笑，因为这太可笑了。

在孩子眼里事实是清楚的，但到了家长的嘴里就变成了'就是开了一个过分的玩笑'。

扔筐的孩子家长愤愤不平地给我们口头道了个歉。哦，对了，昨天她还在电话里表示这么点事不值得大动干戈地闹到学校去，我给你说声对不起你还不满意吗？"

在这个事件中我们看到，欺凌行为已经严重影响被欺凌孩子正常的学习和生活，甚至精神状态出现严重的问题。而欺凌者家长认为"这点事不值得大动干戈"，认为这只是"玩笑"。也正是因为家长这样的态度，才导致孩子屡屡欺凌同伴而不认为这有什么错！

欺凌会对未成年人健康成长造成很大的负面影响。对于被欺凌者，就像案例中的孩子，身体和心灵遭受巨大打击，留下长期心理阴影，严重的会导致出现精神问题。对于欺凌者来说，长期欺负别人，内心得到极大满足，从而容易以自我为中心，缺乏对别人的同情心。就像案例中的欺凌者，还理直气壮，看到别人正遭受痛苦，他却开心地笑。长此以往，欺凌者认为暴力可以解决任何问题，将来容易引发恶性暴力事件。对于旁观者，会因为不能帮到欺凌者而感到内疚、自责和惶恐。

2. 讲座建议

教师也可使用近期发生的，或当时当地发生的欺凌事件作为案例导入。

（二）什么是欺凌？

1．讲座过程

（1）欺凌的表现方面

①身体方面。对受害者身体造成伤害：拳打脚踢、掌掴拍打、推撞绊倒、拉扯头发，使用管制刀具、棍棒等攻击受害者。

②言语方面。谩骂、讥笑、散播谣言、顽皮的取笑、用可怕的文字描述人、张贴具伤害性的字条或绘画；给受害者起侮辱性绰号，指责受害者无用、侮辱其人格等。

③财务方面。索取金钱、物品或抄袭作业。案发当时，要求受害者或旁观者保持沉默。

④社交方面。通过排斥、剔除和孤立行为来破坏某人在社会群体中的地位和关系。

⑤网络方面。网络欺凌是指通过手机短信、电子邮件、微信、QQ、博客论坛等媒介散播谣言中伤他人等攻击行为。随着网络的普及，网络欺凌的形式越来越常见，而且比较隐蔽，不容易察觉。

（2）了解玩笑、冲突与欺凌的不同

有时候孩子们之间也会相互开玩笑或者交往过程中产生冲突，这不能被简单视为欺凌。是否具备构成欺凌的四种因素包括：力量的不对等，旨在伤害，进一步侵害的威胁和制造恐惧。

在中关村二小的案例中，有老师和家长认为孩子们之间是玩笑行为，实则不然。因为"装有厕纸、尿液的垃圾筐扣到孩子头上并嘲笑"这种行为明显对他人的身体和精神造成痛苦，是一种伤害。恶意地以欺负人为目的的"玩笑"就是欺凌。

区分欺凌与冲突主要是看双方力量是否均等，一方是否恃强凌弱。比如校园常见为了争夺球场的冲突，即便一方为高年级，一方为低年级，或者一方人多，一方人少，但因为双方都能发表自己的观点，存在争执，所以并不是欺凌而是冲突。

（3）欺凌的本质

看得见的是表象，看不见的是真相。欺凌往往看起来是由愤怒情绪或冲突行为而起，但实质上是带有偏见的错误价值观导致的。

导致欺凌行为的错误偏见包括身高歧视、相貌歧视、地域歧视、种族歧视、性别歧视、同性恋厌恶、双性恋恐惧、对变性者歧视等行为或语言的偏见，也包括对残疾人的偏见和歧视。

这种错误的价值观导致对某人感到强烈的厌恶和不屑，认为他是无价值的、低人一等的和不值得尊重的。这就是"去人性化"，看不到彼此人性的存在。

对照构成欺凌的四个因素，家长可以在日常生活中觉察孩子对于权力控制、支配、征服或辱骂他人等问题的态度，对差异性有无偏执的看法，以及有没有一些认为自己可以随意排斥不值得被尊重和关怀的人的错误观念，从而进行恰当的教育引导。

2．讲座建议

重点是让家长了解欺凌的本质，以及欺凌与玩笑和冲突的不同，此处教师也可举例说明。

（三）家庭教育与欺凌的产生

1．讲座过程

所有的家长都爱自己的孩子，都希望自己的孩子可以远离欺凌等不良行为。欺凌，虽然是家庭、学校及社会多方面教育与影响不当的综合产物，但家长是孩子的第一任老师，家庭是孩子的第一所学校。孩子在家长的言传身教之下，在家长营造的家庭氛围之中，慢慢形成自己的价值观。青少年若能从小就生活在温暖和睦、民主的家庭环境里，他们会感受到爱和自由，感受到生活的美好，内心充满阳光，拥有良好的人际关系，更拥有积极向上的人生。反之，如果家庭破裂、父母关系不和或者行为不端，都将给青少年心灵上留下阴影，造成创伤。他们会感到痛苦、沮丧，恐惧，感受不到爱，觉得世界一片黑暗，对人生充满怀疑，对周围的人和世界充满排斥，难以信任他人，由此产生欺凌行为。

所以，家长的不当教育行为是导致孩子欺凌他人或者在遭受欺凌时不能够采取恰当措施保护自己的根本原因。

这些不当的教育行为我们总结为"不会爱，爱变害"的"八把刀"：

（1）第一把刀：唠叨 —— 砍去孩子的耐心，把孩子逼向了烦躁。

比如，很多爸爸妈妈是怎么叫孩子起床的呢？一开始语气温柔，但孩子可能没起来，于是过一会儿再叫，慢慢地语气开始变得烦躁；终于孩子起床了，家长又催促孩子去洗脸刷牙、吃早餐；吃早餐的时候就开始给孩子说，如果能早起一会儿怎么样怎么样；终于要出发了，又对孩子穿的衣服指手画脚；在送孩子上学的路上，又问孩子学习、作业、书包等情况；等孩子走到学校门口的时候，家长这才不得不住嘴……家长会认为这是抓住一切教育时机，与孩子沟通，对孩子进行教育。可这一切在孩子那里，接收到的是满满的负能量！所以当下午孩子放学回来，家长对孩子说："你回来了？"孩子没任何回应，甚至突然不耐烦，他皱着眉头说"又来了"，然后把自己的门摔上。家长可能会觉得是孩子进入青春期开始叛逆了，其实是因为当孩子听到家长温和地说"你回来了"的时候，他的脑海里面迅速跟早上爸爸妈妈温柔地叫他起床的那个情景做了一个链接，情绪就到了听了一堆唠叨的场景……这样孩子慢慢地没有耐心听家长说话，情绪开始变得越来越烦躁。经常情绪烦躁的孩子容易出于宣泄自己情绪的需要而语言欺凌他人。

（2）**第二把刀：打骂** —— 打骂砍去的是孩子的自尊，会把孩子逼向崩溃或者自暴自弃。

长期生活在打骂环境中，孩子会有两种倾向：

一种倾向是什么都不敢做，因为稍有差错，就会引来暴打。与其做错不如不做，为了自我保护，就变得唯唯诺诺、缩手缩脚，什么都不敢做。这就是习得性无助：被欺凌的孩子极易向欺凌屈服，因为那些能够帮助他们抵抗欺凌的内在动力（强烈的自我意识和果敢反抗的能力）早已被他们的家长打到九霄云外了。

另一种倾向是什么都敢做，因为发现做错了顶多就是挨顿打，挨打又打不死。而打过之后，觉得自己做错的事情已经得到惩罚了，未思悔改，索性在错误的道路上越走越远。打骂强烈抑制了同理心的发展，他学会的处理问题的方式就是打骂，久而久之容易产生欺凌别人的行为。

（3）**第三把刀：比较** —— 砍去的是孩子的自信，让孩子走向自卑和嫉妒。

中国孩子身边有一种孩子最讨厌，那就是"别人家的孩子"，有多少家长都会用"别人家的孩子"来教育自己的孩子。别人家的孩子这也好，那也好，长期生活在"别人家孩子"阴影中的孩子容易自卑或者嫉妒，却难以自信，而一个人最重要的心理品质就是自信，因为这涉及自我价值感。嫉妒的孩子容易采取欺凌他人、打击别人价值的方式来缓解内心冲突或者树立自我价值感；而自卑的孩子会为了获得"强大"的欺凌者的认可，而去加入欺凌的行列，或者遇到欺凌容易袖手旁观。

（4）第四把刀：讽刺 —— 砍去了孩子的善良和纯真，让孩子走向了心灵扭曲。

讽刺是一种扭曲的表达方式，它不直接，而且经常传播的是负能量。有时候，家长和老师会直接讽刺孩子；有时候，家长和老师是当着孩子的面讽刺他人，或者是讽刺这个社会；尤其家长一方当着孩子讽刺另一方或讽刺某个孩子的重要他人时，孩子不能反驳，也无力反驳，甚至会逐渐习得这种扭曲的表达。于是孩子就失去了纯真善良，心灵也开始扭曲。这种扭曲首先伤害的其实是孩子自己，心灵扭曲的孩子不能与他人产生同理心，很难感受到他人的情绪体验，从而有意无意成为"欺凌者"。

（5）第五把刀：怀疑 —— 砍去了孩子的希望，让孩子走向抑郁。

有时候，孩子可能真的会做一些不让人信任的事情，比如撒谎，但是作为家长，我们首先应该想到撒谎的原因是出于安全感缺失而做出的自我保护。不能在以后的教育沟通过程中直接采取怀疑的态度对待孩子，逼孩子走向抑郁。因为得不到信任、支持和鼓励，这样的孩子容易在受到周围人的欺凌时"忍气吞声"。

（6）第六把刀：抱怨 —— 砍去了孩子的快乐，让孩子走向痛苦。

在心理学上有一个"镜像自我"的理论，是说当我们看到对面那个人的表情和姿态时，我们内心会跟他产生一样的情绪感受。一个抱怨的人内心一定是痛苦的，所以当我们面对抱怨时，我们内心就会感受到痛苦。就好像祥林嫂，她总是在抱怨，虽然抱怨的是自己，但周围的人也都不愿再跟她接近，就是因为祥林嫂的抱怨让大家感受到痛苦，于是他们就逃离了。痛苦痛苦，心里一痛，学习就苦！当学生内心痛苦时，怎么能有动力学习？！自己感到痛苦的人就会更倾向于带给别人痛苦，而不容易传播快乐。

（7）第七把刀：溺爱 —— 砍去孩子的谦逊和目标，让孩子走向狂妄和迷茫。

在现实中，这种情况特别多，很多家长并没有意识到自己对孩子是溺爱的。

溺爱的表现有：

①包办代替的过多：本该孩子自己做的事情，家长都替孩子做了。衣来伸手，饭来张口，导致孩子自理能力差，独立性差。

天才儿童魏永康，1983年出生于普通家庭，13岁考上重点大学读本科，成为当时湖南省年龄最小的大学生；17岁考上中科院的硕博连读研究生；20岁时，因生活自理能力太差，知识结构不适应中科院的研究模式被退学。

为了让孩子能有好的未来，妈妈认为，孩子只有专心读书，将来才会有出息。于是，妈妈将家中所有的家务活都包下了，包括给儿子洗衣服、端饭、洗澡、洗脸。为了让儿子在吃饭的时候不耽误看书，魏永康读高中的时候，妈妈还亲自给他喂饭。后来读湘潭大学时，妈妈也一直跟在儿子的身边"陪读"，照顾儿子的饮食起居。因此，魏永康性格腼腆内向，很木讷，不会与人交往。

包办代替的结果是孩子各方面都不如同龄人，常常格格不入，独来独往，在同伴中最常会是被欺凌者。

②给予的满足太多或者都是即时满足甚至提前满足。这样的孩子因为欠缺通过自己努力来满足自己需要的经历，就容易表现得很不成熟且自我控制能力差，往往缺乏恒心和毅力。一旦他们的要求不能被满足，往往会表现出攻击行为。

（8）第八把刀：忽略——砍去孩子的安全感，让孩子关闭心门，走向恐惧。

人有两条生命：物质生命和精神生命。我们大多数人都能关注到孩子的物质生命，但对于孩子精神生命的需求，却未必见得能够关注。爱是需要培育、发现、感受和享受的一种能力，爱的对立面不是恨，而是冷漠和忽略。几年前，有一个新闻，贵州有一家留守儿童姊妹三个，在哥哥的带领下自杀了，其原因就是因为他们的家长常年在外打工，给了他们钱，却没有给到他们精神方面的满足，他们的精神生命被忽略，感受不到爱，缺乏安全感，感觉恐惧。而安全感是一个人精神生命的前提和基础。

在恐惧中长大的孩子容易通过操纵他人来满足自己的安全感。因为通过践踏他人来彰显自我，让别人难受会使他自我感觉良好。如果有任何人阻挡了他的道路，他会毫不犹豫地清除障碍。于是容易成为欺凌者或欺凌的追随者。

作为家长，能够认识到这"八把刀"的危害，修正自己教育孩子时的行为，营造和谐自由有爱的家庭氛围，孩子才有可能远离"欺凌"，真正成为独立自主积极进取的自己。

2．讲座建议

给家长几分钟时间讨论，分享自己用过"几把刀"；如果有孩子在场，也可询问孩子，自己的家长用过"几把刀"。家长可与孩子对比，看有什么不同。一般家长认为自己用过的要比孩子认为家长用过的少，这一点也值得探讨。

三　总结

这次讲座主要分享了什么是校园欺凌，以及校园欺凌的危害，还有家庭教育与孩子欺凌行为产生的一些关系，希望引起家长们对校园欺凌的重视，不做制造暴力的家长。

执笔：温学琦　韩海萍

如何帮助受欺凌的孩子

一 讲座目标

1．帮助家长了解遭受欺凌对孩子的负面影响；
2．家长学习如何帮助孩子处理欺凌；
3．家长学习如何帮助受欺凌孩子增能赋权，预防欺凌。

二 讲座内容

（一）遭受欺凌对孩子的负面影响

1. 讲座过程

当孩子遭受欺凌时，家长如果能够采取适当的措施，可以很好地帮助孩子减少肉体和心灵的创伤，但若家长处置不当，孩子可能会在遭受欺凌创伤之后又被二次伤害。

遭受欺凌不仅会对孩子的身体带来伤害，更重要的是会对孩子的行为和心理造成创伤。

（1）行为方面

①睡眠障碍。有的孩子受欺凌之后会连续做噩梦，出现失眠、不敢入睡等问题。

②厌学。有些孩子会出现不能集中注意力、记忆力下降等问题，并伴随缺课、成绩下降，甚至逃学、退学等问题。

③其他严重的行为问题。受欺凌的孩子更有可能出现行为问题，学会暴力和攻击伤害他人，美国每15起校园枪击案中，有12个枪击者都曾经被欺凌过。

（2）心理方面

①自尊和自信下降。受欺凌的孩子会有无力感，没有信心做好任何事情，自尊心受到严重打击，会更加自卑。

②被欺凌者可能会变得自闭，脾气暴躁，会有报复心理。

③严重的精神问题。受欺凌的孩子会出现社交焦虑，患上恐慌症或陷入沮丧，患抑郁症，或者创伤后应激障碍，甚至精神失常。

这些身体、行为以及心理上的负面影响都可能引起随后愈加严重的欺凌，使欺凌形成一个恶性循环，会使孩子失去自我掌控能力和采取有效行动的能力，甚至对人生和世界产生负面、消极的态度和看法，必须引起每个家长的重视。

2. 讲座建议

强调遭受欺凌对孩子的影响，希望引起家长足够的重视，也可以用当时发生的校园欺凌案例对受欺凌学生的伤害为例。

（二）孩子遭受欺凌却没有告诉家长

1. 讲座过程

首先，我们要知道并不是每个孩子受到欺凌后都会及时告知家长寻求帮助，当然这种做法是不恰当的。作为家长，必须清楚孩子不告诉家长的原因，才能更好地帮助孩子。

（1）孩子不愿告诉家长受欺凌的原因

儿童和青少年经常会不愿意告诉家长他们被欺凌了，这种情况往往发生在生活中亲子关系不和谐、亲子沟通不顺的家庭里。

但有时即便亲子关系和谐，孩子也可能不愿告诉家长自己遭受欺凌，究其原因：

①可能是因为他们害怕家长过度反应：有的家长在得知孩子遭受欺凌后，会特别惊慌或愤怒，这种过度反应会打破孩子内心竭力维持的平衡。

②如果家里还有其他事情的话，他们不想再给家长或监护人增添负担。这种情况往往发生在特别"懂事""懂得为他人考虑"的内向型孩子身上。

③他们感到尴尬，或者他们担心告知实情会使事情更糟：之前的经验告诉他：家长出面不仅没有解决问题，反而带来打击报复。

④他们为受到欺凌而感到羞耻：孩子形成一种错误的价值观——被人欺凌是自己无能的表现。

⑤孩子无法分辨欺凌和冲突的不同：人际冲突是成长的必由之路，但欺凌不是。

⑥孩子认为遭受欺凌后告诉家长或老师是"告密"，而"告密"是可耻的、不够酷的、幼稚的行为。

⑦长期被忽视的孩子会认为没有人会愿意帮助他。

（2）家长如何发现孩子遭受欺凌

生活中，有很多孩子受了欺凌并不告诉成人，只是自己一味忍受，这种忍受只会助长欺凌者的欺凌行为。而家长如果认为这只是孩子们之间的玩闹，那么孩子就会反复受到欺凌，这会极大打击孩子的自尊心，导致产生巨大的心理阴影。

因此，我们要注意当孩子出现这些言行举止时，可能是校园欺凌的信号：

• 身体伤痕，孩子身体表面无故出现瘀伤、抓伤等人为伤痕。

• 衣服、鞋子、文具等个人物品经常丢失或者破损。

• 一回到家就直接进卫生间，或者如厕习惯改变，比如孩子非得回家才上厕所。

• 拒绝谈论学校里的事情或与同学之间的关系，或闪烁其词，或者用贬义词或有损人格的语言谈论自己的同伴。

• 成绩突然下滑。

• 索要，甚至偷窃家里的钱物。

• 退出学校或家庭的活动，只想自己一个人待着。

• 回到家常表现出伤心、沮丧的情绪。

• 携带或者试图携带"保护"工具（棍子、刀等）去学校，并表现出"受害者"的身体语言，如拒绝眼神交流、耸肩弓身等。

• 胃疼、头疼、惊恐发作，无法入眠或嗜睡，做噩梦，并且筋疲力尽。

• 在收到邮件或接听电话之后，表现出难过、沉闷、气愤或恐惧的情绪。

- 选择一条与以往不同的路线去上学。
- 突然对上学失去兴趣，或者拒绝去学校。
- 任何形式的自我伤害甚至自杀行为。
- 创作的艺术作品中，表达了严重的情绪困扰，内心混乱或直接暴力，充斥着纯黑和血红的颜色。

当然这个列表并不详尽，而且有如上症状也并不一定就意味着你的孩子在受欺凌。但是作为家长或监护人，如果你孩子的行为发生了难以解释的变化，你会比别人更清楚，且需要进一步深究。

如果发现了上述症状，孩子又不肯说，这时要告诉孩子，"爸爸妈妈都非常爱你，不希望你在外面受到委屈。当你在外面受到任何形式的打骂、嘲笑和委屈，一定要告诉我们，我们一定站在你这边。"以此鼓励孩子把他遭受的欺凌告诉家长。

（3）得知孩子遭受欺凌，家长第一时间怎么做

当我们回应欺凌行为的时候要记住：我们的关注点要集中在帮助遭受欺凌的孩子找回采取有效行动和自我掌控的能力，重新做回自己。

①首先家长要保持镇静，不要惊慌。

我们保持镇静，会让孩子更有安全感，会使我们能做一个好的倾听者，并能令孩子安心。家长惊慌可能会吓着孩子，也会让孩子感觉家长也无能为力。

②确定孩子的身体是否受到伤害。

检查孩子的身体是否有外伤，如果有，先什么都不要问，及时处理伤口。让孩子感受到无论他发生了什么，家长都很爱他，不会因为他被欺凌而受到斥责。

③让孩子了解"告密"和"告诉"的不同。

告密：告发他人，以使他人陷入麻烦之中。

告诉：当自己或者认识的人受到伤害，或自己和他人的权利被剥夺时，通过告诉来获得帮助，避免伤害。

如果孩子遇到的情况两者都有，也请孩子告诉家长。

④积极的倾听。

孩子会感激成年人花时间倾听他们。当遇到欺凌行为，倾听的能力可以帮助我们理解孩子，理解他们受到了什么样的对待，以及我们应该做些什么来帮

助他们。

好的倾听是"积极的倾听",这就意味着我们不仅仅是简单的"听"话。要想真正理解他们,需要关注他们表达中所有的关键因素。不仅仔细倾听他们说的内容,而且要看他们是怎么说的,注意他们的身体语言和面部表情——光从这些你就能了解很多。

所有的行为都能表达出我们的感受。如果你的孩子没有告诉你他们受到了欺凌,但是他们的话语、语调、身体语言或面部表情都足够让你担忧,那么就要花时间和他们谈话,并探讨这背后的原因。

"积极的"倾听还应该是对于孩子的倾诉有恰当的回应。例如,他们可能不愿意用言语告诉你他们受到了欺凌,但是可能会有细微的暗示,例如变得退缩。注意这种变化并找时间询问应如何帮助他们。你的回应会使他们易于告诉你欺凌的事情并获得你的支持。

无论从中得到什么样的信息,我们首先要做的是用鼓励、支持和爱的态度来回应孩子的恐惧和其他遭受欺凌的征兆。孩子需要知道无论他说什么,家长都不会认为是愚蠢的。他可以跟家长谈论任何事情,无论这件事情有多么的严重,而家长始终会做关心他、鼓励他、给他力量的坚实后盾。

倾听时家长需要注意的一些事情:

第一,全力关注。全心全意把注意力放在孩子的身上,这会令孩子感受到你的关注而放心,并表示出你在认真严肃地对待他的事情。

第二,给孩子解释家长关心这件事情的原因。把我们注意到的一些情况慎重地反馈给孩子,会帮助孩子清楚地看到欺凌给他们带来的影响。

第三,看孩子想让家长做什么。探寻这一点会使孩子感到受重视,同时也会帮助家长了解他们需要怎样的支持。有时候我们认为的孩子的需要不一定真的是孩子的需要,可能仅仅只是我们以为的。帮助孩子要看他真正需要什么。

第四,保持倾听。如果孩子不愿意直截了当地跟家长倾诉,那就让他们知道家长愿意做好的听众,他们随时可以找我们倾诉。

第五,不要做任何评判。对于孩子告诉我们的任何事情,都不要做评价。任何的评价都会让孩子不愿再开口倾诉。比如,如果一个青少年愿意选择告诉家长他们的性取向,那是因为他们信任家长并珍惜和家长的关系。如果家长表现出吃惊或者难以置信，就会伤害孩子对家长的信任。因此，家长要尊重孩子的一切。

⑤家长可以这么说。

第一，"我听到你说的了，我始终站在你这边，你要相信，你不是独自面对这一切。"这句话告诉孩子，他不是一个人面对这件事情，家长会无条件支持他，会增加孩子内心的力量，让孩子更有勇气面对欺凌。

第二，"这不是你的错。"有些被欺凌的孩子认为是自己做错了什么事情，才被欺凌的，也要让孩子知道，即使他做错了什么，也不该被欺凌。

第三，"我们可以一起采取一些行动。"跟孩子讨论，看看有什么是需要家长帮忙，让孩子知道他并不孤单，家长不会让他感到无助和绝望。一起寻找方法来坚定而自信地抵抗欺凌者，避开危险的情况，恢复勇气，以及更充分地开发他的天赋和技能。孩子需要家长协助他去探索可供选择的方案。"这样做会有帮助吗？""你还能做些什么？"一旦不可行的方案被摈弃，他就可以坚定而自信地实施有建设性的方案了。

⑥家长还应这么做。

第一，若欺凌发生在学校，应把欺凌事件上报学校管理人员。家长需要跟进此事以确保孩子和其他被欺负的孩子确实受到了学校的积极保护，同时，家长也需关心实施欺凌的孩子是否得到了管教。

第二，也许有点难，但请尝试保持冷静，以便家长可以支持孩子，并与其共同计划行动方案。

第三，鼓励孩子继续上课，并留意孩子的行为。如果家长与学校的沟通未能制止欺凌，请再次到学校会谈，并跟进在会谈过程中达成的各项措施。

第四，如果欺凌涉及犯罪行为，如性侵或使用武器，或者在上学放学路上及小区里威胁孩子安全，必须报警。

第五，是否与实施欺凌的孩子的家长取得联系来解决问题？如果家长要这么做时，需要谨慎地考虑各种因素。因为一些家长听到别人说他们的孩子是欺凌者时，会变为防御姿态，因此可能不会接受你的任何想法、意见或各种正式或非正式的干预行为。他们可能立即竖起一面墙，并且变得极为戒备。如果家长间的沟通出现任何状况，可能会让情况变得更糟。

如果我们要选择这种方式，那么就要确保以平缓的方式进行，并且也要站在对方的角度，想一想，如果其他孩子的家长站在我们面前说我们的孩子行为不端，我们会是什么感受。

如果不能确定对方态度，慎重考虑这一做法。

⑦家长避免这么做①。

第一，不要姑息、纵容欺凌者的行为，也不要为其辩解。任何事情都不可以成为欺凌的借口。

第二，不要急于代替孩子解决问题。家长若包办孩子的问题，只会使他更加无助，使欺凌者认为他更加不堪一击。成人更应该通过及时制止任何看到和听到的欺凌现象，来为孩子们创建一个安全的环境。欺凌者的欺凌行为是习得的，成人应该教会孩子去学习制止欺凌。

第三，不要告诉孩子躲避或不理睬欺凌者。这样做就相当于让他带着对欺凌者的恐惧继续逃跑和躲藏，欺凌者能"闻到"恐惧的味道。躲避欺凌者会举步维艰，日复一日的欺凌过程中，孩子很可能就把欺凌者传达给他的信息内化了："我是个呆子，我是个蠢货，我一无是处。"

第四，不要让孩子打回去。欺凌者之所以选择我们的孩子作为欺凌对象，很可能是认为他打不过他们。如果我们的孩子打输了，等待他的将是更严重的欺凌。

第五，不要单独面对欺凌者或欺凌者的家长。孩子的欺凌行为很有可能是源于他们的家长，他们很有可能拒绝合作，这样的家长通常出于自我保护而把责任都推到被欺凌者身上。

2. 讲座建议

让家长了解孩子为什么不告诉家长他们受了欺凌，此处可以让家长们讨论，如果是自己孩子，会有哪些原因不告诉家长。孩子遭遇欺凌，家长第一时间该如何做的问题，也可以让家长分组讨论，然后分享。

---

① ［美］芭芭拉·柯卢梭：《如何应对校园欺凌》，肖飒译，华东师范大学出版社2017年版，第172页。

（三）帮助孩子增能赋权——亡羊补牢或未雨绸缪，家长怎么做

1. 讲座过程

无论欺凌是否发生，我们都可以教给孩子一些有意义的东西。青少年在建立新的关系时总会发生争吵或分歧，这是成长过程中很正常的部分，而且他们自然具备从这种行为中反思和学习的能力。

青少年的适应能力通常比我们认为的要强，但他们在生活中还是得向成年人学习。使青少年明白家长愿意倾听、尊重他们，会帮助孩子培养从受欺凌中康复的能力；但是如果欺凌被忽视的话，它会破坏这种适应能力，使他们很难去开口谈论、寻求帮助、应对影响。家长应该在人际交往中做出榜样，生活中言行一致，孩子会通过观察成年人处世以及回应一些小事的方式来学习。

家长应该为孩子打造一个安全、稳定、温暖的氛围，让孩子从中得到爱、赞赏和认可，这样方便他们学会适应群体生活，学会良好的交友方式和培养起属于自己的兴趣。而这些都可以给予他们应对困难的能力和所需的支持；提升他们的精神富足程度，为他们提供一生中会用到并珍视的宝贵财富。

家长需要从两个具体的方面来帮助孩子：建立或重建自信、培养良好的人际关系。

（1）家长需要帮助孩子建立或重建自信

拥有高度自信的孩子不容易欺凌他人或被欺凌；而被欺凌的孩子往往自尊与自信承受很大打击，很多孩子没有信心面对今后的学习、生活和人际交往。这时家长需要帮助孩子重建自信。

①给孩子更多的鼓励和赞美，找出孩子的长处。

家长跟孩子交流时使用更多积极正向的词语，越是细节具体的越容易对孩子树立自信起到帮助。

家长可以给孩子做一个"自信罐"，每当发现孩子某一点做得好，就把这一项内容及时写到小纸条上，然后塞到自信罐里。每当孩子心情沮丧的时候，可以从自信罐里抽一张出来看，看到自己哪一天做了一件让人很满意的事情，状态会得到很好的调整。

孩子如果发现对于自己做的某件事情很满意，也可以往自信罐里补充。

这有助于家长和孩子一起发现孩子身上的闪光点，并加以强化，增强孩子的自信心。

②给孩子多方面的体验。

家长应当尽量提供给孩子不同性质的体验，这些体验将启发孩子们的心智，尝试新的和不一样的事物，提供孩子们锻炼和发展新技能的机会。这样孩子会发现自己可能语文不行但数学好，文化课不行但体育好，篮球不行但足球好等，从而建立自信心。同时，孩子也更能尊重人与人之间的差异。

③陪伴孩子多读书。

读书可以经历很多人的人生，可以拥有更多的知识，懂得更多的道理，可以拓宽我们的心胸格局，可以帮助孩子开阔眼界。在生活中与同学交流的时候，会更有自信。

④帮助孩子学会积极的心理暗示。

心理学有一种"自我实现的预言效应"，就是我们心理担忧什么往往就会发生什么，其实这是一种心理暗示的作用。

1946 年，美国加州监狱内做过一个著名的实验。教授对死囚犯宣布要将他处以极刑，方法是割开他的手腕，让鲜血流尽而死。接着试验者把囚犯的眼睛蒙住，双手反绑到背后，用手术刀划了一下他的手腕，实际并未割破，然后用一盆水滴到桶里的声音来模仿血滴下来的声音。死囚犯以为是自己的血不断地滴出，没过多久，他就在这巨大的恐惧中死亡了，而实际上他一滴血也没流。他的身体是吓死的还是流血过多死的？事后对他身体的检查发现，身体的所有反应居然与大量失血的症状一样！也就是说，他的意识相信自己正在流血，进而使身体产生了失血过多的反应。

这是消极自我暗示导致的结果，与之对应的，积极自我暗示会起到截然相反的效果。

20 世纪 60 年代，美国心理学家罗森塔尔考查某校，随意从每班抽 3 名学生共 18 人写在一张表格上交给校长，并极为认真地说："这 18 名学生经过科学测定全都是智商型人才。"事过半年，罗森塔尔又来到该校，发现这 18 名学生的确超过一般，长进很大，再后来这 18 人全都在不同的岗位上干出了非凡的成绩。

足以可见，心理暗示的作用有多么强大。家长要鼓励孩子多给自己一些积极的心理暗示。

积极的心理暗示，就是在心里跟自己说话的时候多使用肯定的词汇。比如，"我一定能考出理想成绩"就是使用了肯定词汇，"我千万别考不好"使用的就是否定词汇。当使用否定词汇的时候，我们大脑中呈现的就是否定的场景，因此其实是消极的心理暗示。

积极的心理暗示会让孩子拥有碾碎一切障碍的决心和气魄，拥有难以置信的坚持力和忍耐力，会让孩子不断增加勇气，不断挑战自我、超越自我，从欺凌阴影中尽快走出来。

⑤家长花时间与孩子相处，并给予孩子无条件的爱。

如果孩子从别人身上得到的是负面的评价，那么每天从家长身上获得正面的关怀，对他们会很有帮助。另外，如果家长愿意花时间陪伴孩子，并让孩子感受到，无论他做了什么，家长都很爱他，便会让孩子感到自己很重要，从而拥有较强的自我价值感。

⑥让孩子自己做决定和负责任。

日常生活中，培养孩子对自己的事情自己决定和负责的品质，培养孩子自我掌控生命的能力，这样可以更好地应对欺凌。但是要注意：一旦孩子遭受到欺凌，家长就不能放任孩子自己去面对和解决，而应当提供恰当的帮助，从而更好地将遭受欺凌的危机转化为孩子成长的资源。

（2）帮助孩子培养良好的人际关系。

良好的人际关系有助于欺凌的预防和干预，它包括当面或网上的人与人之间的互助尊重与爱护。

家长通过展示自己良好人际关系的作用来为孩子提供支持并做榜样。孩子与家长关系和谐、互相尊重与爱护，会直接影响孩子与同伴建立良好的人际关系。拥有良好人际关系的孩子较少可能会欺凌他人，也更少会被欺凌，更多可能会支持受欺凌的孩子。

①家长可以与孩子探讨受欢迎的个性品质。

首先与孩子一起列出受欢迎的人的个性品质，接着再跟孩子一起讨论这些品质，如何做才是具备这些品质。这不只让孩子思索心中想要的朋友是什么样，同时也让他们想想自己对他人的行为如何。

然后，将孩子所列出的品质与美国学者安德森的成果（下表）做对比，再与孩子进行探讨。

影响人际关系的主要人格品质		
最积极的品质	中间品质	最消极的品质
真诚	固执	古怪
诚实	刻板	不友好
理解	大胆	敌意
忠诚	谨慎	饶舌
真实	易激动	自私
可信	文静	粗鲁
智慧	冲动	自负
可信赖	好斗	贪婪
有思想	腼腆	不真诚
体贴	易动情	不善良
热情	羞怯	不可信
善良	天真	恶毒
友好	不明朗	虚假
快乐	好动	令人讨厌
不自私	空想	不老实
幽默	追求物欲	冷酷
负责	反叛	邪恶
开朗	孤独	装假
信任	依赖别人	说谎

注：每一栏从上到下表示受欢迎的程度逐渐递减。

②邀请孩子的朋友到家里玩，为孩子创造与同伴交往的机会。

家长也可以借此机会谨慎观察孩子和朋友的互动情形，或者孩子尝试交朋友的过程。仔细观察自己的孩子是否友善、具有判断力、专横霸道、害羞、过于敏感机智、具有幽默感、具有攻击性或者爱抱怨。从而找到可以帮助孩子改善的方面。

③与孩子探讨交朋友和保持友谊的秘诀。

第一，主动跟同伴交往。

第二，与人交往时面带微笑，表现自己的和善与亲切。

第三，少讲多听。每个人都喜欢说话时受他人尊重，所以当他人说话时，要看着对方，并愿意听他们讲话的内容。

第四，尊重每个人的独特性，不要期待他人都像自己一样。

第五，通过好奇的提问找到共同的兴趣和话题。

第六，多分享快乐有趣的事情，而不是一味吐槽。

第七，试着想出有趣的事来做。跟有创意的人相处，一定相当愉快。

第八，不要期望跟所有人都建立友谊。假如对方不想跟你交朋友，就换个目标。

2. 讲座建议

本部分的重点是帮助孩子增能赋权，让孩子有能力预防被欺凌事件的发生。这里提供了一些可供家长操作的方法，教师可以根据自己情况，删减活动。

三　总结

本次讲座主要讲了欺凌行为对被欺凌者的巨大伤害，因此，家长要及时关注孩子的行为，及早发现，及时干预。同时在日常生活中，家长要加强孩子良好个性及良好人际交往能力的提高。

执笔：温学琦　韩海萍

如何改变欺凌他人的孩子

一　讲座目标

1. 帮助家长了解欺凌他人对孩子的负面影响；
2. 帮助家长及早发现孩子欺凌他人的信号；
3. 指导家长帮助孩子消除和预防欺凌行为。

二　讲座内容

（一）欺凌他人对孩子的负面影响

1. 讲座过程

通常人们会认为，欺凌行为只对被欺凌的孩子产生伤害，有的欺凌者家长还很庆幸，自己的孩子没有吃亏挨打。殊不知，欺凌行为对作为欺凌者的孩子也是一种很大的伤害。

（1）当下的负面影响

①当欺凌者欺凌他人时，会体验到强烈的愤怒、羞愧和罪恶感。这些强烈的负面感受本身对人就是一种伤害。

②欺凌他人的孩子会遭到来自周围环境的孤立和规则的惩罚，不利于身心健康。

③当欺凌者进入一个欺凌团伙时，在某些时候容易成为被欺凌对象。

（2）长远的负面影响

①当孩子习惯采用欺凌的方式解决问题时，与社会规范抵触，很难与他人建立深入持久的良好人际关系。

②欺凌他人的孩子长大后有更高的风险参与暴力事件、酗酒、吸毒以及犯罪行为。

2. 讲座建议

这一部分很重要，很多欺凌者家长觉得自己孩子没有被欺负，就感觉对自己的孩子没有伤害。要让家长明确欺凌别人对自己孩子的伤害。

（二）欺凌者欺凌别人的原因

1. 讲座过程

青少年因为许多原因会被卷入欺凌行为中，探寻他们行为背后的原因是非常重要的，这些原因可能包括：

（1）他们并不认为自己的行为是"欺凌"：有的孩子在成长过程中缺乏同理心，难以意识到自己的行为对别人造成的伤害。

（2）他们对某个群体或个人有歧视：这或许是受到家庭成员及社会的影响。

（3）他们感到自己受到挑战，于是想要重新获得对他人或局面的控制权：通过控制他人来获得自己的安全感或价值感，本质是缺乏自信的表现。

（4）他们被鼓动加入了某个团体且想要保住面子：相对于长辈的认同，青少年更希望获得同伴的认同。

（5）他们自己遭受过欺凌，于是想报复他人或者通过欺凌他人避免成为被欺凌的目标。

（6）他们从榜样或同伴身上"学到了"欺凌行为或偏见，所以家长的榜样行为至关重要！

家长与孩子讨论他出于什么原因欺凌同伴，并非为了解释孩子的欺凌行为或者认为有的原因是可以原谅的。我们首先要清楚的是，任何的欺凌行为都是错误的，我们要让孩子认识到这一点。讨论原因是为了家长能更好地帮助孩子消除欺凌行为。

很重要的一点是，当我们面对欺凌别人的孩子时，不要给他们贴标签。我们谈论他们的行为及其影响，但不能给他们贴上"恶霸"的标签。比起你告诉他"因为你的所作所为，你就是个恶霸"，如果你说"当你对他做那些的时候，那便是欺凌"，会更容易使他改变行为方式，我们会更有可能得到更好的回应。因为给人贴标签就是否定了他整个人，这并不能改变一个人的行为，反而可能会加剧欺凌行为的发生。要想改变其行为，只能通过告诉欺凌者他们所做的事情为什么错了，以及我们的期待。

2. 讲座建议

这部分可以让家长分组讨论，然后分享总结，会得到更符合当下情况的原因。

（三）孩子欺凌别人的信号

1. 讲座过程

虽然欺凌行为主要在学校发生，就像被欺凌者一样，欺凌者家长也很难第一时间知道，但有欺凌行为的孩子有时会在家里和学校做出同样的行为。所以家长要仔细观察孩子。

（1）观察孩子在家里与兄弟姐妹及来访客人交往时，是否表现出攻击性和破坏性，并且不遵守家庭的规则？如果孩子看起来具有攻击性、不合群或没有同理心，这些迹象都表明他们在学校可能欺凌他人。

（2）观察孩子平时上学所穿的衣服及身体情况。欺凌其他学生的孩子，回家时也可能身上会有擦伤、刮伤和衣服被扯破的现象。

（3）观察孩子是否突然比平时多花钱，或者拥有正常情况下买不起的新物品。

（4）观察孩子谈论其他同学时是否突然语气强硬？

（5）孩子在最近有没有诸如人生中出现重大变故、失去或者不安等这类的经历？这些与其他因素聚合可能会形成欺凌行为。

（6）家长检讨自己在家里是如何处理问题和冲突的，如果家长更多情绪化和使用暴力，会增加孩子的欺凌行为。

2. 讲座建议

家长分组讨论，看孩子在家有哪些列表中的表现。如果有，提醒家长更多关注孩子。

（四）欺凌者的家长该如何做

1. 讲座过程

首先，家长有责任确保孩子不去欺凌他人。我们需要时常提醒自己的孩子，"己所不欲，勿施于人"，我们想要别人怎么对待自己，那么首先我们要以同样的方式对待别人。要告诉孩子，我们所说的一些话或者所做的一些事情，在当时看起来好像很有趣，但其实会给他人造成很大的痛苦。积极融洽的亲子关系不太可能让青少年做出欺凌行为，因为他们懂得如何与别人和睦相处。

如果父母在对孩子进行教育和监管的责任范围内疏忽大意，而让孩子对别人有欺凌和伤害行为，那么父母就需要为其孩子的行为承担刑事和经济责任。

因此，家长要了解欺凌者在哪些方面存在不足，比如缺少同理心、不会关心他人、不能友善地对待手足和同伴，不善与人和睦相处，以及无法结交朋友，等等。帮助孩子在这些方面进行学习和发展，可以有效地帮助他们胜任一种更具有建设性的新的生活角色。孩子需要在思想和行为两个方面进行改变。

欺凌别人的孩子需要得到帮助来修复关系，需要帮助他们理解自己的行为是错误的。

（1）快速而果断地行动，干预欺凌。

一旦得知孩子有欺凌行为，家长一定要快速而果断地采取行动。

①首先不要试图包庇孩子，包庇行为给孩子传达了一个信息，即你认可他的欺凌行为，这会助长孩子的欺凌行为。应向欺凌者解释他做错了什么，不拐弯抹角，直接给予非常明确的命令，像是"不准……""马上停止……"等；不将欺凌定性为冲突，不大事化小。

②其次要注意将孩子的欺凌行为与他这个人做区分，以保护欺凌者的自尊。要知道欺凌者本身不是个坏人，虽然他做的事很卑劣，但是作为家长要相信他能够变成正直、有爱心和负责任的人。

如果我们只是对欺凌者做简单的、伤害其自尊的惩罚，往往无法使欺凌者不再欺凌别人，反而教会了他下次再想这样做时，千万不要被爸妈发现。因为伤害自尊的惩罚会使孩子将自己的身份定义为大人的惩罚措施的受害者，而不是他所欺凌的同伴所受痛苦的制造者。

③欺凌者必须弥补自己犯下的过失，并且对被他伤害的人进行补偿，拒绝

找任何借口，拒绝推卸责任。

事实上，有些孩子会愿意向对方道歉，可是不愿意归还抢来的钱物；有些孩子内心没有任何自责，只是生气自己的行为被发现。然而这不表示道歉和补偿毫无意义，虽然它只是个起点，但可以让孩子明白他的行为是不对的，而且也不被接受。

④家长和孩子一起找一个避免事情再次发生的方法。这个时候，家长可以跟孩子讨论他的行为会造成的后果——他对被欺凌者造成的影响，他和欺凌者之间的关系所受的影响（没有人会喜欢和伤害自己的人待在一起），以及这件事对他自己的影响。家长可以帮助孩子体会自己的感受，促进他的亲社会行为。

⑤与被他欺负的孩子保持距离以示尊重，并期待和解。被欺负的孩子需要时间以使自己的内心变得足够强大来面对和解。要求孩子等待并不是意图伤害他，或是让他体会他人被自己伤害的痛苦。等待的目的是让被他伤害过的孩子能够逐渐地直面伤痛，疏导情绪，并且释放出压抑已久的怨恨和消极的感受。他需要耐心地等待被他欺凌过的孩子愿意与他进行和解的机会。时间本身并不能修复裂痕，但是修复裂痕却需要时间。在等待期间，必须与被欺凌者保持距离以示尊重。

（2）帮助孩子增加自我价值感。

有的孩子欺凌他人是为了感受和体现自我价值。作为家长，可以帮助孩子通过为他人做些好事的方式来体验自我价值感。

家长可以就如何在家庭、小区里和学校助人为乐的话题与孩子进行探讨。孩子们需要相信他们可以为他人做出奉献。自我价值感能帮助孩子学习去觉察并关心他人的利益和需求，进而发展他们同理他人的能力。

（3）培养同理心。①

同理心是认同并体会他人的能力。同理心在青少年晚期形成，并到成年早期才得以发展完全。在孩童时期，孩子看到其他人难过会开始感到难过时，同理心的形式基本出现。

---

① ［美］芭芭拉·柯卢梭：《如何应对校园欺凌》，肖飒译，华东师范大学出版社2017年版，第151—153页。

同理心是一种核心性的美德，是建立其他诸多美德的前提条件。它可以滋生同情心，进而发展为对于遭遇苦难的他人的仁慈之心，识别和感受他人所虑之事的能力。同理心是一种使孩子能够看到他人所处的困境并唤起自我良知的情绪。

拥有同理心可以很大程度地避免欺凌行为发生。

但是，欺凌者更倾向于只从自己的观点来看待事件，同时只关照自己的感受。家长可以从以下几个方面着手对他们进行引导：

①家长分享自己的感受，解释产生这种感受的原因，富有同情心地对孩子的感受予以回应，帮助他觉察他具有伤害性的行为给他人造成的影响，教导他形成不伤害他人的道德原则。

②感受和思想会指导行为。在日常生活中，家长可以先教孩子认识和命名自己的感受并且识别自己的想法。

③帮助孩子从他人的角度来看待问题，帮助他站在别人的立场，体会别人的感受，然后试图去了解别人的想法。

（4）培养孩子良好的人际交往能力。

拥有良好人际交往能力的人不会采用欺凌他人的方式解决问题。

①首先家长要做好榜样。阻止欺凌的一个重要方法是家长做个好榜样，并向您的孩子展示如何不使用暴力或攻击行为来处理难题。

作为成年人，我们所使用的与人沟通的方式对孩子会有相当大的影响。不管我们怎么想，孩子们总会把家人而不是名人视作榜样。这对于家长来说责任巨大。

家长有没有向孩子展示如何有效地解决问题？如果家长能够平静、理智、尊重他人，他们也会学着以同样的方式做事。同样，如果家长面对问题会情绪化或者勃然大怒或者反应过度甚至使用暴力，他们也会认为这样做事是可以的。

家长日常的言谈举止是否带有偏见？种族主义、宗派主义、同性恋憎恶、性别歧视、职业歧视以及能够对他人产生负面影响的其他态度或语言都会促使基于偏见的欺凌行为发生。我们要尊重其他人的不同，以影响我们的孩子尊重和欣赏差异。

家长在互联网环境中是否对人尊重？在社交网络或聊天工具上进行社交或

在新闻类文章的论坛上发帖评论时要注意自己的言行举止。诋毁性的语言欺凌和网络评论，以及恶意散播谣言对孩子们的行为都会有影响，会暗示他们：这么做是可以的，并会导致他们也学会这样的做法。

作为成年人，我们所面临的挑战就是，要成为孩子有充分理由可以尊敬的对象，一个他们会尊重而不是害怕的对象。

②教给孩子交友技巧。有效的交友技巧可以让孩子拥有自己的朋友圈，更好地避免孩子欺凌同伴。

第一，让孩子学会主动跟别人打招呼。主动打招呼是看见他人，并关注他人的开始。当孩子眼中开始有别人，也就逐渐会去感受别人。家长要以身作则，见到朋友、邻居要主动打招呼，让孩子看到这一行为带来的友善的人际关系。

第二，学会帮助别人。学会使用礼貌用语，学会支持和维护同伴。在同伴需要帮助的时候提供支持。通过帮助同伴获得自我价值感，孩子会体会到愉悦的情绪。家长可以多带孩子到福利院或者敬老院，让孩子体会帮助别人的感受。

第三，学会尊重别人。在这个世界上，每个人都是不同的。我们要让孩子学会接纳和尊重这些不同。不但要尊重别人的感情，而且要尊重别人的风俗习惯、行为爱好等。只有尊重别人，才可能让别人打开自己的情感大门，接纳你、欣赏你。所以这点也很重要，让孩子学会尊重每一个人。要做到这一点，首先家长不能对任何人有偏见。如带孩子出去的时候，主动跟门卫或者保洁人员热情打招呼、聊天等，都可以让孩子看到家长对别人的尊重。

第四，学会欣赏别人。教导孩子学会看到别人身上的优点和长处。当孩子越多看到同伴的优点，会越愿意与同伴交往。首先家长要多看到孩子身上的优点和长处，并把看到这些优点告诉孩子，越具体越能打动孩子。

（5）多关注孩子的活动，引导和帮助孩子参加更有建设性、娱乐性和有活力的活动。

孩子平日所接触的电视节目、电子游戏、电脑活动和音乐里的暴力成分会对孩子产生影响，孩子有可能会去模仿这些暴力行为。家长也要关注孩子与同伴的游戏，要及时制止使用危险工具的行为。

可以通过给孩子建立新的积极的行为来消除孩子的不良行为，因此多让孩子参加建设性的活动就显得意义重大。比如，家长要花时间和精力观察孩子的各种兴趣爱好，并培养他们。当孩子有了更有意思也更有意义的事情做时，消极行为就会减弱甚至消失。

家长对孩子的陪伴也是一种支持，有时有的孩子的欺凌行为是为了引起家长的关注。因此家长要多陪伴孩子一起做一些有意义的活动。比如每天跟孩子一起做一些运动（跑步、打羽毛球、爬山、游泳等），一起看一场电影，一起外出旅游，一起读一本书并一起探讨书中的内容，一起参观科技馆或者博物馆，等等。

（6）培养孩子辨别是非的能力。

让孩子知道哪些事是可以做的正确的事情，哪些事情是不能做的。比如，家长可以与孩子探讨他的理想是什么、他想成为什么样的人等问题。通过讨论这个话题，可以了解孩子期待自己成为什么样的人，有什么样的是非观。也让孩子明白，不同流合污地跟随其他同伴去欺凌别人，坚持自己的原则，也是了不起的。

（7）关于孩子的网络使用监管问题。

随着电脑、网络的普及，上网已经成为人们生活不可缺少的活动，也成为孩子们与同伴沟通交流的一种普遍形式。网络的便捷、信息的迅速传播，也为校园网络欺凌的发生提供了便捷的通道。

大多数家长都认为自己有责任对他们的孩子在网上的行为进行监管，但如何监管成为一个很重要的问题。比如，安装跟踪或监控软件以及私自登录孩子的社交工具，并不是好办法！一旦孩子发现父母偷看他们的聊天记录，将对亲子之间的关系造成难以修复的损害。

如果家长认为有必要采取这种措施，我们建议要让孩子知道家长的行为。家长应该告诉孩子自己为什么要安装这种软件，并解释这样做的目的是保护他们。在征求孩子同意的前提下，才能采取监管措施。

最好的办法是，家长积极参与孩子们的网络活动，经常与孩子就网上的一些现象和问题进行交流，并利用这个机会鼓励孩子发表自己的观点，平等尊重地听取孩子的想法，同时让他们明白，随着时间的推移，如果他们在网上的行为都是负责任的、安全的，那么他们就会拥有更多的私人空间。

2. 讲座建议

本部分是本次讲座的重点，可以适时加入让家长讨论的环节，以增加参与度，加强印象。

三　总结

本次讲座主要是让大家了解一些关于欺凌者的问题，让我们家长以身作则，带领孩子走出欺凌行为的困境，走入集体中。

执笔：温学琦　韩海萍

教育孩子不做旁观者

一　讲座目标

1. 帮助家长了解欺凌事件中的旁观者；
2. 指导家长教育孩子不做置身事外的旁观者。

二　讲座内容

（一）导入

1．讲座过程

每当看到网上流传的一些校园暴力的视频的时候，总能听到在镜头后看不见脸的拍摄者或者说是旁观者的哈哈大笑声。这笑声伴随着网络的快速传播给被欺凌者带来了不可弥补的心理阴影与终身伤害，甚至曾有被欺凌者因此而选择服毒自杀。

有一些孩子没有旁观或者拍摄，但可能会在网上转发或点赞。还有的孩子，看到这样的场景，选择默默走开。所有这些行为都会助长欺凌者的欺凌行为。

因此家长对于作为旁观者的孩子的教育，对于制止校园欺凌十分重要。

2．讲座建议

教师也可给出生活中欺凌事件的图片或者视频，重点展示旁观者的形象。

（二）旁观者的角色分类

1．讲座过程

在欺凌事件中的旁观者也会有不同的角色表现：

有的人在欺凌事件发生时并不知情，但在事后会通过传播欺凌事件的图片或视频，对被欺凌者造成伤害，这样的旁观者角色被称为"协同欺凌者"；

有的人在欺凌事件发生时在一旁通过煽动性的言行来鼓动欺凌者，比如为欺凌行为叫好或者给欺凌者提供欺凌工具等，这样的旁观者角色被称为"煽风点火者"；

以上两种旁观者角色往往会演变为"欺凌者"。

也有的人在旁观欺凌的过程中没有任何介入，保持所谓的"中立"，这样的旁观者角色被称为"置身事外者"；

还有的人在欺凌事件发生时努力制止欺凌行为，或尽力安慰、帮助被欺凌者，这样的旁观者角色被称为"保护者"。

作为认识到欺凌危害的家长，除了教育孩子不做"欺凌者""协同欺凌者""煽风点火者"之外，也要教育孩子不能做置身事外的旁观者，因为在欺凌事件中，"中立"即是作恶！

2．讲座建议

教师可以结合给出的视频和图片，指出他们属于哪种旁观者。

（三）旁观者为何选择沉默

1．讲座过程

旁观者没有出面阻止欺凌行为，可能会有以下原因：

（1）"旁观者效应"

救助行为出现的可能与在场旁观者人数成反比，旁观者人数越多，救助行为出现的可能性越小；即使采取反应，反应的时间也延长了。社会心理学称为"责任分散效应"。在校园欺凌事件中，可能每个旁观者都认为或在等待周围其他人出面帮助解决。

（2）盲目从众或屈从压力

有些不明是非的孩子，特别是急于得到同伴认同的，会保持沉默或者加入欺凌行为中去。比起去保护一个被排斥的人，觉得还是跟大多数人站在一起为好。有的孩子可能被欺凌者逼迫或者要挟，而不敢出面阻止，甚至被胁迫加入欺凌行列。

（3）怕惹麻烦，危及自身

怕自己没有能力阻止欺凌行为而受牵连，也被欺凌。

（4）不愿被冠以告密者或者叛徒的头衔

不愿意因为自己将某人置于"麻烦"当中而备受责难。

2. 讲座建议

家长可分组讨论孩子选择沉默的原因，然后分享。

（四）家长如何教育孩子不做置身事外的旁观者

1. 讲座过程

案例：

某校初二学生陈思患有口吃，性格内向，经常被班里一帮男生取笑。他们当着陈思的面学他上课时结结巴巴的发言，还给陈思起外号"教练"（英文coach，谐音"口吃"）。这天下课后，几个男生又围着陈思学他说话，还不允许陈思离开。这时班里数学课代表赵小刚过来叫陈思帮忙一起去老师办公室拿数学作业，将陈思从人群中带走。后来赵小刚还邀请陈思跟他一起加入学校的运动社团。赵小刚的做法给了陈思很大的安慰和帮助，陈思变得越来越开朗，成绩也有了很大的进步，班里取笑陈思的同学越来越少了，而赵小刚在后来的班委改选中高票当选班长。

可以以此案例来分析，家长如何帮助孩子不做置身事外的旁观者。

（1）家长要做好榜样

案例中我们看到，部分男生起外号、取笑陈思的口吃，是在歧视别人，这种偏见就是欺凌产生的根源。而赵小刚没有参与嘲笑陈思的队伍，也没有置身事外袖手旁观，反而帮助陈思，他的行为也教育影响了其他同学，得到了普遍的认可和尊重。

同一所学校，同一个班级，对同样事件的不同反应和应对，一定与各自不同的家庭教育背景密切相关。

因此,家长一定要注意在孩子面前的一言一行,好的坏的都会被孩子学习。当我们在家里肆无忌惮地恶意评论别人缺陷的时候,孩子也在旁边学习。而当我们坚持自己的信仰,能够为了不公平事件挺身而出的时候,孩子也在旁边学习。

家长千万不要觉得我的孩子没被欺凌,就事不关己。沉默的旁观者会助长欺凌行为,不要等到事情真的发生在自己孩子身上,才感到切肤之痛。

(2)让孩子了解"告密"和"告诉"的不同

告密:告发他人,以使他人陷入麻烦之中。

告诉:当自己或者认识的人受到伤害,或自己和他人的权利被剥夺时,通过告诉来获得帮助,避免伤害。

如果孩子遇到的情况两者都有,也请孩子告诉家长。

当孩子不在现场,只是听同伴告诉自己或者发现有同伴默默承受着被欺凌的痛苦,家长要鼓励孩子挺身而出,陪伴被欺凌孩子将事情告诉老师或者家长。

因为有的孩子被欺负后往往害怕告诉大人,只是自己默默承担着压力和痛苦。这时候,孩子的陪伴可以给被欺凌者力量应对欺凌事件。记住:讲述时一定要把事件发生的时间、地点和细节讲明白。

(3)告诉孩子当面对欺凌现场时,好的做法是:保护被欺凌者,同时不冒犯欺凌者

赵小刚的做法是把被欺凌者带离欺凌场地,并邀请他参加他们的活动,并没有去冲撞欺凌者,指责他们的欺凌行为。但即使这样,他的行为也让其他旁观者看到并习得,让他们知道什么是正确的做法。

我们可以教导孩子在干预欺凌行为时,把重点放在保护被欺凌者身上,可行的做法如:

①将被欺凌者带离欺凌场地;

②邀请被欺凌者参加班里的团体活动;

③与被欺凌者结伴而行。

家长一定要告诉孩子:生命安全是第一底线!所以在制止欺凌行为、帮助被欺凌者时需要注意[①]:

[①] [美]菲利斯·卡夫曼·古特斯坦、[美]伊丽莎白·符迪克著,[美]斯蒂夫·马克绘:《对校园欺凌说不!》,樊伟、周睎雯译,陕西科学技术出版社2016年版,第113页。

①不要侮辱、大喊、威胁或者殴打欺凌者，因为这可能会激怒他，并使他把矛头指向你，得不偿失。这样不仅不能帮到被欺凌者，也容易使自己沦为被欺凌者。

②不要向一群"小霸王"挑战，在寡不敌众的情况下，你会陷入非常危险的情境之中。

③如果欺凌者手上有武器，应迅速撤离，并告知离你最近的大人。

④在保证安全的情况下，谨言慎行，冷静判断所处环境的危险性。

⑤有时匿名检举欺凌行为是非常安全的方法，尤其是在欺凌者有可能会报复的情况下。

（4）当面对谣言时，告诉孩子做到不传谣、不信谣[①]

随着网络技术的发展，谣言不再是口口相传。网络的传播速度是瞬时的，对被欺凌者的伤害性越来越大。当同伴在网络传播损害别人的谣言或者视频时，我们要教导孩子不参与并阻止谣言散播。

如果孩子已经参与谣言散布，要帮助孩子做到以下事情：

①向被谣言中伤了的孩子道歉；

②向每一个被他散布谣言的人澄清他之前所说的并非事实；

③要求他们不要再继续散布这件事；

④要求他们告诉每一个被他们散布了谣言的人：他参与了谣言的散布，并且想要修复自己造成的伤害；

⑤尽最大的努力修复由于他散布了谣言而对被中伤者造成的伤害；

⑥修复他与被伤害者之间的裂痕，比如邀请对方和他共进午餐，一起骑行或者共同参加同学聚会等。

当孩子在处理这些谣言问题的过程中，可能会受到各种各样的讽刺和讥笑，这时特别需要家长在一旁的鼓励和肯定，鼓励孩子坚持自己正确的行为。

从整个过程中，孩子不仅会看到流言蜚语造成多么严重的伤害，而且还会发现对谣言进行修正是多么的困难，甚至是完全不可能的。然而他同样能感受

---

① ［美］芭芭拉·柯卢梭：《如何应对校园欺凌》，肖飒译，华东师范大学出版社 2017 年版，第 190 页。

到的是，自己完全有能力为自己做出的事情承担责任。

与孩子谈有效避免谣言散布的方法：

伊斯兰教苏菲派有个"至理名言"说，我们的语言必须要经过三扇门：

是真的吗？如果不是，不要说。

如果是，那么在你说出来之前，还要再经过另外两扇门：

需要说出来吗？

是善良的吗？

如果不需要说，那么不要说。

如果需要说，找一种善良的方式把它说出来。

善良并不意味着给真相裹上糖衣，它是指你说话的方式要能够维护你的言语所涉及的所有人的尊严和价值。

（5）培养孩子的独立思维和行动勇气

案例中，赵小刚愿意并且能够承受同伴的嘲笑和嘘声去帮助被欺凌的同伴，是因为他已经拥有了被成人培训出的强烈的自我意识和独立的思维，他有能力在不受别人影响的情况下，判断行为的对错，以及自己该如何做。选择正确的立场并采取行动，需要有独立的思维和行动的勇气。

家长应该做的是：

①界限清晰，把孩子的事情交给他自己。

能够为自己的行为承担责任的孩子，更有可能遵从自己的道德准则，为自己的行为负责任，而不去责怪其他人。这需要家长在日常生活中，让孩子自己选择决定孩子自己的事情，并且为自己的选择负责。听起来很简单，但做起来并不容易。

生活中有多少家长，从孩子穿什么衣服、玩什么玩具、读什么书、交什么朋友，到读哪所学校、选文理科、到选专业、选大学，甚至交男女朋友都要进行干涉，甚至替孩子决定。如果一直都由家长选择和决定，孩子又如何学会为自己负责？而当孩子养成无法为自己的行为负责的习惯，又怎么会勇敢站出来伸张正义？

②相信孩子的思考和判断。

不是孩子优秀了我们才相信他，而是我们相信孩子了，他才能变优秀！信任是一种建设性的力量，让孩子能够更好地做出选择和决策。而怀疑是一种破坏性的力量，家长的怀疑会传递给孩子"我不行"的暗示，连家长都不能相信他的时候，他又如何相信自己？

③通过鼓励和赞赏来强化孩子独立思维和勇于行动。

成长是尝试错误的过程，自己亲身经历的事情会对孩子有更深远的影响，哪怕会走些弯路。家长在孩子成长的过程中，对于孩子独立思维和勇于行动的闪光点要给予及时的鼓励和赞赏，而不能为了加快速度而剥夺孩子尝试的机会。

（6）培养孩子的同理心

与孩子一起讨论，被欺凌的孩子会有什么感受？当自己被欺凌的时候，希望别人怎么帮助自己？这样孩子就学会把自己置身于他人的立场来体会他人的感受了，同时也让孩子享受由于减轻了另一个孩子的痛苦而带来的满足感。

（7）告诉孩子可以与同伴一起制止校园欺凌行为

有时候一个人的力量势单力薄，可以让孩子联合跟自己一样反对欺凌行为的同伴一起。制止校园欺凌不是一两个人的事情，联合更多的同伴可以更有效地消除欺凌行为。

2. 讲座建议

这部分重点是，保证自己安全的前提下，去帮助受欺凌的孩子。案例部分可让家长讨论，教师也可自行添加类似的案例。

三 总结

本次讲座主要希望家长都能教育孩子不做置身事外的旁观者，为孩子们营造和谐安全的学习和生活环境。

执笔：温学琦　韩海萍

第二部分　工作坊设计

家长成长工作坊

一　工作坊目标

1. 认知目标：让家长意识到自己的言行举止对孩子的巨大影响。
2. 情感目标：体会伴侣间良好沟通模式带给彼此的愉悦。
3. 能力目标：帮助家长学会良好与人沟通的方式。

二　工作坊准备

1. 物质准备：A4纸，足够大的场地。
2. 经验准备：预先学习相关书籍或课程。
3. 人员准备：参加者需为夫妻。

三　工作坊过程

（一）热身活动：看得见的我的好

1. 活动程序：

（1）每人一张A4纸。

（2）与周围的人握手、拥抱，越多人越好。

（3）对对方说："你好，我叫××，可不可以给我三个正向积极的评价词？"

（4）请对方在A4纸上写下这三个词语。

（5）从这些词语中挑选三个描述自己。

（6）家长们分享这些描述和感受。

2.思考与讨论：通过这个活动，我的感受是什么？

设计意图：帮助家长学会发现自己的优点。我们应该用更多的时间，来欣赏自己原本就喜欢的地方。

（二）观点分享：家长自我成长的重要性

近几年流行一句话：父母好好学习，孩子天天向上。这里的"父母好好学习"指家长要学习一些好的教育孩子的理念和方法，更重要的是家长自身的不断成长。

我们用一棵树来说明。

如果我们把一棵树的根、干、枝、叶和果分别比作父母教育、家庭教育、学校教育、社会教育和孩子成就，那么家长的教育也就是家长不断地自我成长，自我素质的提高，家庭教育是家长施加在孩子身上的教育理念，学校教育是孩子一生中所接受的各个阶段的学校教育，社会教育是社会大环境对孩子的影响。所有这些因素决定了孩子最终取得的成就。

就像对于一棵树来说最重要的是根一样，对孩子的成长来说，最重要的是家长不断地自我成长。我们耳熟能详的是"家庭是孩子的第一所学校，家长是孩子的第一任老师"，对于孩子来说，家长构成了孩子健康成长所必需的环境，如果家长自身有问题，那么孩子更有可能出现问题。

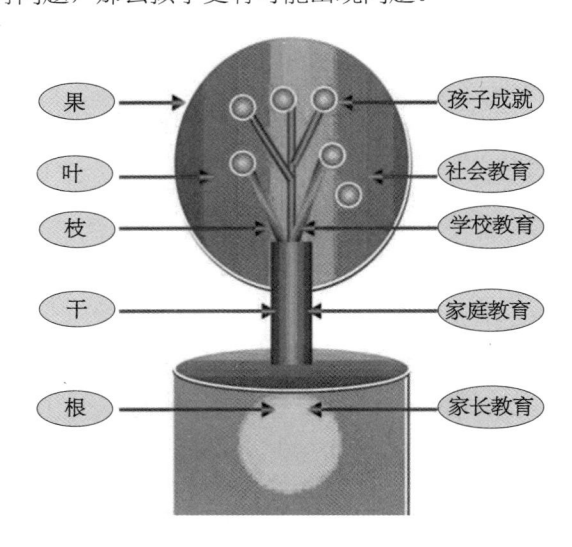

所以，本次的工作坊主题是"家长的个人成长"。

设计意图：通过图片的呈现和讲解，让家长意识到自己对孩子的影响，激发家长自我成长的动力。

（三）良好的表达爱的能力

1. 活动：沟通雕塑

（1）活动过程：

①两两一组（最好是夫妻俩一组），两人轮流依次做出如图中所示四种动作，并稍作停留。

②与同伴分享自己做这个动作时的感受，同伴对自己做这个动作时的感受。

③带领者请一组家长上台演示，并分享感受。

④借助下面的"背景资料"，带领者逐一分析和点评家长四种动作的感受。

设计意图：我们已经了解，校园欺凌的欺凌者、被欺凌者和沉默的旁观者，很多情况下存在与人沟通不畅的情况。人们并非生来就会沟通，沟通是学来的，而且多半还是模仿他人的结果，孩子主要是从家长身上学到如何沟通，然后变成他们习惯的模式。

因此，家长要从自我做起，提高自己的与人沟通能力，给孩子做一个好的榜样。让家长亲自体验使用这几种沟通姿态和被这几种沟通姿态对待时的感受，才能理解自己这么对待孩子时，孩子的感受是什么。

（2）背景资料：

五种沟通姿态：

家庭治疗创始人萨提亚依据沟通三要素：自己、他人、情景，提出五种沟通姿态：讨好、指责、超理智、打岔、表里如一。

| 指责 | 讨好 | 超理智 | 打岔 |

①指责：

只考虑自我和情境，忽略他人。

行为：攻击（评判、命令、寻找错误、爱找麻烦、暴虐）

情感：责备（愤怒、挫折、不信任、害怕失去控制、孤单）

言语：否定（"你从来没有做对过一件事。""你怎么回事？""这全是你的错。"）

内心体验：孤立（"我是孤独而且不成功的。"）

心理影响：偏执狂、易激惹、暴力

指责型的人在家庭里常常暴跳如雷，爱发火，很暴虐，不断挑剔和苛责其他家庭成员，家里氛围常常很紧张。孩子在这样的氛围中长大，也会习惯指责别人，往往会导致欺凌别人。

②讨好：

只考虑他人和情境，忽略自我。

行为：依赖型的受难者（"好的过分"的行为操守，道歉，请求宽恕，乞求、屈服）

情感：乞求（悲伤、焦虑、不满、被压抑的愤怒）

言语：同意（"这全是我的错。""没有你我什么也不是。""我在这儿就是为了让你高兴。"）

内心体验："我觉得自己无足轻重。""我毫无价值。"

心理影响：神经质、焦虑、抑郁、自杀

讨好型的人属于"老好人"形象，对所有事情顺从，但却压抑了自己。往往是家里自我牺牲最大的那一个。孩子习得讨好的沟通方式，被同伴认为好说话，往往是被欺凌的孩子。

③超理智：

只考虑情境，忽略自我和他人。

行为：独裁主义（僵化的、原则性的行为，理性化的行动，操纵的、强迫性的）

情感：严厉、冷淡（"一个人必须冷静，镇定。"如果要表述，就一定要做到最好）

言语：极度客观（经常提到准则和"正确的"事物，经常使用抽象的言语和冗长的解释）

内心体验："我感到脆弱和孤立。""我不能表现出任何感受。"

心理影响：强迫行为，紧张症，社交退缩，缺乏同理心，反社会

超理智的人在家里，面对家人保持非理性的客观，情感淡漠，不关心家人感受，缺乏情感交流。在这样的家庭中长大的孩子，在校园中，容易独来独往，面对欺凌行为，最容易做沉默的旁观者。

④打岔：

所有自我，情境和他人都忽略。

行为：心烦意乱（不合时宜的行为，多动，打断别人）

情感：混乱（"我并不真的在这里。"）

言语：无关的（毫无意义，脱离重点，常常在对话中离题千里。）

内心体验："没人关心这个。""没有属于我的地方。"缺乏平衡，通过打断别人来获得别人的注意

心理影响：迷茫，不合时宜，忧郁，缺乏同理心，妨碍他人的权益，精神病

打岔的人，经常无法集中注意力，面对家庭的一些压力等不知如何面对，只能顾左右而言他，并且不断变换想法。这样的家长无法让孩子知道他们的想法。这样的家庭里的孩子也容易习得打岔的沟通方式，在学校里看起来想开心果，但可能会像小丑一样，容易被同伴欺凌。

以上四种沟通姿态，没有一种是健康平衡的，都是低自尊应对方式的表现。大部分人并不能忍受一直保持同一种姿态，在不同的情景中，也许会采取不同的应对风格。而当处于压力下沟通时，我们往往会使用自己最熟悉的一种，比如，当父亲因为某件事而责备孩子时，如果孩子最熟悉的是讨好，那么他就会使用讨好的姿态。

而所有这些也都是我们从家长那里习得的，或者被迫形成的。为了避免我们的孩子也重走我们的老路，我们要积极做出调整，学习运用积极的表里一致的沟通模式。

⑤表里一致：

自我、情境和他人都被关注。

行为：生动的，创造性的，独特的，有能力的

情感：与语言一致，表达的流动

言语：现实（言语与身体姿势、语调以及内心感受相匹配，言语体现出对于感受的觉察）

内心体验：和谐，平衡，高自我价值

心理影响：健康

表里一致有如下特点：

- 一种对自我独特性的欣赏。
- 一种自由流动于自身内部和人际间的能量。
- 是对个性的主张。
- 一种乐于相信自己和他人的意愿。
- 愿意承担风险，并处于易受攻击的位置。
- 能够利用自身具有的内部和外部资源。
- 能对亲密关系保持开放的态度。
- 拥有能够成为真实的自己，并且接纳他人的自由。
- 爱自己也爱他人。
- 面对改变，具有开放和灵活的态度。

表里一致的人能够站在一个既考虑他人，又考虑自己，同时也充分意识到当前情境的角度上，对问题做出反应。这不意味着一直开心没有烦恼，也不意味着在任何情境中都表现得体，但能够很好地调整自己的状态。

在这样的环境里长大的孩子，拥有强烈的自我意识，知道自己能够做什么，能够平和地与人交往，能体会别人的感受，更能克服困难，拥有积极向上的人生态度。

2. 练习：非暴力沟通

（1）练习一：评价性语言改为表达观察结果

①给家长讲解"背景资料"中非暴力沟通的四个要素中第一个要素。

②带领者讲解第一个要素同时举例说明。

③出示下列描述让家长练习。

"你很少配合我。"

"你整天看手机。"

"你每次都不洗袜子。"

（2）练习二：暴力沟通改为非暴力沟通

①讲解完"背景资料"中的四个要素，同时举例说明。

②出示下列描述让家长练习。

"你怎么这么懒！从来不干家务。"

"你整天就知道玩手机！从来不帮我带孩子。"

"你整天就知道喝酒！不愿回家陪我和孩子吃饭。"

（3）练习三：家庭情景模拟

①请写出最近一次你跟配偶使用暴力沟通的语言，然后改为非暴力沟通的形式。

②分享自己的改变。

（4）背景资料：非暴力沟通

马歇尔·卢森堡博士给我们提出了有意义的"非暴力沟通"。非暴力沟通有四个要素：

①观察：清楚表达观察结果，不评判或评估。

其实对他人的评价反映的是我们的需要和价值观。

当我们因为某一行为而评价他是个什么样的人的时候，就是以偏概全。但在家庭生活中，我们经常会如此评价其他家庭成员。这容易引起对方愤怒，导致争吵。但当我们在描述观察结果时，就不会如此。

比如，带有评价的表述：你是个懒惰的人。

对观察结果的表述：我看到你下午在睡觉。

②感受：表达我的感受。

通过了解我们的需要、愿望、期待以及想法，我们不再指责他人，而承认我们的感受源于自身。我们可以通过"我感到……，因为我需要/看中……"这样的表达方式来表达感受与自己的关系。

③需要：说出哪些需要、价值观或愿望导致那样的感受。

比如，"你从来不理解我。"是以指责的形式表达我们希望得到理解。但当人们被指责时，更习惯于申辩或者反击。

"我渴望得到你的理解。"当我们改为表达需要，就会得到积极的回应。

④请求：为了改善状况，我的请求是什么。

清楚地告诉对方，我们需要的是什么，越具体越好。不要试图让配偶猜测你的需要。

比如："你整天就知道喝酒，我看你是不想要这个家了！"

非暴力沟通的形式："今天已经是这周你第五天这个时候回家了，而且你喝了很多酒，对此我感到很难过。你没有回来我觉得很孤单，而且我很担心你的健康和安全。以后可不可以一周有两晚回家陪我和孩子吃饭，一起聊聊天？"

设计意图：当我们学会使用表里一致的沟通姿态以后，如何表达才能让我们的沟通更有效而更少产生误会和矛盾？家庭成员之间的沟通是不是更多的负面评价和指责？这是否有益于解决问题，还是将矛盾扩大化？家长是否互相指责？是否让孩子也学会了指责别人？

这个部分旨在帮助家长练习学会将暴力沟通改为非暴力沟通。

(四) 爱的五种语言

1. 故事导入

有个故事，讲一个年轻人要过马路的时候，看到旁边一个老奶奶颤巍巍的像要过马路的样子，这个年轻人二话不说，快速地跑过去，扶着老奶奶过了马路。正当年轻人开心地咧嘴笑时，看到老奶奶皱起了眉头。年轻人于是问："老奶奶，您怎么了？"老奶奶说："我刚好不容易过了马路，你又把我送回来了！"

这是个笑话，但也告诉我们，有时候我们给予别人的爱和帮助是否是别人所需要的？还是我们认为对方需要的？

家庭生活中，是不是给配偶买了礼物，配偶还是不高兴？有没有你给配偶做了很多事，他仍然无动于衷？有没有你天天陪着对方，可对方还是不满意？

这是为什么呢？

因为每个人爱的语言不同。

设计意图：让家长们了解，生活中由于爱的语言不同可能会带来的误会。

2. 活动：对对碰

(1) 每人一张A4纸，中间对折，左边写自己爱的语言，右边写你所了解配偶的爱的语言。

（2）写完后，夫妻对比，看对方对自己的了解情况，并一起探讨。

设计意图：经过上述的学习和练习，我们发现，虽然表达的意思是相同的，但不同的表达形式就会产生不同的效果。其实说到底，都是因为我们每个人都渴望爱。但爱的形式有很多种，每个人需要的都不同。

这部分主要探讨夫妻之间不同的爱的语言，更好改善夫妻关系。也可以迁移到与孩子的沟通中，家长也要了解孩子的爱的语言是什么，以便更好地与孩子交流。

3．背景资料

盖瑞·查普曼提出爱有五种语言。

（1）肯定的言辞

人类最深处的需要，就是感觉被欣赏。肯定，鼓励，仁慈，谦和的言辞都会让人感觉被欣赏，被肯定，被爱。

（2）精心的时刻

是全神贯注的陪伴。而不是两人在一起，你玩你的手机，她看她的淘宝。而是共同投入地做一件事情。比如一起看电影，一起散步，一起聊天。做什么事情不重要，重要的是专心陪伴在一起。

（3）接受礼物

礼物是什么不重要，重要的是对方记得一些特殊的日子，记得你。礼物其实是重视和爱的象征。

（4）服务的行动

配偶愿不愿意为你做一些事情？比如为你倒一杯茶，给你准备一顿丰盛的晚餐，为你切你喜欢的水果。

（5）身体的接触

牵手，拥抱，亲吻，抚摸，这些都是身体接触。身体接触可以让彼此感觉亲密。

了解了这些爱的语言，接下来的任务就是与配偶探讨对方的爱的语言。

四 总结

通过本次工作坊的活动，相信大家都体验到了不同的沟通模式所带给人们的不同感受，以及探索每个人不同的爱的语言的重要性，希望回去以后，夫妻间保持好的沟通模式，也以同样的方式来对待我们的孩子，给孩子做好榜样的同时，为孩子营造温馨和谐的家庭氛围。

执笔：韩海萍　温学琦

参考文献

[美]芭芭拉·柯卢梭:《如何应对校园欺凌》,肖飒译,华东师范大学出版社2017年版。

[美]戴维·迈尔斯:《社会心理学》,侯玉波、乐国安、张志勇译,人民邮电出版社2014年版。

方刚:《积极行动:校园终止性别暴力工具包》,中国社会科学出版社2017年版。

方刚、丁新华、李璐:《和家暴创伤说"再见":原生家庭中承受暴力者团辅方案》,中国社会科学出版社2016年版。

[美]菲利斯·卡夫曼·古特斯坦、伊丽莎白·沃迪克:《对校园欺凌说不!》,樊伟、周睎雯译,陕西科学技术出版社2016年版。

[美]盖瑞·查普曼:《爱的五种语言》,王云良译,中国轻工业出版社2006年版。

贺江群、胡中锋:《日本中小学校园欺凌问题研究现状及防治对策》,《环球视域》2016年第4期。

[美]赫斯特:《应对校园暴力:学校安全信息指南》,邵常盈、卢春辉译,中国轻工业出版社2006年版。

胡春光:《校园欺凌行为:意涵、成因及其防治策略》,《教育研究与实验》2017年第1期。

胡佩诚：《性健康十五讲》，北京大学出版社 2009 年版。

［澳］胡哲：《谁都不敢欺负你》，吴果锦译，湖北教育出版社 2015 年版。

［美］贾斯汀·W. 帕钦、［美］萨米尔·K. 辛社佳：《校园欺凌行为案例研究》，王怡然译，黑龙江教育出版社 2017 年版。

［美］简·尼尔森：《正面管教》，玉冰译，京华出版社 2009 年版。

［韩］金桢洪：《面向未来的孩子 4：情绪调节》，亚芳译，黄山书社 2010 年版。

［美］理查德·格里格：《心理学与生活》，王垒、王甦等译，人民邮电出版社 2003 年版。

李小宁、张大生：《校园欺凌与暴力防治实用手册》，红旗出版社 2017 年版。

梁欢：《我说的不一定对》，江西人民出版社 2015 年版。

林正文：《儿童行为的塑造与矫正》，北京师范大学出版社 2015 年版。

刘焱：《儿童游戏通论》，北京师范大学出版社 2008 年第 2 版。

［美］陆可铎：《你很特别》，马第尼斯绘，丘慧文、郭恩惠译，国家开放大学出版社 2010 年版。

吕香茹、杜学海：《正视挫折，成就梦想：中等职业学校班主任主题班会设计实例》，《卫生职业教育》2015 年第 33 期。

［美］马歇尔·卢森堡：《非暴力沟通》，阮胤华译，华夏出版社 2009 年版。

［美］米歇尔·艾略特：《反校园暴力 101 招》，新苗编译小组译，重庆出版社 2005 年版。

欧阳维建：《倒过来爱的秘密》，天津人民出版社 2017 年版。

彭聃龄：《普通心理学》，北京师范大学出版社 2012 年第 4 版。

宋黎明：《中学生网络欺凌研究》，博士学位论文，山西师范大学，2016 年。

宋雁慧：《中学校园暴力及其防治研究》，北京师范大学出版社 2013 年版。

宋雁慧：《关于校园暴力旁观者的研究综述》，《中国青年研究》2014 年第 3 期。

佟丽华主编：《反校园欺凌手册》，北京少年儿童出版社 2017 年版。

［美］维吉尼亚·萨提亚：《萨提亚家庭治疗模式》，聂晶译，世界图书出版公司 2007 年版。

文竹:《大学生自我认识与自我接纳团体辅导方案》,《科教文汇》2013 年第 4 期。

吴发科:《心理健康教案集锦》,广东省语言音像电子出版社 2008 年版。

钟志农:《心理辅导活动课操作实务》,宁波出版社 2007 年版。

United Nations International Children's Fund(UNICEF),*Releasing Children's Potential and Minimizing Risks: ICTs, the Internet and Violence Against Children*, 2014.